2017 首届中国休闲度假大会会议文集

致为天下闲

中国旅游协会休闲度假分会 ◎ 编著

北京·旅游教育出版社

责任编辑：郭珍宏

图书在版编目（CIP）数据

敢为天下闲：2017首届中国休闲度假大会会议文集 / 中国旅游协会休闲度假分会编著. -- 北京：旅游教育出版社, 2018.4
ISBN 978-7-5637-3704-8

Ⅰ. ①敢… Ⅱ. ①中… Ⅲ. ①闲暇社会学－中国－文集 Ⅳ. ①D669.3-53

中国版本图书馆CIP数据核字(2018)第066295号

敢为天下闲——2017首届中国休闲度假大会会议文集
中国旅游协会休闲度假分会　编著

出版单位	旅游教育出版社
地　　址	北京市朝阳区定福庄南里1号
邮　　编	100024
发行电话	（010）65778403　65728372　65767462（传真）
本社网址	www.tepcb.com
E - mail	tepfx@163.com
排版单位	北京旅教文化传播有限公司
印刷单位	北京京华虎彩印刷有限公司
经销单位	新华书店
开　　本	787毫米×1092毫米　1/16
印　　张	16.5
字　　数	275千字
版　　次	2018年4月第1版
印　　次	2018年4月第1次印刷
定　　价	68.00元

（图书如有装订差错请与发行部联系）

目　录

综述篇

加快推动新时代中国休闲度假产业发展，不断满足人民日益增长美好生活的新需要
　　——2017首届中国休闲度假大会会议综述 …………………………………………… 2

宣言篇

首届中国休闲度假大会丽水宣言 …………………………………………………………… 16

致辞篇

史济锡在2017首届中国休闲度假大会上的致辞 ………………………… 史济锡　20
梁黎明在2017首届中国休闲度假大会上的致辞 ………………………… 梁黎明　21
何亚非在2017首届中国休闲度假大会上的致辞 ………………………… 何亚非　22
段强在2017首届中国休闲度假大会上的致辞 …………………………… 段　强　24
王晓峰在2017首届中国休闲度假大会上的致辞 ………………………… 王晓峰　26

演讲篇

用新思想引领中国休闲度假产业发展 …………………………………… 陈全生　30
发展丽水休闲度假产业，将绿水青山变成金山银山 …………………… 朱　晨　35
我是如何打造休闲度假小镇的 …………………………………………… 陈向宏　40

体育休闲旅游大有可为 ………………………………………… 陈妙林 45
打造"诗画浙江" 中国最佳休闲度假目的地 ……………… 方敬华 51
华侨城：做全域旅游下休闲度假服务商 …………………… 王　刚 54
人民需要更好的休闲 ………………………………………… 杜一力 58
"无中生有"的拈花湾 ………………………………………… 吴国平 64
休闲度假的投资风口 ………………………………………… 胡腾鹤 69
倾心打造沉浸式体验，为中国游客点亮心中奇梦 ………… 王　燕 78
海昌：有梦、有爱、有快乐 ………………………………… 赵文敬 82
开启中国度假时代的探索和实践 …………………………… 张正启 86
"文化休闲 +" ………………………………………………… 马　克 91
旅游消费升级促进旅游行业互联网创新 …………………… 李少华 93
以欧洲为例，看中国出境游市场的变迁 …………………… 郭东杰 98
分享住宿，幸福世界 ………………………………………… 罗　军 105
长恨歌的故事 ………………………………………………… 费文娟 108
用会员积分利益可视化连接目的地和消费者 ……………… 戴　政 113
丽水生态旅游的实践与思考 ………………………………… 王小荣 117
中国旅游景区发展管理中的三大难点和重点 ……………… 霍建军 122
文化自信，艺术凤凰 ………………………………………… 叶文智 125
"休闲 + 花卉" ………………………………………………… 汪成设 127
客运索道——绿色交通，休闲体验 ………………………… 甄正义 130
休闲度假让生活更美好 ……………………………………… 刘　锋 134
民宿是乡村休闲的新供给、新思维、新出路 ……………… 张晓军 138
一流休闲度假目的地的构建 ………………………………… 厉新建 142
生态旅游：诗意的栖居 ……………………………………… 诺木汗 147
一流自驾目的地的自我修养 ………………………………… 付　磊 151

发布篇

标准，让休闲更加美好
　　——《休闲主体功能区服务质量规范》发布 …………… 张灵光 158
《中国休闲度假发展报告》数据发布 ……………………… 汤　澜 160
《中国休闲度假发展报告》核心观点发布 ………………… 曾博伟 166

授课篇

敢为天下闲……………………………………………………魏小安　170

报告篇

中国休闲度假产业发展报告………………………魏小安　郝　赪　诺木汗　187
概　述………………………………………………………………………188
第一部分　产业发展背景……………………………………………………189
第二部分　产业需求侧分析…………………………………………………193
第三部分　产业供给侧分析…………………………………………………208
第四部分　产业发展推进……………………………………………………253

综述篇

加快推动新时代中国休闲度假产业发展，
不断满足人民日益增长美好生活的新需要

——2017首届中国休闲度假大会会议综述

2017年10月26—30日，备受瞩目的首届中国休闲度假大会在浙江丽水隆重举行。中国旅游协会会长、首旅集团董事长段强，国家旅游局副局长王晓峰，浙江省副省长梁黎明，国际山地旅游联盟秘书长何亚非，国务院参事陈全生，中国旅游协会副会长、秘书长张润钢，世界旅游城市联合会常务副秘书长李宝春，丽水市委书记史济锡，丽水市市长朱晨以及来自联合国世界旅游组织、世界旅游城市联合会等国际旅游组织，全国休闲标准化技术委员会、中国旅游景区协会等国家行业协会，北京市、温州市、盘锦市、秦皇岛市、宁波市、上饶市等政府相关部门，台湾东吴大学、中国社科院、北京第二外国语学院、北京联合大学等科研院所和华侨城集团、开元旅业集团、浙江旅游集团、无锡灵山文化旅游集团、阿里巴巴集团、携程旅行网、中信产业投资基金管理有限公司、中景旅游投资基金管理有限公司、上海迪士尼度假区、携程集团、途家网、凤凰古城文化旅游投资股份有限公司、陕西华清宫文化旅游有限公司等著名休闲度假企业、投资商和目的地的代表，共1000余人出席了大会。会议由中国旅游协会、丽水市人民政府、浙江省旅游局主办，由中国旅游协会休闲度假分会和丽水市旅游委员会承办，由全国休闲标准化技术委员会和世界旅游城市联合会支持。

本次大会是在党的十九大刚刚胜利闭幕后我国休闲度假行业举办的一次重要会议。会议及时深入贯彻落实党的十九大精神和十九届一中全会工作部署，以"'敢为天下闲'，加快推动新时代中国休闲度假产业发展，不断满足人民日益增长美好生活的新需要"为精神内核，以"休闲度假：新时代、新思想、新生活"为主题。会议主旨为：在全社会倡导新的休闲度假生活方式，吹响了新时期中国休闲度假产业的号角；全方位促进休闲度假新产品、新业态的发展，推动休闲度假领域的供给侧结构性改革；搭建休闲度假产业供需两端的对接平台，实现休闲度假产业持续健康的发展；引导休闲度假城市和旅游度假区发展，全面提高休闲度假目的地的服务水平和竞争力；研究将生态和文化优势转化为休闲度假产业发展优势，探索将"青山绿水"转化为"金山银山"的有效途径。会议内容主要包括七大板块，即：一会，休闲度假峰会；一展，休闲度假目的地、服务商及投资商展览；一游，丽水休闲度假线路体验；一课，知名休闲度假专家公开课；一研，发布2017休闲度假行业研究报告；一语，发布中国休闲度假产业发展丽水宣言；一书，发行《敢为天下闲——2017首届中国休闲度假大会会议文集》。

2017年10月28日上午大会举行了开幕式。丽水市委书记史济锡，浙江省副省长梁黎明，国际山地旅游联盟秘书长何亚非，中国旅游协会会长段强，国家旅游局副局长王晓峰先后作了大会致辞。

史济锡在致辞中说，近年来，丽水立足生态优势，始终遵循习近平总书记"绿水青山就是金山银山，对丽水来说尤为如此"的重要委托，把生态旅游业作为第一战略支柱产业，作为打开两山通道的"金钥匙"，积极探索生态休闲度假模式，形成了高山绿水、观光骑行、民俗体验、民宿乡愁、农事节庆等休闲业态，先后创成中国优秀旅游城市、国际休闲养生城市，中国十大特色休闲城市，初步形成了美丽环境、美丽经济、美好生活三美融合，主客共享、生态惠民的新格局。党的十九大刚刚胜利闭幕，站在新的历史起点，丽水将紧紧围绕美丽中国建设目标，以创建浙江丽水绿色发展综合改革创新区为主要平台，念好山字经，画好山水画，把休闲度假打造成为具有全域、全情理念的大产业，承载核心文化价值的主载体，拉动山区经济发展的增长极。将丽水打造成为观光旅游、休闲度假、养生养老的人间天堂。率先建成秀山丽水大花园，诗画浙江的鲜活样板，努力向一流的生态旅游目的地迈进。

梁黎明在致辞中说，浙江省作为有鱼米之乡、丝绸之府、文物之邦旅游胜地，近年来认真践行"绿水青山就是金山银山"的重要思想，将旅游业作为支撑全省未来发展的万亿级产业培育，坚持以全域旅游为导向，实施乡村旅游、海洋旅游双轮驱动，取得了良好的成绩。未来几年，浙江省将以"十九大"精神为指引，按照浙江省第14次党代会提出的大花园行动建设纲要，加快旅游供给侧结构性改革，全力打造诗画浙江成为中国最佳旅游目的地，特别注重休闲度假旅游、乡村旅游的发展。丽水市依托国家全域旅游示范区、国家旅游业改革创新先行区等改革载体，对准创建世界一流生态旅游目的地，坚持将生态优势转化为产业优势，在体制、机制创新、旅游业综合改革、农林深度融合等方面实现了重大突破。期待未来的丽水旅游有更大的发展成就。

何亚非在致辞中说，加速发展全流域、全地域高质量的旅游产业，是中国经济向高质量方向发展的重要组成部分和强大的推动力。他表示，应紧扣"一带一路"建设，把旅游事业发展融入国家总体战略和新的国际合作，为促进"一带一路"的落地和落实做出我们的贡献。他强调，推动中国旅游产业转型升级，迈进世界旅游强国的行列，不仅仅是中国经济发展和供给侧结构性改革的需要，也是中国深入参与全球治理，特别是全球旅游治理，为世界提供旅游公共产品的需要。

段强在致辞中表示，休闲是人的基本需要。随着人类生产技术的不断进步，休闲将成为亿万大众生活的常态，我们正在迎来一个伟大的休闲度假时代。他强调，今天休闲已经全方位地进入到我们的世界，休闲经济在整个经济总量中所占的份额正在稳步上升，各类休闲活动正在成为我们日常生活中不可或缺的部分，我们正在见证一个伟大的休闲度假时代。最后他表示，未来休闲将会更加深刻地影响我们的生活，在刚刚结束的中国共产党第十九次代表大会上，满足人民群众对美好生活的新期待，被作为新时期中国特色社会主义的重要奋斗目标，发展休闲度假产业，正是让人民群众过上美好生活的有效途径，让我们携起手来共同开创一个伟大的休闲度假时代。

王晓峰在致辞中说，休闲度假是人民群众对美好生活的新期待，旅游业要满足人民群众对美好生活的新期待，就需要大力推动休闲度假的发展。休闲度假是全域旅游的重要支撑、中国旅游业未来发展的重要方向和中国旅游业提质增效的必由之路，将成为中国旅游业未来持续发展的重要增长点。王晓峰表示，丽水通过发展休闲度假产业，积极践行习近平总书记的"两山理论"，取得了显著成效，国家旅游局将积极支持丽水市休闲度假产业发展。

开幕式后举行了隆重而别具新意的大会启动仪式，并正式进入 28 日上午大会峰会环节，分为演讲和发布两个部分。来自国务院参事室、丽水市政府、乌镇旅游股份有限公司、开元旅业集团、浙江旅游集团的嘉宾做了主旨演讲，来自全国休闲标准化技术委员会、携程旅行网、中国旅游协会休闲度假分会的代表作了《休闲主体功能区服务质量规范》国家标准和《中国休闲度假产业发展报告》的内容发布。

国务院参事陈全生首先做了题为《用新思想引领中国休闲度假产业发展》的主旨演讲。他谈到十九大报告学习体会时说，以习近平为核心的党中央，提出了一系列新理念、新思想、新战略，标志着我们站在新的历史起点上，进入了新时代。他强调，"新思想"就是指习近平新时代中国特色社会主义思想，是马克思主义中国化的最新成果。他还通过大量详细的数据和图表重点分析了十八大以来我国在经济建设、深化改革、民主法治、思想文化、人民生活、强军兴军、生态文明、港澳台、全方位外交、全面从严治党等十大领域取得的历史性成就。最后，他表示，十九大报告指出新时代我国主要矛盾变化了，这是关系全局的历史性变化，对党和国家的工作提出了许多新要求，对旅游和休闲度假也同样提出了新要求，应该从旅游和休闲度假自身发展的角度来探讨存在着的发展不平衡、不充分的相关问题。

丽水市市长朱晨做了题为《发展丽水休闲度假产业，将绿水青山变成金山银山》的主旨演讲。他说，历年来丽水市委市政府始终围绕总书记的重要嘱托，践行"两山"战略指导思想，发展生态旅游作为打开"两山"转化通道的平台和抓手。大力发展休闲度假产业，推进生态旅游全域发展，初步构建了生态环境保护和生态经济发展双赢的生动局面。他认为，休闲度假正成为旅游业发展新的风口，而特色化、个性化、多元化是休闲度假旅游发展的新趋势。在抢占休闲度假旅游的新风口中，丽水市从谋划战略定位、突出全域统筹、坚持改革创新三大方面进行了有效探索；在特色化、个性化、多元化方面，丽水市打造了绿水青山、特色文化、红色革命、民族风情、山居体验的五种休闲度假类型。他表示，应该从建立更加规范的产业发展标准，建立更加完备的产业推广政策，建设更加专业的产业人才队伍，搭建更加开放的产业交流平台这四大方面开创休闲度假的新时代。

乌镇旅游股份有限公司总裁陈向宏在题为《我是如何打造休闲度假小镇的》的主旨演讲中，首先对中国旅游小镇的现状进行了分析，认为目前存在的主要问题有三个：一是需求大于供给；二是将概念等于产品；三是产业投入不足。基于以上问题，他提出打造休闲度假小镇的发力点应该从资源梯度开发和利用、IP的市场差异化推广、经营主体的持续改善三方面进行针对性解决。他还指出了休闲度假小镇建设的前提与条件，即，一是资源，即经营权、建设用地及经营空间；二是稳定和充裕的前期投入资金保证，三是富有落地操作和后期经营经验的规划建设团队；四是政府支持。最后，他与现场听众分享了三句话：第一，特色小镇不等同于休闲度假小镇，但旅游小镇是开放的具有持续观赏、休憩功能价值的特色小镇；第二，旅游小镇发展战略的出发点在于系统与整合，不宜一哄而上，千镇一面；第三，所有小镇的建设目标应落在当地经济、社会、文化发展和生态环境改善上，落在"乡村振兴"的战略上。

开元旅业集团创始人陈妙林在题为《体育休闲旅游大有可为》的主旨演讲中对五个方面的内容进行了阐述：一是中国旅游业将在很长时期内是一个朝阳产业。二是体育旅游内容丰富、范围广泛。三是从中国马拉松的热度看体育休闲产业的发展。四是体育休闲产业还有很大的发展空间。五是对体育旅游的几点建议。即，第一，希望政府出台更多政策，鼓励推动旅游产业发展，而不是大包大揽；第二，竞技体育不能搞出少数人的体育运动，要向群众开放；第三，投资更多的体育设施，现有场馆向群众开放；第四，体育赛事审批制度的完善，由政府主导向市场专项转变；第五，要由举办大型马拉松向举办小型马拉松转变。

浙江旅游集团董事长方敬华作了《打造"诗画浙江" 中国最佳休闲度假目的地》的主旨演讲，具体结合浙江旅游集团的相关项目案例探讨了应该如何通过立足于研发平台、投资平台，打造国际旅游度假区、旅游小镇、乡村生活综合体、旅游康养综合体等四种类型的旅游目的地。

主旨演讲部分结束后，全国休闲标准化技术委员会主任张灵光在会上正式发布了国家标准《休闲主体功能区服务质量规范》，携程旅行网高级副总裁汤澜作了《中国休闲度假发展报告》数据发布，中国旅游协会休闲度假分会副秘书长曾博伟重点介绍了《中国休闲度假发展报告》中有关中国休闲度假产业发展十大特征，把上午的会议推向了高潮。

28日下午继续进行大会峰会演讲。来自华侨城旅游事业部、国家旅游局、无锡灵山文化旅游集团、中信产业投资基金、上海迪士尼度假区、大连海昌集团、香港中旅国际投资有限公司、华谊启明东方的各位演讲嘉宾先后作了精彩演讲。

华侨城旅游事业部总经理王刚作了《华侨城：做全域旅游下休闲度假服务商》的主旨发言。首先，他提出了对全域旅游的总体认识和理解，认为全域旅游是指"以旅游业为优势产业，动用全社会的资源和力量参与，将一个区域整体作为功能完善的旅游目的地来建设、运营，对区域内经济社会资源进行全方位、系统化的优化提升，实现区域资源有效整合、产业融合发展、社会共建共享的新的区域协调发展模式"。其次，他介绍了华侨城在休闲度假领域采取的"切合全域旅游要求创建华侨城旅游城；顺应供给侧结构性改革要求，实施'文化＋旅游＋城镇'的战略布局；跨界融合，创新旅游＋互联网＋金融模式"三大举措。最后，他还围绕"产业的发展趋势、治理结构以及投资和财务"三大问题，分享了对全域旅游指导方针下做好休闲度假业务的思考。

原国家旅游局副局长杜一力作了《人民需要更好的休闲》的主旨演讲。她强调，人类进入前所未有的休闲时代，新时代人民对休闲有更高的期待。她认为新时代传统旅游企业面临着"被入侵、跨界难"等新问题和新挑战。最后，她提出了自己有关休闲度假产业的三个核心观点：第一，度假产品是旅游产品的技术升级时代；第二，休闲产业是一个长跑，必须要死磕产品做成极致，才是最终的领跑人；第三，先聚焦，然后再"广谱"，即对很多企业来说可以考虑只聚焦不要"广谱"，企业不应该急于搞全产业链和多区域布局。

无锡灵山文化旅游集团董事长吴国平主旨演讲的题目为《"无中生有"的拈花湾》，具体回答了三个问题，即灵山为什么要做拈花湾，拈花湾是怎么建起来的以及拈花湾的未来是什么。他认为拈花湾的成功在于把准时代的脉搏，找对了消费人群，做了与众不同的产品。他还进一步阐释了拈花湾所传承的灵山精神：第一，创意、创新、创造；第二，精致、精细、精美；第三，品质、品位、品牌；第四，情景、场景、意境；第五，体验、体会、体悟；第六，用心、用力、用钱；第七，传承、传世、传奇。他特别强调，拈花湾的未来就是要打造超强IP度假旅游目的地，就是要把"目的地景区＋目的地商业＋目的地住宿"这些事情真正地做好。最后，他专门谈到了从事旅游度假产业的个人体会，就是要求越来越高、市场越来越大、成功越来越难。

中信产业投资基金总经理胡腾鹤在题为《休闲度假的投资风口》主旨发言中具体论述了"为什么休闲度假成为投资风口""投什么"和"怎么投"三大问题。在谈到"投什么"时，他认为重点应该是滨海、滑雪、古镇、乡村四类度假产品。最后他对休闲度假项目关键成功要素提出了自己的五点认识，即，第一，要靠近客源地，交通便利；第二，要有顶级的操盘团队；第三，要有政策支持；第四，要有独特资源；第五，要有好的投资商。

上海迪士尼度假区副总裁王燕主旨演讲题目为《倾心打造沉浸式体验，为中国游客点亮心中奇梦》。她重点介绍了迪士尼在打造沉浸式体验方面的成功经验：一是洞察中国消费者的需求和喜好；二是注重游客的沉浸式体验；三是结合迪士尼神奇与中国文化魅力；四是科技创新；五是实施行业领先标准。其中，她重点讲述了如何成功做到"游客的沉浸式体验"，这主要包括：第一，故事讲述，这个其实也是迪士尼多年来原创产品的核心所在，通过迪士尼的一系列的电影、大片，创造出很多IP；第二，沉浸式体验；第三，卓越的游客服务。最后，她认为"原汁原味迪士尼、别具一格中国风"的理念是中国迪士尼成功的根本，而"永无止境的创新和丰富创意，为每一位游客创造出独一无二的体验"则是世界迪士尼成功的根本所在。

大连海昌集团董事、海昌商务有限公司董事长赵文敬在《海昌：有梦、有爱、有快乐》的发言中，重点介绍了海昌集团打造的海洋主题公园、渔人码头、高尔夫乡村俱乐部和海岛休闲度假系列旅游产品。他认为，海昌旅游能健康发展主要是立足于"有梦、有爱、有快乐"的品牌理念，真正成了"梦想的制造者、爱的凝聚者、快乐的传递者"。而这也决定了海昌的品牌愿景是"中国第一海洋文化旅游休闲品牌"；企业使命是"引领休闲旅游文化生活方式，为客户提供完美的服务体验"。

香港中旅国际投资有限公司首席战略官张正启的发言题目是《开启中国度假时代的探索和实践》。他首先从全球客源组织、全域旅游运营、全业态开发、全品类投融资和全产业创新五大方面介绍了中国旅游集团的核心优势，同时他认为当前"休闲度假时代的窗口已打开"，而作为全产业链企业、一类央企，中国旅游集团有使命、有责任开启度假时代，引导和引领产业转型。他还提出了"中国人应该怎样度假"和"来中国怎样度假"两个问题，并给出了国民度假公园这一解决方案。他强调了国民度假公园的特殊属性，即具有唯一性、权威性、龙头性和创新性，并指出国民度假公园的商业逻辑是"资源整合、产业开发、跨越融合、全域运营"；运营模式是依托大品牌创造大客群，推动线路的大流动，提升消费的大品质，最终实现产业大升级；而"以核心产品为入口，共建共享大平台"则是中国旅游集团的核心竞争力或者是愿景和目标。

华谊启明东方董事、总裁马克的发言题目为《"文化休闲+"》。他认为中国旅游业的三个变化推动了华谊旅游产品的升级：一是从过境游向过夜游转化；二是从组团游向目的地游转化；三是就是由普通的观光游向休闲游、度假游、体验游转化。随后他重点介绍了华谊兄弟集团新打造的作为"中国文化旅游演艺商业综合体"内容供应商的"华谊兄弟新剧场"的基本情况。他还谈到华谊兄弟集团以"文化旅游演艺+"这一概念，即"文化演艺+一切，+各种各样"，打造了"全域旅游、特色小镇和城市更新"这样三位一体的整体的产业链平台。

在28日的峰会上，丽水市人民政府副市长王小荣还宣读了《丽水宣言》，并举行了丽水旅游项目签约仪式，共计12个旅游合作项目成功签约，总投资达到103.4亿元。在晚上举行的"休闲之夜"晚会暨中国休闲度假5U奖颁奖典礼上，休闲度假城市（丽

水市)、建川博物馆聚落(四川安仁建川文化产业开发有限公司)、桂林两江四湖景区(桂林旅游股份有限公司)、三亚南山文化旅游区(海南南山文化旅游开发有限公司)、中国首部大型实景历史舞剧《长恨歌》(陕西华清宫文化旅游有限公司)、无锡灵山拈花湾禅意小镇(无锡灵山文化旅游集团)、北京古北水镇(司马台长城)国际旅游度假区(北京古北水镇旅游有限公司)、深圳欢乐海岸(华侨城集团)共八家单位获得首批5U奖。

29日上午举行了以《玩转休闲度假新产品、新业态》和《用休闲度假架起"两山论"桥梁》为主题的两场专业峰会。阿里巴巴集团副总裁、飞猪总裁李少华,携程集团高级副总裁、华远国旅集团董事长、中国旅行社副会长郭东杰,途家旅游网创始人兼CEO罗军,陕西华清宫文化旅游有限公司副总经理费文娟,悦旅会首席领队、决胜教育科技集团创始人戴政,丽水市人民政府副市长王小荣,中国旅游景区协会秘书长霍建军,凤凰古城文化旅游投资股份有限公司董事长叶文智,赛石园林集团旅游总顾问汪成设,国家客运索道安全监督检验中心的高级顾问甄正义分别作了精彩的主旨演讲。

李少华的发言题目是《旅游消费升级促进旅游行业互联网创新》。他的发言主要从三个方面展开:一是阿里巴巴怎样推动全球游;二是年轻用户如何成为旅游消费升级的主力军以及成为趋势变化风向标;三是阿里巴巴产业升级对未来的可能影响。最后他认为,在年轻用户主导的消费升级以及新技术互联网创新应用的大趋势中,"移动端""目的地""内容化"会成为未来3~5年变化升级中的不变趋势。

郭东杰基于华远国旅和携程旅游线上和线下服务人群相关数据及2017年上半年相关数据,做了题为《以欧洲为例,看中国出境游市场的变迁》的演讲,重点介绍了中国出境游中欧洲休闲度假游的历史变迁和现状。他表示欧洲游在中国和全球都属于中高端产品,经过十多年的发展,欧洲游的中国游客呈现出不同于过去的显著特征:一是从出游目的来看,休闲度假游占到60%~70%;二是从性别看,女性游客占到了63%,大大高于男性;三是从年龄上看,呈现多元化,但年轻化成为显著趋势,同时中老年也呈出增长态势;四是从客源市场看,三线城市和二线城市游客占比超过北上广深等一线城市,占到了整个市场份额的50%,而且增长率目前远远超过了北上广深的增长率,例如,四川、山东、辽宁、山西四省欧洲游游客增速就远远超过了北上广深。最后他得出的结论是中国游客的欧洲游目前呈现出"产品多元化、渠道多元化、客源多元化"的显著特征,成为增长迅速的出境游市场,但这也对旅行社提出了巨大挑战。

罗军做了题为《分享住宿,幸福世界》的发言,通过对苏州、上海、山东、西递宏村的四个真实案例的深度剖析,提出了"分享住宿"为代表的休闲度假时代的新商业模式和经济模式。

费文娟以《长恨歌的故事》为题,从文化IP、精益求精、观众的认同口碑、专业化团队、品质信心、艺术坚守、精细化服务流程、传统景区转型升级、陕西文化产业的发展路径、可推广复制发展模式十大方面全面介绍了华清宫的成功案例,提出华清宫做"当代精品、未来遗产"的发展定位,强调未来将以"创意优、效用优、服务优、环保优、品牌优"等五优发展理念继续走品质休闲游的发展道路。

戴政在《用会员积分利益可视化连接目的地和消费者》的演讲中,他重点介绍了如何利用积分利益可视化手段来解决目的地和用户的连接,尤其强调了酒店在其中的特殊价值和作用。

王小荣做了题为《丽水生态旅游的实践与思考》的演讲,从"第一,始终坚持与时俱进、高点定位;第二,始终坚持统筹协同发展;第三,始终坚持改革创新,强化保障"等三个方面介绍了丽水市生态旅游的探索和实践。

霍建军发表了题为《中国旅游景区发展管理中的三大难点和重点》的演讲。他认为中国景区有三个方面的发展趋势,同样也是景区管理当中的难点和重点,值得关注:第一,景区管理体制。目前很多旅游景区有不同管理部门之间的重叠。未来旅游景区,尤其是自然型旅游景区,政府部门分头管理的体制将得到实质性的改变,但包括国家公园体制在内的管理体制并不能完全解决旅游景区现存的矛盾和问题。第二,景区的管理分类,也是难点。不同类型景区管理重点、经营理念、服务要求都是不同的,有的甚至是相反的。所以,旅游评价是非常困难的。第三,景区质量提升。景区质量提升也是难点,现在各种类型的景区非常多,统一管理确实有难度,标准不一样。

叶文智的演讲题目是《文化自信,艺术凤凰》。他从歌声中的凤凰、笔墨下的凤凰、镜头下的凤凰对凤凰古城的成长之路进行了生动阐述。同时他还重点介绍了用凤凰打造艺术小镇的情况,并提出了将凤凰艺术小镇打造为国际艺术高地和在国际享有盛誉的艺术小镇的愿景。

汪成设做了题为《"休闲+花卉"》的主旨演讲,对如何用园林花卉技术提升旅游目的地的景观吸引、丰富旅游目的地的服务业态、打造休闲旅游的品质升级进行了具体论述。

甄正义的演讲题目为《客运索道——绿色交通,休闲体验》。他首先强调索道是"一个现代化的立体轨道交通设施和一个交通系统",对比步道、栈道、爬山、公路、索道、电梯以及直升机等登山方式是最优的方式,具有"安全、快捷、节能、环保、低碳"的突出优势。但他认为索道建设始终处在一个争论之中,索道被妖魔化了,舆论被误导了,导致很多景区缺乏索道专项规划。索道之所以出现今天的困境,主要在于以下原因:一是对遗产的保护和保存概念的混淆;二是对遗产和遗物概念的混淆。他强调,索道是包括交通、体验、观赏、娱乐在内的综合型的环保工具。因此,索道不是不能建,也不要争论建不建,而是要谈怎么建好。最后,他呼吁对相关的规定和审批规程进行修改和完善。

29日下午专业峰会主题为《一流休闲度假目的地是怎样炼成的》。北京巅峰智业旅游文化创意股份有限公司创始人刘锋,中国旅游协会民宿客栈与精品酒店分会会长张晓军,北京第二外国语学院旅游管理学院院长、教授厉新建,台湾东吴大学教授诺木汗,全国休闲标准化技术委员会副秘书长付磊分别发表了精彩演讲。

刘锋在题为《休闲度假让生活更美好》的发言中认为休闲度假更是一种美好生活,是美好生活更高状态的呈现。他进一步提出,休闲度假的核心是能够真正地让心静下来,能够真正地休心、舒心、悦心和养心,这是和其他不同类型旅游产品的重要差异。他指出休闲度假产业现在面临四大痛点,即缺代表作、缺内容、缺生活、缺整合。最后,他认为多元化、集群化、乡村化、生活化是未来旅游度假发展的四大趋势。

张晓军演讲的题目为《民宿是乡村休闲的新供给、新思维、新出路》。他认为,民宿是一种全新的生活方式,并对"中国社会已经进入了中产阶级崛起时代,民宿是当前的普遍需求;需要关注已有民宿存量的盘活;民宿人在客观上推动了中国休闲度假法治文化的完善"三个问题进行了论述。

厉新建发表了题为《一流休闲度假目的地的构建》的演讲。他首先对十九大后旅游业的发展进行了分析,认为涉及三个问题:一是方向性的问题,要立足于人的全面发展去发展旅游;二是关键性的问题,应从未来国家大战略中思考旅游的角色;三是现实性的问题,就是在新时代,新思想、新目标、新征程的指引下,旅游业怎么发挥自己巧实力的作用。其次他重点谈到了对休闲度假的几点认识:一是从"景点旅游"向"全域旅游"转变过程中,休闲度假将被重视;二是"休闲度假需求"不等于"休闲度假购买",三是"观光旅游消费离不开景区,休闲度假消费可以不到景区";四是"国家级旅游度假区"不等于"国家旅游度假区";五是"创建标准"不等于"选择标准";六是"国家级标准"不等于"社会性认识";七是"度假区生活化"不等于"度假区定居化";八是"度假需求收割者"不等于"度假需求培育者"。接着他详细论述了如何建构一流休闲度假的目的地。他认为这基于三个认识:第一,一定要从异托邦的角度去构建;第二,休闲度假是逃离日常生活的生活,遁入生活之外的一种生活;第三,怎样让消费者能够发一个心愿,找到一个地方去休闲度假。最后,他专门提出了一流休闲度假目的地的八大标准,即一流的形象(Image)、一流的生态(Ecology)、一流的产品(Product)、一流的标准(Standard)、一流的品牌(Awareness)、一流的游客(Holiday)、一流的融合(Convergence)、一流的生活(Life)。而最终就能得到的是一个非常特别的假期Special Holiday。他进一步强调,一流的休闲度假地就是要给市场当中的消费者提供一个与众不同的假期,让他能够在你这个地方非常舒适地度过一段闲暇的时间。

诺木汗发表了题为《生态旅游:诗意的栖居》的演讲,重点从"一、生态旅游与诗意的栖居；二、生态旅游的形态；三、中国生态旅游需要供给侧重大改革；四、生态旅游诗意栖居的内容拓展"等四个方面进行了论述。

付磊的演讲题目为《一流自驾目的地的自我修养》，主要从"自驾游、露营地、目的地"三个部分对如何成为一流自驾目的地进行了深入探讨。他提出自驾游的三个阶段：第一个阶段就是20世纪90年代到20世纪末，从无到有。第二阶段是十五开端到十二五末，从小到大。第三个阶段是讲究品质集约发展的阶段，从多到好，从大到小。他还提出露营不能成为自驾游的一个住宿的环节，而是一种文化和生活，是一种目的。露营的价值在于它所垄断性的区位和融入的环境，营地的价值在于它的融入环境和垄断区位的地方。他还认为，一个自驾游目的地有三个组成部分：一是基础设施，包括道路、停车场、加油站、集散中心、露营地、驿站、驻车观景台、环境卫生、标志。二是包括规划、产业政策、统计调查、标准化、咨询、救援、公共信息等的旅游公共服务；三是俱乐部、自驾车的保险等市场服务体系。

29日下午论坛演讲结束后，进入了本次休闲度假大会的"公开课"环节。中国旅游协会休闲度假分会秘书长、世界旅游城市联合会首席专家魏小安专门开讲了《敢为天下闲》的公开课，把全天的大会推向了高潮，为本次休闲度假大会成功闭幕画上了一个圆满的句号。

公开课的主要内容分为"导言：美好生活""关于休闲""未来的休闲""现实的困惑""发展的希望"以及"结束语：发展正未有穷期"六个部分。

在"导言：美好生活"部分，魏小安首先发出了"没有敢为人闲，何来美好生活"之问。并指出"落实十九大精神，就得有敢为人闲，没有闲就没有美好生活"。他认为"美好生活，一曰美，二曰好"。而要把美扩大，覆盖到休闲的全领域，延伸到休闲的全过程，这样才可能达到费孝通先生所言的"各美其美，美人之美；美美与共，天下大同"的境界。

在"关于休闲"的部分，魏小安从"休闲的界定""休闲的意义"和"休闲产业"三个方面进行了详细讲解和阐述。

关于休闲的界定，他指出从字面上看"休闲，一是闲暇时间，二是对应方式"。"休"就是对"闲"的消费方式。因此，"休闲是对自由时间的多样化安排"；从时间维度上看，有小闲，即日常休闲；有中闲，即大周末；有大闲，法定假日和带薪休假，而并明确提出"小闲为休闲，中闲为旅游，大闲为度假"；从空间维度上看，有家庭休闲、社区休闲、城市休闲体系、环城市休闲游憩带、乡村休闲、异地休闲、网络休闲。

关于休闲的意义，他强调休闲的本质就是成为人。从个人而言，休闲是自我实现的重要选择、重要条件和升华；从社会而言，休闲是家庭和谐的重要方式，休闲是社会和谐的推动力量；休闲是大同世界的终极形式。所以未来把休闲做好了，世界就大同了。最终是要摆脱工作，摆脱世俗，摆脱自我。

关于休闲产业，他认为，就是满足人们对闲暇时间的多样化安排并促进最佳配置的供给体系。具有以下几个特质：一是休闲资源无限制，差异吸引；二是休闲行为无框架，合法底线；三是休闲体验无穷尽，古今中外；四是休闲消费无止境，兴高采烈；五是休闲产业无边界，全覆盖；六是休闲发展无约束，创意为王。

在"未来的休闲"部分，他认为，将会受到"加速度发展、闲暇增长、社会变化和就业变化"这四大发展趋势的影响。其中，"加速度发展"主要包括"技术加速度"和"社会加速度"，因此要"超越时代看未来，超越旅游说休闲，超越项目论生活"。"闲暇的增长"主要是因为人工智能导致闲暇时间不断增加，从而导致"带薪休假全面落实，四日工作制乃至四小时工作制都会成为可能"。"社会变化"主要源于"好吃懒做图舒服、好玩玩好求快活、娱乐刺激追极限、共享休闲成主流"。"就业的变化"体现在未来的主要劳动方式是"创造性劳动，情感性劳动，休闲性劳动，服务性劳动"，而这就涉及大数据、大智慧、大教育、大健康、大生态、大休闲、大服务这七个主要的就业领域。

在"现实的困惑"部分，他从"休闲消费""供给缺陷""现实的生长""短板制约"四个方面进行了分析论证。他认为当前中国的休闲消费应该被属于成长中但不成熟的休闲消费，这主要是由缺乏时间积累、缺乏世代积淀、缺乏技能积累、缺乏休闲文化四个因素造成的。他指出供给缺陷主要体现在：一是城市休闲空间严重不足；二是度假产品结构性短缺，高端度假需求严重外溢；三是滨海度假资源不足，水平低，价格高；四是自然环境不足，雾霾严重，市场条件好，自然环境差。针对"现实的生长"，他认为"这几年市场主体持续发力，形成现实的蓬勃生长"，体现为"政府主导形成热点，投资跟进形成热流，市场呼应形成热潮"。他还特别指出，"从供给角度看，有一个很独特的中国现象，一个成功的项目，突出了一个人物，形成了一种模式，开创了一片发展。"最后他还重点讨论了"短板制约"的问题，明确强调"结构优化、消费细化和企业强化"这三个问题是真正中国旅游发展的短板，同样将会成为休闲领域的短板。

在"发展的希望"部分，他提出了第一要"转变社会观念"，人人都有休闲的权利，人人都应该享受休闲的生活，这是根本的观念，所以要超越，达到完全满足个性化。第二要狠抓新兴领域。具体包括度假发展、温泉发展、营地发展、户外运动、主题酒店、精品酒店、高端民宿、文化休闲、城市度假、旅游综合体、特色小镇、智能旅游、大云平移等十个新业态。第三要提升休闲品质。具体为休闲方式多元化，空间范围扩大化，水平提升化，内容丰富化。第四休闲要重在创新：一是从市场上，要研究消费者行为的变化；二是做到思路创新；三是空间模式创新；四是时间模式的创新；五是渠道的创新；六是综合性的创新。最终实现"观光出人气，度假出财气，特色出名气，休闲出品位，文化出品牌"。

在最后"结束语：发展正未有穷期"部分，魏小安对本次休闲度假大会进行了总结，并对下一届休闲度假大会提出了构想。

2017首届中国休闲度假大会是在十九大刚刚结束之后把握时机、应运而生的休闲度假业界重要盛会，有效搭建了休闲度假产业供需两端的对接平台，为全国休闲度假行业所共同关心的行业发展、产业变革问题创造了急需的交流探讨平台。除了政策发布与解读外，本次大会最大的亮点无疑是行业内顶尖企业的经验分享与总结。聚集了国内顶尖阵容的本届中国休闲度假大会，为新时代中国社会主义建设中的休闲度假产业注入全新的活力，并正式拉开了中国休闲度假产业高速发展、不断满足人民日益增长的美好生活需要的大幕。

除上述所述之外，本届大会还专门设计了国内著名休闲度假目的地、服务商、投资商展览，以及丽水休闲度假线路体验等环节，使全体与会嘉宾充分体验到了中国各地休闲度假产业的巨大魅力和作为"秀山丽水、诗画田园，养生福地，长寿之乡"的丽水的休闲度假之美。同时，本届大会组委会决定大会结束后还将以各位嘉宾发言为蓝本结集出版《敢为天下闲——2017首届中国休闲度假大会会议文集》向国内外正式发行。

宣言篇

首届中国休闲度假大会丽水宣言

人类正在全面进入休闲时代，休闲度假正在成为新时期人类生产、生活不可或缺的重要内容，正在成为满足中国人民日益增长美好生活新需要的重要领域。站在新的历史节点，为引领休闲新生活，发展休闲新产业，开启休闲新文明，我们，来自中国各地休闲度假相关产业的管理者、投资者、运营者、研究者于2017年10月28日齐聚休闲度假胜地中国浙江丽水市，就休闲度假发展的一系列重要问题进行了广泛而深入的交流。

我们认为，人类的发展是一部技术不断进步、经济不断发展，休闲度假不断增长、民众生活状况不断改善的文明史。科学技术是推动经济增长的第一动力；休闲度假是民众追求幸福生活的主要目的。伴随人类文明的演进，休闲度假具有无限广阔的发展前景。

我们认为，休闲将成为未来世界经济极具潜力的新增长点；休闲将成为各国创造就业岗位和工作机会的新领域；休闲将为文化自觉、文化交流和文化复兴开辟新空间；休闲将为市场经济条件下的生态文明建设提供新机遇。

我们认为，休闲度假供给不能满足民众高品质、多元化休闲度假消费需求，是当前休闲度假产业发展的主要矛盾。优化休闲度假产业结构、提高休闲度假服务，改善休闲度假环境，应该成为市场主体、政府机构、社会组织共同的任务。

我们认为，伴随中国经济快速发展和中国社会主义现代化的实现，中国将形成世界最大的休闲度假市场，中国将成为推动世界休闲度假产业发展的决定性力量。立足中国市场，整合世界资源，开创中国发展新模式，引领世界休闲度假产业发展，将成为中国休闲度假企业、政府和协会的共同使命。

本着促进中国休闲度假产业持续健康发展的良好意愿，迎接正在兴起的休闲度假新时代，为人类社会的文明和进步做出更大贡献，我们特发出如下宣言：

——增强休闲意识，加强休闲教育，培育休闲市场，引导民众开展各类健康文明的休闲度假活动，让休闲成为小康生活的重要内容，让休闲成为改善民众福祉的重要载体。

——强化休闲在区域发展中的地位，不断提升休闲经济在整个经济中的比重，把发展休闲度假产业作为各个地区调整经济结构的重要领域，把发展休闲度假产业作为改善区域发展环境，增强区域竞争力的重要手段。

——支持城市、小城镇、乡村各类休闲度假目的地差异化、特色化发展。通过完善休闲配套设施，整合休闲资源，丰富休闲体验内容，形成一批创意优、服务优、环境优、效用优、品牌优的休闲度假目的地。

——创新思维，转变思路，激活市场，引导和推动各类休闲度假新产品、新业态的发展，不断提高休闲度假供给能力，不断满足中国乃至世界民众休闲度假的新需求。

——将休闲服务作为中国服务的先导领域，借鉴国际国内先进的服务经验，加强休闲标准的制定、推广和实施，通过示范和典型带动，不断探索提高休闲服务水平的有效方法，切实提高中国特色休闲服务水平。

——大力推进休闲度假企业技术进步，促进各类新兴技术在休闲度假企业中的运用，加强休闲度假企业线上线下协调发展，不断提高休闲度假企业的全要素生产率。

——培育健康的休闲度假市场环境，加强休闲度假要素市场建设，促进各类生产要素流通，积极推动休闲度假企业与消费市场的供需对接，积极推动休闲度假上下游企业形成更加合理的市场分工，积极推动休闲度假企业的公平竞争、优胜劣汰。

——通过大力发展休闲度假产业，将绿水青山的生态价值转化为经济价值，构建联通绿水青山和金山银山的新桥梁。将休闲度假产业培育成为资源节约型和环境友好型产业，全面提高休闲度假产业的绿色发展水平。

我们相信：新的时代，只有见"闲"思齐，才能群贤毕至；只有敢为天下闲，才能成为天下先。让我们共同携手，一起为开创中国和世界休闲度假的美好时代而努力！

致辞篇

史济锡在 2017 首届中国休闲度假大会上的致辞

丽水市委书记　史济锡

尊敬的各位领导、各位来宾、女士们、先生们，朋友们：

大家上午好！

休闲度假是绿色发展的题中之意，是旅游升级的必经之路，是美好生活的美丽内涵。今天，非常高兴与大家欢聚秀山丽水，共商休闲度假发展的大事。在此，我谨代表中共丽水市委、丽水市人民政府，也以丽水热情好客的 268 万人民为代表，向远道而来的各位嘉宾、朋友，表示热烈的欢迎，向大家长期以来对丽水的关心、支持和帮助，表示衷心的感谢！

丽水是浙江省陆域面积最大，也是建市最年轻的一个地级市，是山好、水好、空气好的华东绿色生态屏障。近年来，我们立足生态优势，始终遵循习近平总书记"绿水青山就是金山银山，对丽水来说尤为如此"的重要委托，把生态旅游业作为第一战略支柱产业，作为打开两山通道的金钥匙，积极探索生态休闲度假模式，形成了高山绿水、观光骑行、民俗体验、民宿乡愁、农事节庆等休闲业态，先后创成中国优秀旅游城市、国际休闲养生城市，中国十大特色休闲城市，初步形成了美丽环境、美丽经济、美好生活三美融合，主客共享、生态惠民的新格局。

党的十九大刚刚胜利闭幕，站在新的历史起点，丽水将紧紧围绕美丽中国建设目标，以创建浙江丽水绿色发展综合改革创新区为主要平台，念好山字经，画好山水画，把休闲度假打造成为具有全域、全情理念的大产业，承载核心文化价值的主载体，拉动山区经济发展的增长极。将丽水打造成为观光旅游、休闲度假、养生养老的人间天堂。率先建成秀山丽水大花园，诗画浙江的鲜活样板，努力向一流的生态旅游目的地迈进。

女士们、先生们、朋友们，让我们一同站在新时代，中国特色社会主义的新起点，一同吹响新时期中国休闲度假产业的冲锋号。敢为天下闲，勇闯天下先，共同探索中国休闲度假新途径！携手谱写生态旅游新篇章，为经济社会发展插上新翅膀，让绿水青山源源不断地带来金山银山。我们真诚期待各位领导、各位嘉宾、朋友们，工作生活之余，常来丽水走走看看，赏一赏丽水山景，品一品丽水山耕，住一住丽水山村，秀山丽水、诗画田园、长寿之地，热诚欢迎大家多来休闲度假。

最后，预祝本次大会圆满成功，祝各位领导、各位朋友们，身体健康，吉祥如意。

梁黎明在 2017 首届中国休闲度假大会上的致辞

浙江省副省长　梁黎明

尊敬的各位领导、女士们、先生们：

大家上午好！

非常高兴有机会与各位新老朋友一起共同参加"2017首届中国休闲度假大会"，在此我谨代表浙江省人民政府向大会的召开表示热烈的祝贺！对远道而来的各位嘉宾表示诚挚的欢迎！同时也向长期以来关心、支持浙江旅游发展的各界朋友表示衷心的感谢！

众所周知，浙江是一个地处中国东南沿海的省份，旅游资源非常丰富，素有鱼米之乡、丝绸之府、文物之邦旅游胜地之称。近年来浙江省认真践行"绿水青山就是金山银山"的重要思想，将旅游业作为支撑全省未来发展的万亿级产业培育，坚持以全域旅游为导向，实施乡村旅游、海洋旅游双轮驱动，旅游业取得了成绩。G20杭州峰会的召开助推了浙江旅游走向全球，2016年浙江省旅游业总产出同比增长12%，旅游业增加值增长10.6%，预计2017年全省旅游产业总产出将超过万亿。未来几年，我们将以"十九大"精神为指引，按照浙江省第14次党代会提出的大花园行动建设纲要，加快旅游供给侧结构性改革，全力打造诗画浙江成为中国最佳旅游目的地，特别注重休闲度假旅游、乡村旅游的发展。

丽水是乡村旅游的典型代表，丽水市依托国家全域旅游示范区、国家旅游业改革创新先行区等改革载体，对准创建世界一流生态旅游目的地，坚持将生态优势转化为产业优势，在体制、机制创新、旅游业综合改革、农林深度融合等方面实现了重大突破。打造秀山丽水、诗画田园、长寿之乡旅游目的地品牌已经初见成效，我们期待着未来的丽水旅游有更大的发展成就。

各位嘉宾，旅游是传播文明、交流文化、增进友谊的桥梁，今天的浙江开放、包容、充满活力，今日浙江的旅游发展空间广阔、魅力无穷、未来无限。真诚地邀请各位嘉宾常来浙江、常来丽水投资兴业、做客。共享休闲旅游的发展成果，共创美好未来，最后预祝大会取得圆满成功，祝各位嘉宾万事如意、幸福安康，谢谢大家！

何亚非在 2017 首届中国休闲度假大会上的致辞

国际山地旅游联盟秘书长　何亚非

各位领导、各位嘉宾：

首先请允许我代表国际山地旅游联盟，以我个人名义向大会表示衷心的祝贺。在党的"十九大"刚刚闭幕之际，我们召开"2017首届中国休闲度假大会"，中国进入了中国特色社会主义新时代，修改后的党章确立了习近平新时代中国特色社会主义思想，为中国迈入新时代踏上新征程、实现新作为提供了强有力的指导思想和清晰的路线图，我们对中国的未来更加充满信心。

下面结合"十九大"精神和中国旅游发展谈几点看法：

第一，加速发展全流域、全地域高质量的旅游产业，是中国经济向高质量方向发展的重要组成部分和强大的推动力。目前中国旅游产业占 GDP 比例已经超过 10%，而且呈现增长趋势，旅游行业对就业贡献排在服务业前列，无论从国家层面上还是从地方政府，或者和旅游相关企业都加大了对旅游的投入，有的甚至把旅游作为本地区经济发展的主要增长点，丽水就是一个很好的例子，丽水有浙江大花园的美称，旅游业就是丽水经济的主要支柱产业。

同时，现在旅游概念的外延和内涵都在不断地扩大，大旅游概念深入人心，换言之旅游已经不是过去观观景、吃吃饭、拍拍照这种走马观花的旧模式，而是集旅游、文化、体育、医疗、休闲、养老等事关人民生活方方面面全领域、全地域量身定制的新模式。不忘初心，牢记使命，做大、做强中国的旅游产业使人民有更多的获得感、幸福感，推动中国从"旅游大国"迈向"旅游强国"，是我们为人民谋幸福、谋复兴的历史使命。

第二，紧扣"一带一路"建设，把旅游事业发展融入国家总体战略和新的国际合作，为促进"一带一路"的落地和落实做出我们的贡献。以共商、共建、共享精神推进"一带一路"建设，是今后一段时间中国经济发展和对外合作的重要途径和有效平台。旅游突出的是人与人的交流，是文明与文明的交流和对话，这正是"一带一路"倡议中民心相通的内容。中国每年出境人数超过 1.3 亿人次，来中国旅游、学习、访问、工作、培训的外国人越来越多，特别值得一提的是随着"一带一路"倡议的深入人心，中国与"一带一路"国家的人员往来将呈现极大的增长。这为旅游产业的发展创造了有利条件,将大大促进中国与"一带一路"国家和人民之间的相互了解和友谊。

第三,推动中国旅游产业转型升级,迈进世界旅游强国的行列,不仅仅是中国经济发展和供给侧结构性改革的需要,也是中国深入参与全球治理,特别是全球旅游治理,为世界提供旅游公共产品的需要。

随着人民生活水平的提高,中国国内和出境游客逐年增长,对旅游的需求日益多元化、精细化、个性化,这就凸显了目前旅游供给的不足,正如习近平总书记强调的那样,中国现阶段的主要矛盾是人民对美好生活日益增长的需求与发展不平衡、不充分之间的矛盾,旅游领域同样也是这个情况,粗放式、单一性、一般性的旅游供给已经不能满足人民的旅游需求,因此旅游领域的改革重点也应该放在供给侧结构性改革,以提供更多的丰富多彩的旅游产品和旅游服务,这对国民境内游客和外国游客都是如此。

在出境游方面供给侧问题同样存在,我们需要加强国际交流与合作,学习国外先进旅游理念、内容、服务,深入参与全球的旅游治理,就是旅游规则的制定和模式的创新。比如说现在许多国家都在推崇体育旅游、健康旅游,包括休闲、医疗、养生养老,随着很多国家包括中国进入老龄化时代,健康领域方面需求非常大。

第四,山地旅游,占总体旅游的20%以上,上升空间和趋势都很好,这当然与人民对美好生活的向往相关,也与健康旅游密切联系,中国有很多山地旅游资源非常丰富的地区,丽水就是青山绿水的宝地,发展山地旅游对促进旅游业的整体发展,提高人民的健康水平大有助益。

国际山地旅游联盟是中国政府发起批准世界上第一个以促进山地旅游为主旨的国际组织。2017年刚刚挂牌成立,目前已经有国内外会员120多个,涵盖了旅游组织、旅游企业、旅游智库、旅游行业等。这个联盟的成立填补了山地旅游国际合作的空白,将成为促进和推动山地旅游从业者、山地旅游国家和地区、山地旅游产业和企业以及研究机构之间进行有效沟通、合作、学习的平台,也会成为制定山地旅游领域国际规则和标准的组织。

最后,我预祝这次大会取得圆满成功,谢谢大家!

段强在 2017 首届中国休闲度假大会上的致辞

中国旅游协会会长　段　强

尊敬的王晓峰副局长、尊敬的史济锡书记、尊敬的谢济建局长，各位领导、各位来宾：大家好！

金秋十月，很高兴与各位朋友在秀山丽水、养生福地丽水，共同参加 2017 首届中国休闲度假大会。首先，作为本次大会的主办方，请允许我代表中国旅游协会，对出席大会的各位嘉宾表示热烈的欢迎；对各位嘉宾一直以来对中国旅游协会的关注和支持，表示衷心的感谢！

和劳动一样，休闲也是人的基本需要。早在 2000 多年的古希腊时期，著名哲学家亚里士多德就说过，"工作是为了休闲……休闲与幸福紧密相连，只有休闲的人才是幸福快乐的"。中国宋代诗人晁说之向往的生活就是"脑能充溢无华发，心得休闲不老身"。美国作家梭罗两年的闲居沉思成就了《瓦尔登湖》的不朽名篇。过去，受制于生产力的落后，人类不得不耗费大量的劳动时间以维持生存，理想的休闲生活只能是少数人的梦想。随着人类生产技术的不断进步，工作时间将不断减少，闲暇时间将大幅增加，休闲将成为亿万大众生活的常态。经过数千年的人类文明演进，我们正在迎来一个伟大的休闲度假时代。

今天，休闲已经全方位地进入到我们的世界。休闲经济在整个经济总量中所占的份额正在稳步上升。旅游休闲、体育休闲、文化休闲等各类休闲活动正在成为我们日常生活中不可或缺的部分。休闲更是就业的重要领域，据有关专家测算，在发达国家，与休闲产业相关的从业人员，已经占到就业人数的 20% 以上。与此同时，休闲还给传统产业升级带来了新的机遇，为新兴产业发展提供了更大的市场空间。可以说，我们正在见证一个伟大的休闲度假时代到来。

未来，休闲将更加深刻地影响我们的生活。随着人工智能等新兴技术的快速发展，四天工作制甚至三天工作制将逐步普及。更加充分地满足民众日益增长的休闲度假需要，将成为各个国家必须共同面对的主题。增强休闲意识，培育休闲市场，发展休闲产品，提升休闲服务，完善休闲环境，建设更多更好的休闲目的地，将成为政府、企业和社会组织共同的使命。让我们携起手来共同开创一个伟大的休闲度假时代。

各位来宾，各位朋友：

在刚刚结束的中国共产党第十九次代表大会上，满足人民群众对美好生活的新期待被作为新时期中国特色社会主义的重要奋斗目标。发展休闲度假产业，正是让人民群众过上美好生活的有效途径。中国旅游协会一直高度重视休闲度假产业的发展，并把推动休闲度假产业发展，作为实现中国旅游业未来持续发展的重要增长点和主要转变方向。我们希望和包括丽水在内的各个有志于发展休闲度假产业的政府和企业开展深入的合作，共同推动休闲度假产业的发展，为这个伟大的休闲度假时代做出更大的贡献。

最后，预祝 2017 首届中国休闲度假大会取得圆满成功。希望浙江省的休闲度假产业能"百尺竿头，更进一步"，希望丽水市的休闲度假产业能成为全国的标杆和典范。

谢谢大家！

王晓峰在 2017 首届中国休闲度假大会上的致辞

国家旅游局副局长　王晓峰

尊敬的段强会长、尊敬的史济锡书记、各位领导、各位来宾、女士们、先生们：

大家好！

在 2017 中国休闲度假大会召开之际，我谨代表国家旅游局和李金早局长，对丽水市举办本次大会，表示热烈的祝贺！向长期以来关心、支持、推动中国旅游业发展的各界朋友，表示衷心的感谢！

休闲度假是人民群众对美好生活的新期待。休闲度假作为人民群众美好生活的重要组成部分，正在从中国老百姓的"调味盐"，变成日常生活的"刚需"。旅游业要满足人民群众对美好生活的新期待，就需要大力推动休闲度假的发展。休闲度假是中国旅游业未来发展的重要方向。发展休闲度假产业有利于丰富中国旅游业的类型，有利于增加中国旅游业的效益，有利于提高中国旅游业的整体竞争力，是中国旅游业提质增效的必由之路。休闲度假是全域旅游的重要支撑。当前，全国各地正在如火如荼地推动全域旅游发展。休闲度假旅游作为传统景点旅游的拓展和深化，摆脱了过去旅游业发展中对名山大川的依赖，因而受到各地的高度重视，特别是在一些传统旅游资源并不富集的地方，通过休闲度假来促进全域旅游发展，在实践当中取得了突出的业绩。

各位来宾，各位朋友：

国家旅游局高度重视休闲度假的发展。近年来，在我们的大力推动下，国务院出台了《国民休闲旅游纲要》；与此同时，我们还积极引导休闲产业的发展，促进休闲城市的建设。我们相信，在大家的共同努力下，休闲度假产业必将成为中国旅游业未来持续发展的重要增长点。

国家旅游局高度重视中国旅游协会的工作，支持中国旅游协会通过引导休闲度假发展扩大在旅游行业的影响力。我们相信，中国旅游协会举办的这次大会，必将进一步推动全社会形成积极向上的休闲文化，树立健康的休闲观念，提高休闲度假服务水平，为促进中国旅游业的可持续发展做出更大贡献。

国家旅游局积极支持丽水市休闲度假产业发展。丽水拥有秀山丽水、诗画田园，是养生福地，更是长寿之乡。近年来，丽水通过发展休闲度假产业，积极践行习近平总书记的"两山理论",取得了显著成效。我们相信,丽水通过休闲度假产业的发展,将为把旅游业培育成第一战略性支柱产业奠定坚实的基础,将给全国更多地方探索出一条从"绿水青山"向"金山银山"跨越的金光大道。

预祝中国休闲度假大会取得圆满成功。谢谢大家!

演讲篇

用新思想引领中国休闲度假产业发展

经济学家、国务院参事　陈全生

非常高兴能够参加"2017首届中国休闲度假大会"。刚才介绍到我是经济学家,我是经济学者,谈不上经济学家,也没有什么深厚的经济学功底。让我结合"十九大"讲一讲这个事儿,我也觉得难以承担,过去参加过报告的起草还可以讲一讲,现在当了参事,很多年没有参加了,那就谈一点体会吧。

今天我在"2017首届中国休闲度假大会"发言,重点在"发言"上。魏小安是我原来的大学同学,我很敬重他,他让我来参加,我不好推辞了,他让我在30分钟之内讲"十九大"、讲宏观经济、还要讲休闲度假,我就尝试着讲一讲。

讲之前有几点声明:第一,我讲一孔之见,供大家参考;第二,作为国务院参事,但我是以个人身份参加,所谈所议只代表个人;第三,媒体的朋友,你们都是无冕之王、之王后、之公主,你们高抬贵手,让我安全退休;第四,"十九大"刚刚闭幕,真正解读"十九大"有正式的解读团,我只谈一些学习的体会,讲得不对请大家批评。

这张图很有意思,这是一个漫画,中国把最高领导人以漫画的形式画出来。在"十九大"之前的七中全会上已经讲到这次大会的意义,以习近平为核心的党中央,提出了一系列新理念、新思想、新战略,出台一系列重大方针政策、一系列重大举措和重大工程,解决了许多长期想解决没有解决、想办而没有办成的事儿,因为这是全方位、开创性、深层次、根本的,所以我们站在新的历史起点上,进入了新时代。

进入新时代有三层意思:第一,从中国自身的角度,我们站起来、富起来、强起来;第二,在世界上还坚持社会主义大旗的是我们;第三,也是共产党人第一次在世界上提出来,我们要为那些既要求发展、又要求自身独立的国家提供了一条新的道路。正因为有这个时代,所以在中华人民共和国发展史、从中华民族发展史上有重大意义,在世界社会主义发展史和人类社会发展上也有重大意义,所以才提新的历史定位,所以才提进入新时代。

这次大会讲了一个"新时代、新矛盾、新思想、新征程"。"新时代"不讲了。"新矛盾",我国社会主要矛盾转化为人民日益增长的美好生活需要和不平衡、不充分发展之间的矛盾,这是非常重要的,全党因为这个矛盾的转化带来很多新的要求、新的任务、新的使命;"新思想",大家以后会经常使用这个词,习近平新时代中国特色社会主义思想，将来这个词会大量出现，而且是马克思主义中国化的最新成果，正是因为这样并列在一起；"新征程"，开启了一个新的征程。

这5年来我们所取得的成绩是什么？5年时间十大领域：经济建设、深化改革、民主法治、思想文化、人民生活、强军兴军、生态文明、港澳台、全方位外交、全面从严治党等，革命性地从根本上来治理了军队和党。统计局新闻发言人讲1—9月国民经济稳中向好，讲了四个方面：一是总体平稳；二是结构调整；三是持续发展；四是新动能。

我用一些数据和图表给大家看看这个概念，使大家增强对5年来新成绩、新成就以及为什么要进入新时代，留下一个比较深刻的印象。

宏观层面，从就业、物价、消费、居民收入、财政收入等各项经济指标来看我国经济总体运行平稳，都在合理区间。例如，就业形势很好，1000多万，物价平稳，从产业结构看服务业、消费作用也越来越好，新产业、新业态、新商业这些新动能在不断发展，潜力和活力在持续释放，绿色发展也取得了新的进展。从居民收入角度来看，从财政收入看，都明显提升，这些数字都是国家统计局公开的，而且是各个主流媒体、网络上全部都有的。

我国GDP增长率呈现"L"形增长，从2010年、2011年、2012年，一直到2017年，基本上在6.5%~7.5%之间。2013年到现在，新的党中央上来以后，新的政府上来以后，从2013年开始我们继续向下滑的状态已经改变了。大家可以看到，2013年是6.7%，但是总量在上升，2016年1—9月是53万亿，今年1—9月是59万亿，是在增长的，这是GDP在合理区间稳定向上。

就业方面用两块数字来说，社保部经常用的是新增就业如何如何，就是蓝颜色，1100万人、1300万人等。我觉得用红色的，净增就业比较好，因为新增就业不算已经退休的或者丧失劳动能力的，净增是每年年底的数减去上一年年底的数，净增出来的数，虽然这个数不像上个数这么高，但是依然是1000万人以上，我觉得这个应该充分说明我们的就业稳定。

消费指数CPI的状况。2013年开始，稳定在3%以下，这条红线是3%，如果拉长了以后可以看到真的是比较稳定，控制住物价，不像以前上去了，消费在下来，2011年是13%、12%、10%，这三年我们都在10%，控制得算不错。进出口的状况是一个亮点，今年一下子十七八个点的增长、十五六个点的增长。工业增加值和用电应该是一致的，用用电佐证工业增加值来说明，电不能存储，电不能造假，2017年总体是这样一个状况。

还有收入的状况，老百姓收入、企业的收入、财政收入。老百姓收入红线是GDP增长、绿线是全国人均收入增长，2016年比较平，2017年上来，不仅上来了，而且都超过了GDP的增长。现在只有城镇的这方面才低，因为城镇基数高，所以稍微慢一点，总体收入向上走。

再来看企业的收入，大家可以看到2015年是-2.3%，国有企业是-21.9%，2016年全部变成正增长，2017年是40%，昨天公布的9月份的数字还没有加进去，还会向上一些。

财政收入情况，都是持续向上，而且支出大于收入。这就是我们5年来取得的成绩，我相信比简单的数字会留下更深刻的印象。"十九大"报告讲得比较详细，对工作当中的不足和困难都面临的挑战，我多年起草文件，讲了7个方面算很详细了，有的时候就是五六句话，现在不是几句话了，讲得很重。在全国都是讲"站起来、富起来、强起来"，这么重点地讲出这些是非常冷静、非常直率的，确实我们还面临一些挑战和困难。比如，前段时间报纸上讲挖掘机指数，挖掘机指数是负增长，是-20%，去年下半年是70%，现在是100%。销售做得很好，所以马上就有经济学家讲"亮眼的挖掘机指数，一度低迷的工业机械行业销售市场已经触底回暖"，当一台设备成为屏幕上的跳动亮点时，这不就是基础建设行业的活力图吗？基础设施建设都是在荒郊野外、荒郊野岭，最后玩失踪，没了，人和机器找不到了，所以坏账一大笔，这种情况下工程技术人员给挖掘机安装一个GPS，起码可以找到在哪儿，到哪里把机器拉回来卖掉，后来想既然有GPS，用GPS发一个指令，锁机、停机，这就制住了一大批人。后来有人说既然可以发出停机、锁机，为什么不能把维修、损失的情况发到技术中心，技术中心工程师可以根据这个状况预测什么时候出现故障。

过去工程师背着计算机到工地检查，说现在可以看到可能出现什么问题而把零部件推销出去，大大提高了售后服务的质量，降低服务费用，非常好。中央领导去了以后觉得这个很好，有领导同志说这个可以在一定程度上反映当前的状况。挖掘机指数去年上来了，前五六年、四五年是负增长，是在4万亿以后起来了。民营的数据去年低了，国务院出文件，后来上来了。目前到6月份占60%，增加了两个行业，一个是天然气开采，另一个就是化学制品，所以2015年政治局会议要更多的资金投向实体，大力发展实体经济、振兴实体经济。这次"十九大"着力点放在实体经济上，要求加快建设制造业强国，所以为什么习近平在"十九大"报告中，在常委和中外记者见面时说必须准备付出更为艰巨、更为艰苦的努力。我们当前主要矛盾虽然有变化，但是没有改变目前我国社会主义所处历史阶段，我们长期处于社会主义初级阶段基本国情没有变。

下面对旅游的事情说一些。我以前弄过两家旅游公司，但昨天看到了名单，这里有这么多的旅游界的大咖，所以我把所有的准备材料全部推倒重来，以前我搞过工业旅游、教育旅游，觉得还可以说一说。新时代对旅游和休闲旅游提出了新的要求，"十九大"报告说主要矛盾变化了，是关系全局的历史性变化，对党和国家的工作提出了许多新要求，新矛盾对旅游和休闲旅游提出什么新要求，从旅游自身发展的角度来探讨在旅游当中是否也存在着发展不平衡、不充分的相关问题，休闲旅游似乎也存在这些问题。例如从满足人民需要的角度，日益增长的美好生活需求对旅游和休闲旅游提出哪些新需求？学习"十九大"精神各行各业都要找出新要求，旅游和休闲旅游、休闲度假可以提出哪些新要求？大力发展旅游产业，是否可以提出新的东西？我这个年龄的人都知道，那个时候结婚"三转、两拧、一咔嚓"，也就是自行车、手表、缝纫机、电视机、录音机、照相机，还有48条腿，就是全套家具12件。旅游需要有闲钱、有闲暇时间，这样才能够搞旅游，我有钱，有人，这是中国发展各项事业的基础，庞大的储蓄是中国经济的可靠优势。

1995—2016年个人存款，过去3万亿，现在60万亿，中国老百姓就是相信共产党、相信人民银行、相信国有银行，世界上没有这样的，世界上都是透支消费，这笔钱应该是中国经济增长强大的后备力量，也是中国旅游消费的强大后备力量，怎样把这个钱弄出来？这是旅游界认真要想的问题。吃、穿、住、行、喝、用、玩，很多都和旅游相关，这个市场大得不得了，过去2.4万亿，现在已经30多万亿，没有人敢和中国比，为什么全世界看重中国？就是因为这个。

我不太熟悉休闲旅游、休闲度假的概念，所以我学习学习，一学习不要紧，才知道休闲学在国外已经有百年历史。我以前研究创新驱动发展战略，我觉得创新首先是思想观念的创新，思想观念的创新就需要有一个自由的思想空间，要让人们在思想的海洋里任意遨游，就得想，甚至胡思乱想，千百个胡思乱想就有一两个奇思妙想，一两个奇思妙想就是难得的创新，休闲是创新的宝贵资源。人们普遍认为发明创造是在紧张忙碌的工作中诞生的，是在实验室诞生的，但是事实却是恰恰相反，许多发明创造的灵感是在放松的状态下迸发出来的。牛顿发现万有引力定律不是在实验室，是在苹果树下休闲的时候，爱因斯坦许多构思和物理公式不是在科学实验室，是在旅行途中和航海的船上完成的。亚里士多德说的"形而上学"认为哲学和科学的诞生要三个条件：经济、闲暇、自由。我学了一段休闲学，感觉到创新不仅仅需要自由的思想空间，还有一个可以任意遨游的现实空间和无所顾忌遐想的闲暇时间。

城市化和休闲旅游有直接关系。什么是城市？是城乡+市场，是畜牧业、手工业从农业当中分离出来形成商品集散地，那个时候马克思说的一把斧子七头羊，变成商品了，开始交换了，这种情况下有问题了，人越多、东西越多，交换成功的概率越多，人越来越多、钱币越来越多、金币越来越多，金币一多强盗抢了，为了防止强盗抢夺弄一个城墙。现在城市已经没有城墙了，但是城市保护要有，还要生活得更美好，还要建一系列基础设施，钱从哪里来？还是离不开市场，离不开企业、离不开产业，所以城市化是工业化的结果，城市化是产业支撑企业的基础。没有产业，房地产是不行的，全国县级市2800个，那些地方房子都很多，怎么办？我认为可以选择100个四五线城市发展分时度假酒店。

建议中国旅游协会与中国房地产协会协商，选择3~5个四五线城市，选择具有一定旅游资源，房地产库存高的，短期难以消化的企业，地方政府有培育发展旅游的产业，给一些优惠政策，比如每套100平方米，每平方米6000元，每套60万元，12个人每人投资5万元，可以化解银行风险，还可以重新抵押给旅游公司运营，全额回款，初始资金不难，可以众筹还可以打折。如果能够成立两三家中国分时度假旅游公司，一旦有二三十个县城运作基本成型，可以和国外衔接。这个产业可以继承、转让、出售，全国有2800个县，找出100个，当中找到二三十个，不难。我很看好这个事儿，只不过我年纪大了，没有精力。利用中央对地方的政策，利用银行对地方房地产的压力，利用四五线金融对银行自身的压力，利用老龄化对社会的压力，利用互联网建立的平台，利用分时度假平台，利用互联网建立的信用体系，搞了分时度假体系觉得中国互联网信任不够，这是十几年前了，那个时候搞有问题，我认为现在可以做这个事儿，你们有兴趣我可以给你们讲一讲。

谢谢大家！

发展丽水休闲度假产业，将绿水青山变成金山银山

丽水市委副书记、市长　朱　晨

尊敬的各位领导、各位嘉宾、女士们、先生们、朋友们：

大家下午好！

今天，我要讲的主题是：发展丽水休闲度假产业，将绿水青山变成金山银山。

浙江最美的地方在丽水。2002年11月25日，习近平同志第一次到丽水调研，就称赞丽水是"秀山丽水、天生丽质"。2006年7月29日，他第七次到丽水调研时，殷切叮嘱我们："绿水青山就是金山银山，对丽水来说尤为如此。"历年来，丽水市委、市政府始终围绕总书记"尤为如此"的重要嘱托，接力践行"两山"战略指导思想，把发展生态旅游业作为打开"两山"转化通道的重要抓手，大力发展休闲度假产业、推进生态旅游全域发展，初步构建了"生态环境保护"和"生态经济发展"双赢的生动局面。

下面，我结合丽水的实践，与大家一起交流三方面的认识和体会。

第一，休闲度假正成为旅游业发展的"新风口"。

1979年，邓小平同志著名的"黄山讲话"，开启了中国现代旅游业的发展之路。经过近四十年的发展，中国旅游业从无到有、从小到大，越来越成为国民生活中不可或缺的重要部分。近年来，随着国民收入水平的不断提高，旅游出行频率的不断增加，国民对于旅游的需求层次也在不断提升，旅游正逐步从观光为主的初级阶段，向重休闲、度假、体验的更高阶段演变发展。2015年，我国人均GDP突破8000美元，达到了8280美元。根据国际旅游业内规律：人均GDP达到5000美元时，就会形成较为成熟的度假旅游经济；达到8000美元时，就会逐渐步入休闲度假型社会。2015年的国务院《政府工作报告》中也明确提出："要迎接正在兴起的大众旅游时代""加快培育消费增长点，提升旅游休闲消费"。总书记在十九大报告中14次提及"美好生活"。对于广大民众而言，美好生活就是如何让生活过得更加充实、更有保障、更可持续。回归田园、放松身心、追忆乡愁、休闲养生已成为人们不可或缺的生活方式，是人们追求和向往美好生活的重要内涵。可以说，休闲度假产业面临前所未有的发展机遇。也可以预见，以休闲度假为主的旅游消费必将迅速占领旅游市场，成为新常态下旅游业转型发展的"新风口"。

从"等风来"到"风来了",丽水作为总书记"绿水青山就是金山银山"理论的重要发源地之一,在抢占休闲度假旅游的"新风口"中,我们主要做了三方面的探索。

一是谋划战略定位。历届丽水市委、市政府始终把生态旅游业作为变绿水青山为金山银山、推进生态富民的支柱产业。"十一五"规划正式提出了"把旅游业培育成为第三产业中的龙头产业"目标;"十二五"规划进一步明确了"打造旅游业第一产业"的定位;"十三五"规划中正式确立"把生态旅游业培育成为千亿级的第一战略支柱产业",大力推进以休闲养生度假为主的生态旅游业态发展。战略的升级也带来了产业结构的优化,2016年,丽水产业结构实现了从"二三一"到"三二一"的历史性跨越。

二是突出全域统筹。我们围绕浙皖闽赣国家生态旅游协作区主角、华东地区重要生态功能屏障、长三角及海西区"后花园"、浙江绿色发展的"新引擎、大花园"四个目标定位,坚持把丽水作为一个大景区来打造,大力推进旅游全域发展。经过这些年的努力,丽水成为首批国家全域旅游示范区、中国优秀旅游城市、国际休闲养生城市、中国十大特色休闲城市、全国休闲农业与乡村旅游示范市,逐步形成了以休闲养生度假为主的全域旅游发展新格局。可以说,如今的丽水旅游已逐渐从观光旅游向集观光、休闲、度假、体验于一体的多元化方向转型。

三是坚持改革创新。我们始终坚持把改革创新作为打破制约旅游业发展的关键,深入推进"旅游公司实体化、旅游景区资本化、旅游资产证券化"改革、"1+3+N"旅游综合执法改革等,成功入选第二批国家级旅游业改革创新先行区,成为国家全域旅游示范区首批创建单位和浙江省唯一的旅游综合改革试验区,生态旅游业发展正迸发出前所未有的活力,也为抢占休闲度假旅游的"新风口"打下了良好基础。

第二,特色化、个性化、多元化是休闲度假旅游发展的"新趋势"。

"市场需求决定产业方向"。休闲度假旅游最大的市场特点就是体验式消费,游客"去哪里",不再仅仅取决于"吃、住、行、游、购、娱"的传统旅游六要素,而是更加注重于"商、养、学、闲、情、奇"。打造特色化、个性化、多元化的"休闲度假旅游目的地",成为旅游产业发展的新趋势、新风向。在这一过程中,丽水重点探索了五种休闲度假形态。

一是基于绿水青山的休闲度假。丽水是全国首批生态文明先行示范区、生态保护和建设示范区,生态是丽水的底色,也是最大的特色,用一句话概括就是"山好水好空气好"。山是江浙之巅,森林覆盖率高达80.79%,全国第二;水是六江之源,水质冠绝全省;空气是全国低海拔内陆城市第一,素有"华东氧吧"之称。基于优质生态资源禀赋,我们推出了一大批以生态体验、休闲度假、清心洗肺、养生避暑为特色的生态型旅游产品。在这里,游客可以"登江浙之巅,探瓯江之源,赏中国最美梯田",到了丽水便仿佛踏入了"一路山水一路景"的山水画卷。

二是基于特色文化的休闲度假。文化是旅游的底蕴,也是产业的灵魂。丽水历史悠久，迄今已有1400多年的历史，9个县（市、区）每个县的地域文化特色都非常鲜明，保留着最完整的江南文化遗存，是省级历史文化名城、中国民间艺术之乡、中国摄影之乡、全国围棋之乡。"丽水三宝"龙泉青瓷、龙泉宝剑、青田石雕享誉中外。丽水还是刘基故里、汤显祖不朽名著《牡丹亭》的诞生地。著名文化学者余秋雨就曾赞叹："丽水文化，比听闻中更美、更深厚。"依托厚重的人文历史，无论是"三宝"探秘、古道寻踪、还是体验传统遗韵，都能给游客一番独特的风景和文化体验。

三是基于红色革命的休闲度假。丽水是浙江省所有县（市、区）为革命老根据地的唯一地级市。解放战争时期，丽水是浙江三大革命根据地之一，周恩来、粟裕、刘英等革命领导人都在丽水留下过革命足迹。基于465处丰富的革命遗址，我们打造了遂昌王村口、龙泉住龙、松阳安岱后等一系列浙西南红色旅游产品，"红色"印记与休闲度假旅游相辅相成，为年轻一代瞻仰革命先烈事迹、年长一辈回顾"激情燃烧的岁月"提供了最佳的红色之旅目的地。

四是基于民族风情的休闲度假。丽水全市有47个少数民族，人口近10万，是全国畲族的主要聚居地，景宁是全国唯一的畲族自治县、华东地区唯一的少数民族自治县。畲族特有的民歌、婚嫁、服饰、祭祖等风土人情和民俗文化，吸引着八方来客。景宁还凭借深厚的畲医药文化，造就了独具特色、美味健康的畲族养生药膳。在丽水，大家可以品美食，尝五味，对月当歌，体验一场不一样的幸福民俗之旅。

五是基于山居体验的休闲度假。1400多年的悠悠岁月，造就了丽水大量的传统村落，目前丽水列入中国传统村落保护名录的古村落多达158个，数量位居浙江省第一。这些阶梯式、平谷式、傍水式、台地式的传统村落，大多掩映在海拔400~600米左右的青山绿水间，既有"粉墙黛瓦马头墙，内井高墙围合院"的高堂华屋、深宅大院，也有"石头巷子黄泥墙，泥木坡顶青瓦房"的小楼庭院、村居农舍，既完整地保存着"山水—田园—村落"的格局，又传承着浓浓的农耕文化根脉，被誉为"都市人避世养生的世外桃源"。以此为基础酝酿发展起来的民宿区域公用品牌"丽水山居"，不仅是对丽水特色的提炼，更是心灵的居所、乡愁的归处。丽水山居"起居院巷里、游走山水间"和"日出而作、日落而息"的农耕生活方式、"鸡犬相闻、炊烟袅袅"的田园生活状态，已经成为"望得见山、看得见水、记得住乡愁"的最佳江南山村旅居目的地和心灵栖息地。

五种休闲度假形态，串起的是从"盆景"到"风景"的蜕变，架起的是"绿水青山"通往"金山银山"的桥梁，实现的是生态旅游业和生态富民的双赢。丽水旅游总收入已连续11年保持25%以上增幅，农民人均可支配收入增幅连续8年位居浙江省第一。2017年国庆长假期间，仅民宿接待量同比就增长了58.7%，形成了"一房难求"的火爆场面。

在探索过程中，我们深刻体会到，发展休闲度假旅游：

——环境是根本。唯有坚持人与自然的和谐共生，像保护眼睛一样保护生态环境，坚定不移走"绿水青山就是金山银山"绿色生态发展之路，才能不断夯实休闲度假旅游根基，才能更好变"绿水青山"为"金山银山"。

——文化是灵魂。唯有将特色文化内涵贯穿到旅游产业发展的各个环节，用独特的文化传承和文化魅力来诠释旅游，才能使休闲度假旅游更具吸引力和竞争力，焕发更加持久的生命力。

——产业配套是基础。唯有不断健全包括旅游接待、旅游交通以及各种文化娱乐、体育、休闲、疗养等产业基础，围绕自身资源特色完善一系列衍生服务体系，形成贯穿休闲度假旅游全过程的全产业链，才能更好地推进休闲度假旅游产业的可持续发展。

第三，希望各界携手开创休闲度假的"新时代"。

休闲度假作为生态旅游业的"新风口"，必将在不久的将来迎来属于自己的"新时代"。丽水作为参与者、推动者、受益者，我们愿与大家一道，共同推进中国休闲度假产业的发展、互联共赢，在此，我们倡议：

一是制定更加规范的产业发展标准。充分发挥旅游标准化在休闲度假产业发展中的引领作用，进一步探索和完善推进旅游标准化的协调机制、对接机制，共同研究构建休闲度假旅游产业新标准新体系，提升产业整体水平，推动休闲度假旅游品牌做大做强。

二是建立更加完备的产业推广政策。秉承全域旅游发展理念，加强各地政府之间的沟通协调，多领域、多层次开展产业推广合作与交流，落实并不断完善国家旅游局"搭台"、地方和企业"唱戏"、驻外旅游机构做"红娘"四位一体的产业推广政策机制，务实推动城市互动、市场互补、客源互送，共同提升休闲度假产业的影响力和竞争力。

三是建设更加专业的产业人才队伍。实施产业人才促进计划，完善人才激励政策，深化校企合作培养模式，加强各地人才培养、专家智库建设、政策研究制定等方面的务实合作，壮大旅游专家队伍、人才队伍，为推进休闲度假产业健康发展，提供强有力的人才支撑和科技支撑。

四是搭建更加开放的产业交流平台。加快建设开放包容、跨界合作、高效务实、共同参与的休闲度假产业交流大平台，不断健全和深化休闲度假产业各端之间的沟通协作、联席会商机制，进一步强化产业链上政府机关、行业协会、旅游目的地、市场主体、投资商、营销机构等各方的资源信息共享，推进交流与协作，共同开创中国休闲度假旅游业发展的"新时代"。

"春色满园关不住，一枝红杏出墙来"，休闲度假必将成为旅游业态的主流。首届中国休闲度假大会在丽水召开，也必将为丽水旅游带来新的机遇、注入新的活力，我们将充分吸纳本届大会的研讨成果，在互通有无中进一步凝聚共识和力量、付诸实践和行动，推动大会成果率先在丽水落地生根、开花结果！

我们有句口头禅，叫"丽水走一走，活过九十九"。希望大家闲暇之余多来丽水走一走、看一看、游一游，在秀山丽水的旖旎风光中感知丽水、携手丽水、爱上丽水。

最后，祝愿各位领导、各位嘉宾、各位朋友在丽水度过愉快而美好的时光！

谢谢大家！

我是如何打造休闲度假小镇的

乌镇旅游股份有限公司总裁、北京古北水镇旅游有限公司总裁　陈向宏

各位领导、各位专家、女士们、先生们：

　　上午好！

　　很荣幸能够参加这次峰会。刚才我播放的北京古北水镇广告片是在2010年我与六千浙江老乡，在北京密云区从一块白地上做起来的旅游目的地小镇项目。2017年整个游客预估人数不少于300万人次，收入大于10亿元，最重要的是景区资产价值，经过专业机构的评估翻了近一倍，应该说市场与投资回报是喜人的。在中国旅游发展中间，这是有研究理论的、有投资运营的产品落地的操盘，所以今天，我想和大家分享我对中国旅游小镇发展的一些粗浅认识。

一、旅游小镇发展的现状

（一）需求大于供给

　　大家都说新建的古北水镇为什么不到三年时间成长这么快，而且预计再有三至五年总收入会超过乌镇，这种成长性并不是我们做得有多优秀，而是我们的旅游市场太需要休闲度假型的旅游目的地。现在有句时髦的话叫"供给侧结构性需求改革"，我个人认为中国的旅游产品市场上有两类：一类是传统的资源型观光大景区，像黄山、武夷山、九寨沟；另一类是在近期兴起的休闲度假目的地景区。两者差别在哪里？前者是门票景区；后者是复合经营景区。乌镇景区，这么小的一个地方，占地不到三平方公里，2017年税后净利润可以达到6至7个亿，成为全国经营业绩最好的景区，为什么？因为乌镇的收入不仅仅是一张门票，更重要的是像古北水镇一样，从满足了人们度假的需要创造了度假旅游的二次和多次消费，我们会发现，不管你承认不承认，中国的中产阶级已经形成，他们主要选择的旅游目的地，不是为了征服景点、景区的旅游，更多是为了一种抽离、一种享受，其中最重要的是享受不一样的环境、不一样的人文、不一样的服务。

（二）概念等同于产品

　　因为工作关系，我在全国看了很多项目，众多项目都是"概念为先"，我个人认为故事、概念只有一种无形资源，缺了"产品化"的落地规划，以此为卖点做"地产+

旅游"，很难真正形成长久的旅游市场消费。好多人说浙江省有多少产业，但是工业产业集聚化并不代表旅游要素的生成；好多政府拿公共产品代替市场化的度假产品，比如建了湿地公园又去门票化经营，这方面还是有一定差别；尤其以地产化为主导的旅游地产，很难看到项目与旅游产品的逻辑关联。当然地产不是妖魔鬼怪，旅游离不开地产，但是地产代替不了旅游。

（三）产出弱于投入

旅游目的地景区做的是一个整体化的旅游产品打造，是一个大型的旅游产品打造，之前必须有清晰的财务模式，投入多少？产出多少？一句话，必须形成闭环。但是，我们看到许多项目尤其是政府为投入主体公司打造的旅游产品，没有把投入产出放上议事日程，往往造成一阵风过后难以为继的经营。

举例一：英国科茨沃尔德——田园乡村的典范。这是一个英国的小城镇，英国人说：我们的乡村就是我们的祖国。英国的乡村最主要的是精致性，对自然、环境的精致性。

举例二：日本濑户内海艺术岛——文化植入乡村的典范。这两天乌镇正在举办乌镇国际戏剧节，当产业、环境、自然生态、人文历史都具备的情况下，文化的植入和传承同样也可以成为我们旅游小镇的主要的诉求表达。

旅游度假小镇，特别是对我们浙江这样一个乡镇工业比较发达、比较早的大省来说，是继工业小镇、农家乐"郊游"小镇之后，对地域经济发展、社会文化辐射更大、带动作用更强的乡村发展策略。读了"十九大"报告，我们更清晰了乡村振兴战略，发展旅游小镇是一个重要的选择。

二、打造休闲度假小镇的发力点

（一）资源的梯度开发和利用

我们第一代旅游产品紧紧扣着资源，似乎没有资源做不成产品，但是当旅游经过第二轮、第三轮开发热潮后，我们发现真正有具象的、可以落地、可以掌握的资源并不多，所以用很多的概念、很多的故事来衍生生成产品。我认为在旅游目的地的打造中间，最需警惕的就是把无形的东西通过建筑、景观构造变成有形的景区组成，我个人认为这是走不通的一条路。

有价值的资源很重要。整个古北水镇是我自己独立规划、设计的，当时北京市政府把司马台长城交给了我们公司时，我更多关注和与股东一起探讨的是：如何定位这资源禀赋的现有资源，即确定资源"利用"的方式，我规划的理念是：司马台长城不能做出八达岭长城这样的观光产品，司马台长城只能做项目的背景，在司马台长城下做度假小镇，做一个融合了旅游度假各种需求的旅游产品。所以，目前度假小镇旅游的开发，不要仅仅把眼睛盯在资源上，而是应该借助于资源把它梳理成产品内容。我个人认为,现在的旅游度假小镇是一个内容小镇,而不是一个资源小镇。

(二)项目 IP 的差异化推广

我们都在诟病中国有这么多的千城一面、千镇一面,旅游是充分竞争的市场化行业,要在诸多竞争中间站稳自己的脚跟、销售自己的产品,必须做到卓尔不群,必须做到差异化,差异化的打造就是 IP 打造,这种 IP 的打造是"重建的战略"。我们看到很多项目目前还基本停留在自说自我的"排位"上,号称自己是中国第一、世界第一,而我个人认为最主要的是打动消费者心理是"唯一"。我们产品现在这一代人消费的主流群是 80 后、90 后、00 后,甚至 05 后,这是我们度假消费的主客群,60 年代尽管比上一代有点钱,但是背负各种负担,还不至于一天到晚度假,所以我们要研究怎样把 IP 放大到全季、全域?北方的冬季大家都知道是最难熬的,冬季用什么来打动游客?全域旅游是全域市场,怎样照顾到青年人?怎样照顾到亲子家庭市场?怎样照顾到商务会议市场?

(三)经营主体的持续改善

1. 解决有开发主体、无持续经营主体的痛点

国内有著名的旅游开发景点,开发初期轰轰烈烈,后来一年不如一年,最后黯淡收场,目前旅游目的地的开发主要要解决经营主体的缺失问题。首先要解决只有开发主体、没有持续经营主体的痛点。这可能是旅游行业与地产行业最大的差别,地产行业建了一个楼盘、包装了一个概念,卖掉后基本上只剩物业经营,而旅游目的地景区、旅游小镇的开发成型仅仅是第一步,第二步需要在经营中间调整、在经营中间改善才是最主要的。所以开发主体怎样设?经营主体怎样设?这必须在项目落地前就考虑清楚。乌镇团队这几年来一直在致力于全国连锁的旅游目的地管理,也做了企业内部的景区管理标准化,但从来不敢忽视与强调各种景区之间不同的差异化塑造,我们的经营哲学是凡是我们规划建设的必须是我们管理。

2. 建立闭环的可持续商业运作模式

做一个旅游目的地,除了有庞大银行信贷和各类投入支撑、有专业团队一气呵成的规划建设外,后期运营才是决定项目成败的关键,要有完整的产品模式、经营模式和管理模式,不能建立一个只叫好不叫座、不赚钱的景区,当然只要一开始定位为公共服务产品,也是没有问题的。

3. 对当地居民的待客训练和经营行为规范

大家都知道,在乌镇,番茄炒蛋规定不能少于 4 个鸡蛋。在互联网时代,一个景区的口碑比任何的推广营销都来得重要。旅游景区的经营管理者,如果不重视管理秩序,如果麻木不仁就是失职,要探索对景区内部商业行为的文化、售卖行为的规范和当地居民的待客训练。乌镇 2016 年 930 万游客,2017 年 1000 万游客,其中 70% 是散客,70% 中近 50% 是第二次、第三次,甚至是第 N 次来的游客,这是一个惊人的数字,

恰恰是第二次重游的游客是我们最宝贵的客源市场，靠什么？就要靠景区有序的管理和当地放心消费的口碑。

4. 保持对客源市场的敏感，进行行之有效的产品营销

我以前经常说做旅游做到今天，靠一部电影、一首歌做活一个景区的时代过去了，我们最主要的是要观测旅游客源市场的反响，并且进行调整。以后的营销可能是一个持续性的、分散化的营销，这是一个大课题。

5. 赢得口碑的细节管理

细节打动人、细节留住客。

三、转型"休闲度假小镇"建设的前提与条件

（一）资源

我刚才听了丽水市领导的发言，深受感动，没想到丽水有这么好的资源。但是我相信丽水旅游的发展和中国好多地区的旅游发展一样，不缺绿叶，但亟须有一个大的红花。一个地方旅游的发展离不开一个最著名的旅游目的地产品引擎，我们拥有再多的民宿、再多自然状态的全域美景，其实是期待有一个能够吸纳并能辐射大游客量的旅游目的地，这才是真正振兴一个地方旅游发展的关键。但是旅游目的地的拥有和开发变得越来越难，首先是资源取得难。所有旅游目的地开发不少于3平方公里，甚至更多，但是在国家土地指标控制这么严格的基础上，怎样取得空间指标？怎样取得这么多建设指标？最主要的是这些资源取得的代价越来越大，不能刚上路就背着一个沉重的资源取得的包袱。

（二）稳定充裕的资金保障

如果要做一个年游客量超过300万的旅游项目，大致估算都在50亿左右，对一个企业来说、对投入股东来说，它肯定是一个沉重的负担，庞大的财务成本支出和对产品面世后未来风险的不确定性，导致了我们在这些项目开发过程中束手束脚。有的时候我们不缺资源、不缺创意，缺团队，但是当我们不缺团队的时候，我们要扪心自问，我们拿什么信心和决心来保障这个项目有充裕的时间成长？这是我们要思考的地方。所以我觉得旅游景区建设到今天，更多应该从资本运作的层面上解决这个问题。

（三）富有落地操作和后期经营经验的管理团队

这也是一个我们做所有项目都绕不过去的问题。大家都知晓"项目投入"，但更应明白资源的充分利用也在人。

（四）政府支持

一个旅游目的地离开了政府支持将一事无成，因为旅游目的地的打造和政府是息息相关的，没有政府的合力和开明领导，在各方面会受到很大的限制，目前，最理智、

最聪明的做法是与政府一起来打造各地的旅游目的地。

今天我和大家分享的时间有限,最后我想分享三个观点:

第一,特色小镇不等同于休闲度假小镇,但是旅游小镇是具有休闲功能价值的特色小镇。我看到很多江浙都在做特色小镇,我个人认为有一些特色小镇能够成为旅游小镇,有一些是不能的,但是旅游小镇肯定是一个特色小镇。

第二,旅游小镇发展的重点在于系统和整合,不宜一哄而上,千镇一面。我们也看到了好多地方都在"运动式"搞各种小镇,什么在几年内做1000个旅游小镇,我个人认为要谨慎。现在的旅游小镇不是单向开发,而是系统资源的再造,包括景区内、景区外的整合,这是需要时间来打磨的。

第三,所有的小镇应该落在当地的经济、社会、文化发展和生态环境的改善上,落在乡村振兴的战略上。现在有一个很时髦的讲法叫"旅游+",我承认对古镇、古村来说,单纯地依靠一个古镇、一个古村做一个旅游目的地的时代已经过去了。怎么加?"+文化""+产业"。这是一个巨大挑战,怎样加得天衣无缝?怎样加得产业互融?怎样加得赋予这个地方新的生命力?这是我们一代旅游人的责任所在。

体育休闲旅游大有可为

中国旅游协会副会长、浙江省旅游联合会会长、开元旅业集团创始人 陈妙林

各位领导：

今天我有这个机会，要感谢魏小安老师，本次会议定了一个主题叫作"好玩要玩好"，所以我定了一个题目叫"体育休闲旅游大有可为"。刚才听了陈向宏总经理做演讲，感受非常深。陈向宏是我非常尊敬的一位企业家，也是浙江著名的旅游人之一。18年以前在国家旅游局评比的中国旅游十大风云人物中我和他同时当选，浙江当时就我们两位。这么多年过去了，陈向宏财富不断增长，体重也在不断增长，我这18年下来，财富没有多大的增长，体重也没有多大的增长，我今天希望谈谈体育旅游，如何保持财富的增长和体重不增长。

今天讲五个方面：一是中国旅游业将在很长时期内是一个朝阳产业；二是体育休闲旅游内容丰富、范围广泛；三是从中国马拉松的热度阐述体育休闲产业的发展；四是体育休闲产业还有很大的发展空间；五是对体育旅游的几点建议。

一、中国旅游业将在很长时期内是一个朝阳产业

近几年中国旅游业以每年13%以上的速度增长，2016年旅游业对国民经济的贡献率达11%，预计2017年全年旅游人次将达50亿。具体数据如表1。

表1 中国2016年、2017年上半年旅游总收入与旅游人次

	总收入（万亿）	同比（%）	旅游人次（亿人）	同比（%）
2016（全年）	4.69	13.6	44.4	12.5
2017（上半年）	2.17	15.8	25.37	13.5

资料来源：中国旅游研究院。

二、体育休闲旅游内容丰富、范围广泛

具体包括江河、海洋、陆地、空中、森林等。相关体育休闲旅游项目具体为：

（1）江河类：游泳、赛艇、龙舟等；

（2）海洋类：帆船、航海、游艇、冲浪、潜水等；

（3）陆地类：赛车、骑行、越野、登山等；

（4）空中类：飞艇、滑翔、跳伞等。

2015年体育产业总规模达到1.7万亿，比上半年增长5494亿，同比增长32.32%。

三、从中国马拉松的热度阐述体育休闲产业的发展

近几年我国马拉松呈现井喷式增长。2014年是51场，2015年134场，2016年328场，这是国家体育局登记注册的，从2016年开始国家体育局不用登记注册了，所以非登记注册的场数还不算。跑马拉松的人数全国2014年90万，2015年150万，2016年280万，这个增长是翻倍地在增长（见图1）。

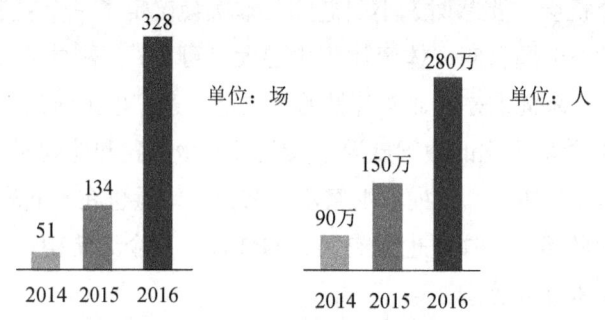

图1　2014—2016年我国举办马拉松场数及人数

资料来源：中国田径协会。

为了符合我们会议的主题"玩好、好玩"，所以我讲一下我自己的运动经历。要讲体育旅游首先要身体力行，我在自行车骑行运动中有一些体会，我比陈向宏总经理大11岁，今年65周岁，按照年纪来说我也算是大龄青年，2008年"迎奥运"我从杭州骑到北京，2009年参加"川藏"线骑行，从四川成都骑行到拉萨，2009年参加"环台湾"骑行，2011年参加"环法"骑行，2013年参加长春到香港万里骑行，2014年参加"新藏"骑行。

欧洲有一个自行车联合会，想组织川藏线骑行，邀请我们派导游，我们派了两个人。但是我们有一个要求，我要求参加环法大赛，可环法大赛有资格赛，我们根本达不到参赛资格，中国队争取了15年，专业队没有一个人能够达到环法大赛的标准，所以中国人没有参加。怎么办？他们派了车子、派了向导，给我们按照环法大赛的时间、要求，要求在19天之内完成环法大赛的线路，每天都有一定的要求，我们大概平均每天骑行10小时左右，25个人中有16个人完成，完成以后给我们发了一个环法大赛的证书，让我们实现了这个愿望。而他们的川藏线骑行后来取消了，为什么？路上太艰苦，最重要的是住宿问题解决不了，他们想派几辆房车，但是那个时候的川藏线路况

很差，房车没有办法通行。

我还参加了香港万里行，我们从最北方的酒店骑到最南方的公司。还有2014年新藏线骑行，路比较崎岖，饭都是在路上吃，最难受的是翻天山，那个时候天山雪没有融化，自行车可以推着过，但是保障车过不了，我们把保障车行李卸下来推了一公里上坡，从一公里之外把行李放到车上。

2015年我本来想去骑美国的66号公路，美国66号公路非常漂亮，后来一不小心跑了马拉松，跑了以后一发不可收拾。2015年跑了6场马拉松，其中3场是"半马"（半程马拉松），3场是"全马"（全程马拉松）。2016年累计跑了11场马拉松，其中4场是"半马"，7场是"全马"。2016年开始玩铁人三项。马拉松运动是这样的，先跑5公里、10公里"微马"，再跑21公里"半马"，跑了以后肯定跑"全马"，跑了"全马"肯定想参加铁人三项赛。2016年完成6场铁人三项赛，其中四场得年龄组第一，两场得了第二。我参加黄山太平湖铁人三项时，有点难受的就是本来半程马拉松一般2个小时可以完成，但是由于在黄山，非常困难，要登高1800米到黄山太平顶，整整21公里山路5个多小时完成。为了去参加黄山的铁人三项，我自己平时跑杭州开元名都大酒店47层，高度218米，因为登山有的时候受气候限制，我在47层高的大楼每天登8次，将近3个小时八次上下，算起来只有1600多米。我们登楼梯每一步高度是12厘米，但是登山台阶高度不是你说了算，一般野外登高的台阶高度是15厘米，有的是18厘米、20厘米，还有的几乎没有登高台阶。

2017年我参加了澳大利亚的凯恩斯超级铁人三项，具体包括3.8公里海上游泳，骑行180公里，再跑步42公里，要求在17个小时之内完成。我用14小时08分取得了年龄组的第七名，值得庆幸的是前面6个都是欧洲人，亚洲我是第一名，更值得庆幸的是我的成绩超过了部分日本人。因为日本人参加超级铁人三项人次大大多于中国人，这次凯恩斯超级铁人三项赛是中国历届以来参加人数最多的，中国38个人，日本428人。一个国家的强盛不一定是GDP的多少，更重要的是国际地位的高低，是不是受人尊重，从体育旅游可以看出来。中国由于只有38个人参加，报名必须排队，报到的时候排队排一个上午，三个小时，到晚上开一个赛前说明会的时候，我们听的是英语，因为38个人不可能给你提供汉语，但是日本报到是一个绿色通道，谁到谁报，晚上开说明会的时候日本专门有一个日语的赛前说明会，我感受有点失落。我相信我们体育旅游将来会慢慢兴旺，我相信我们的人数一定会超过日本，我们的成绩更能超过日本。

搞体育跑马拉松的人一般先跑"微型马拉松"，再开始跑"半马"，再跑"全马"，然后参加铁人三项，明天我要参加杭州的标准铁人三项赛，对我们来说不在话下，3个小时都能够完成，只有1500米的游泳，40公里的自行车，和10公里的跑步。

我国参加体育锻炼的人口比例也在逐年提高，2007年占总人口28.2%，2014年占总人口33.9%，2017年参加体育锻炼的人数已经达到总人口37.4%（见图2）。按照我国现在13.75亿人口计算，经常参加体育锻炼的人数现在已经达到了5.11亿，是两个多美国、两个多日本的总人数，跑步人数特别多，为2.09亿人。

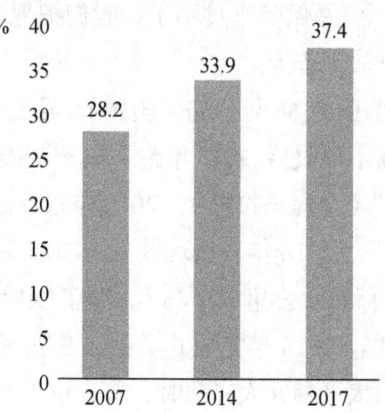

图2 2007年、2014年、2017年中国参加体育锻炼人数占比

资料来源：国家体育总局。

为什么有如此多的人群参加？是哪些人群在参加？这里讲的是跑步，白领占53%，学生占33%，其他人占14%。城市比例上，北上广深四个一线城市占48.4%，一线城市占21.2%，二线城市占2.7%，三线城市占3.4%，也就是越是大城市参加锻炼的人越多。

为什么马拉松如此受到追捧？因为是一种精神享受，当然也是一种痛苦，在跑步的时候、每天锻炼的时候肯定是痛苦的，但是痛苦之余就是一种快乐。首先是身心健康，生命在于运动，总体来说体育锻炼的人肯定会强壮一点。并且还可以磨炼意志。我经常把做企业和跑马拉松相比，跑马拉松的时候也会感到痛苦、也会受到煎熬，马拉松要分配好体力，一开始我平均配速每小时3.5公里，就是4个小时跑完，一开始跑的时候不能跑到每小时3.5公里，只能跑到6的配速，就是每小时10公里左右，5公里跑完以后可以加速，可以跑11公里，甚至12公里，跑到最后的时候不要掉速，每一阶段把握好自己的体力，企业也是一样，每一阶段把握好，不要过度发展、过度投资，才能够使企业走得更长更远。

体育锻炼还可以给大家减轻压力，我们做企业比打工的人压力大很多。体育锻炼还可以创造快乐，痛苦和快乐本来就是相对的两个极端，但是一定是对应的，没有痛苦就没有快乐，天天躺在床上也不能带来快乐，跑完全程马拉松这种愉悦感无从比喻。

体育旅游是一个休闲旅游，我们参加一个马拉松，赛后一定在那里休闲一天，好好享受休闲度假时光。

还有感情交流，我有很多朋友，更多的是生意场上的朋友，有些东西不能交心，但是运动当中就可以交心。在不同的运动中交往不同的朋友。还可以追求成就感，全程马拉松只有53%的人可以完赛，你能够完成比赛就有一种成就感。

四、体育休闲产业还有很大的发展空间

中国体育休闲旅游业占旅游业5%，欧美国家体育旅游业占20%，差距很大。中国的体育总产值占GDP0.7%，美国占3%，国际平均水平为2.1%，亚洲世界最高的是韩国，韩国占4.6%，体育服务业比例中国更低一些，中国是22.38%，美国是57%（见表2）。从马拉松比赛来讲，我们和美国不好比，美国人口比我们少很多，但是美国举办马拉松一年30 400场，中国只有3280场，美国一个州600场马拉松；参与人数美国1900万，中国280万（见表3）。

表2　中国、美国的体育总产值、体育服务业占比对比

	体育总产值占GDP	体育服务业占比
中国	0.7%	22.38%
美国	3%	57%
国际平均水平	2.1%	—

表3　2016年中国、美国举办马拉松场次及参与人数

	场次（场）	参与人数（万）
美国	30 400	1900
中国	3280（不包含非注册赛事200场）	280

今后社会的发展，人工智能、智能机器人代替人进行劳动，会使人类劳动力获得极大解放，让我们拥有更多的闲暇时间，会有更多的体育休闲时间。

我们的消费人群主流在哪里？主流是80后、90后、00后，这批消费人群当中对体育旅游是最感兴趣的。

五、对体育旅游提几点建议

第一，希望政府出台更多政策，鼓励推动旅游产业发展，而不是大包大揽。美国搞铁人三项赛基本上都是商业赛事，政府不参与，香港马拉松组织得非常好，政府也不参与，全部是商业赛事，中国离不开政府，要逐步推动向商业化发展，而不是大包大揽。

第二，竞技体育不能搞出少数人的体育运动，要向群众开放。今年全运会马拉松向群众开放，天津马拉松我也参加了，我们作为非专业队员参加天津马拉松，这非常好，但是中国的体育赛事大部分还是专业化的。

第三，投资更多的体育设施，现有场馆向群众开放。我们体育设施和欧美差距很大，我们体育设施往往大而全。今天早上我跑步，跑步到对面体育场，体育设施做得非常漂亮、非常好，绝对够标准，但是体育场馆没有向群众开放，露天体育场是开放的，锻炼的人非常多，我认为更多的体育设施场馆要向群众开放。建体育设施不能搞成比赛，让更多群众有参与。

第四，体育赛事审批制度的完善，由政府主导向市场主导转变。早几年马拉松要体育总局进行批准，不光要批准，还要交费，去年开始取消了，但是还要报备，不报备拿不到牌，因为跑马拉松有金牌、银牌、铜牌等，这也就抑制了体育赛事活动向群众的开放。

第五，要由举办大型马拉松向举办小型马拉松转变，今年北京因为报名人数太多，78 000多人报名，但最后只有28 000多人参加，北京没有办法，把半程马拉松和微马全部取消，跑完全部马拉松的人毕竟是少数。美国3万多场马拉松，绝大部分都是小型马拉松。

最后，习近平总书记在党的"十九大"报告中提出中国特色社会主义进入新时代，我国社会主要矛盾已经转化为人民日益增长的美好生活需要和不平衡不充分的发展之间的矛盾。这句话从某种意义上就是对旅游业说的，这句话为旅游业提供了极大的发展空间，我们要开发更加丰富的旅游产品，来满足人民日益增长的需求需要。

我的汇报就到这里，谢谢大家！

打造"诗画浙江" 中国最佳休闲度假目的地

浙江旅游集团董事长 方敬华

各位领导、各位专家、各位同行：

大家上午好！

非常荣幸有这次机会和大家分享作为国有旅游集团如何打造休闲度假目的地的思考和探索。

首先表达两个观点：第一，发展休闲度假旅游产业遇到了一个好的时代、遇到了一个好的机遇，我们应该要倍加珍惜。第二，我们要用陈向宏的古镇情怀、陈妙林的体育精神做旅游，打造休闲度假目的地。

浙江省旅游集团是浙江省委、省政府确定的唯一以旅游、健康为主业的省属大型国有企业。我们的定位是要做旅游健康产业主平台、做旅游目的地的投资运营商。基于这样的考虑，立足于通过三个平台的打造，来实现我们的目标。

一、研发平台

我们有三个研发平台：一是浙江省现代旅游产业研究院。有60多位专职研究人员做产业研究、产品研发，休闲度假旅游目的地关键在产品、关键在内容；二是有一个面向市场的浙江省全域旅游规划设计公司，专门做整个规划设计的一条龙服务和落地的旅游规划，拥有甲级旅游规划资质、甲级风景园林资质、乙级建筑设计资质。三是还有一个旅游规划与设计联盟，在共享经济时代，所有事情一家做，做好很难，通过这个联盟的平台，谁有能力就用谁的力量做。

二、投资平台

集合所有的力量打造自主投资、基金投资、联合投资、上市融资4种类型投资平台：一是自主投资平台，包括浙旅投资公司、盛景资本公司、湛置景业公司；二是基金投资平台。浙江省旅游产业投资基金，是由浙江省旅游集团、国家开发银行金融公司、新希望集团、长龙航空公司一起搭建的，100亿规模，国家开发银行叫作投贷相联，这个基金运作得很好，落地项目已经有15个。浙江省古村落保护利用基金（20亿）已经投资的项目超过了20个。浙江医疗健康产业基金（100亿），专门投资做健康业态、医养结合、康养产品。三是联合投资平台。以开放的胸怀、开放的姿态，寻找最优秀的合作伙伴。我们和银泰集团组建了银泰旅游产业投资集团，主要是做浙江省外的旅游目的地，已控股雁门关景区，签约了山西五台山景区和宁夏沙湖景区。和浙江一家民营房地产企业祥生集团组建了旅游小镇发展公司，已签约了12个旅游小镇项目。我们积极打造上市平台。我们用了两年不到的时间，打造了普陀山旅游股份和浙江外事旅游股份。同时，正在推进地方上一些优质旅游资源的股改，实现旅游存量资产证券化。

浙旅集团投资打造的休闲度假旅游目的地项目类型主要有四种：国际旅游度假区、旅游小镇、乡村生活综合体、旅游康养综合体。这四类产品已经在打造一些示范项目。

1. 国际旅游度假区

10平方公里以上，自然山水景观资源独特，集观光、体验、休闲、度假、演艺等业态于一体的旅游综合体。如：建德江南秘境国际旅游度假区、淳安千岛迷宫国际旅游度假区等。

2. 旅游小镇

2~3平方公里，以小城镇或独特资源为载体，一镇一主题，挖掘优质旅游资源与人文传承，植入多层次业态，打造具有明确产业定位、文化内涵、旅游特征和一定社区功能的泛旅游产业整合集聚区。如：南浔农业旅游小镇、诸暨云溪九里康养小镇、开化根缘小镇等。

3. 乡村生活综合体

深挖乡村旅游与人文特色资源，以整村开发为主要模式，植入精品民宿、时尚餐饮、乡村文创、乡土风情、田园亲子、现代农业体验等多种业态，着力构建乡村旅游大景区，打造乡村旅游4.0版本。我们把城市商业综合体的理念移植到乡村，做整村开发。如：余姚树蛙部落、武义俞源太极星象村等。我们有很多合作的产品品牌。乡村综合体打造到哪里，能够有一批和我们志同道合的品牌跟进到哪里，这样可以确保每一个项目的运营比较顺畅。

4. 康养综合体

主要是做健康产品、医养结合、养生养老。依托浙江省医疗健康集团这个平台，以"大专科小综合"和"旅游+健康"的定位，发展一批健康医院，打造一批医养结合的养生、养老健康项目。如：杭州雅谷泉健康主题酒店、浙江寓健长兴康复医疗中心等。

三、运营平台

我们充分发挥全产业链的优势，搭建了一系列运营平台：一是酒店平台；二是旅游交通平台；三是旅行服务平台；四是文化会展平台，我们有专业的平台做活动、会议、展览、体育赛事策划；五是景区运营平台；六是打造了一个以"买浙江、卖浙江"为使命的浙江旅游电商平台。这个平台做三件事情：第一，浙江景区门票销售；第二，精品民宿的销售；第三，浙江文创农产品的销售。

我们想通过5年，乃至5年多一点的时间，发挥我们的优势，整合各方面的力量，做成一批好的产品，在国际旅游度假区、旅游小镇、乡村生活综合体、健康医院等方面实现大的突破。

丽水市正在建设"大花园"，积极打造休闲度假目的地。作为浙江省的一家国有旅游集团，我们有使命推动丽水"大花园"建设，推动丽水休闲度假旅游产业更好更快发展。目前和丽水达成了几个方面的合作：一是组建丽水旅游产业投资基金；二是开发瓯江水上旅游和夜游项目；三是打造丽水两个旅游小镇。在共同推动中国休闲旅游产业发展的浪潮中，我们有使命、有责任，更应该有担当。

谢谢大家！

华侨城：做全域旅游下休闲度假服务商

华侨城股份公司旅游事业部总经理、全国旅游休闲标准化技术委员会委员
王　刚

各位领导、各位新老朋友：

大家下午好！

今天由我代替姚军同志来发言，他让我代替他表达一下歉意，并祝大会圆满成功。他发言的题目是《华侨城：做全域旅游下休闲度假服务商》。我想从三个方面来谈谈这个题目：第一，谈谈对全域旅游的总体认识和理解；第二，介绍华侨城在休闲度假领域的进展和举措；第三，在全域旅游方针指导下传统旅游景区如何做好休闲度假业务的粗浅思考。

一、对全域旅游的总体认识和理解

中国旅游业经过几十年的发展，依托其强大的带动作用已经成为引领各地经济发展的重要产业之一。"十九大"指出，我国的社会主要矛盾转化为"人民日益的增长美好生活需要和不平衡、不充分的发展之间的矛盾"。作为一位在旅游业从业30年的老兵，我个人认为"十九大"的论断深刻体现在旅行行业。我们要动员更多的社会资源和力量，发展全域旅游，我们理解的全域旅游就是"以旅游业为优势产业，动用全社会的资源和力量参与，将一个区域整体作为功能完善的旅游目的地来建设、运营，对区域内经济社会资源进行全方位、系统化的优化提升，实现区域资源有效整合、产业融合发展、社会共建共享的新的区域协调发展模式"。

二、华侨城在休闲度假领域的进展和举措

（一）切合全域旅游要求，创建"华侨城·旅游城"

华侨城是以文化旅游为主业的中央企业，总部所在深圳华侨城旅游度假区就是一个典型的全域旅游的概念。

华侨旅游业起步于锦绣中华微缩景区，在后来10年间陆续建设了中国民俗文化村、世界之窗、欢乐谷，成为一个以主题公园群为特征的旅游产品群。接着进一步把整个华侨城5平方公里作为一个旅游区域打造，提出了"华侨城·旅游城"的概念。除了

销售门票的主题公园和提供住宿的酒店，还配备了大量的公共休闲活动空间和文化设施。除了旅游企业之外，要求城区内的所有单位、居民都要成为旅游业的一分子，提出"处处是景点、人人是导游"的口号，成立旅游、规划、城管、物业、艺术中心、医院、学校等多方参与的华侨城旅游度假区管理委员会，以统一标准、统筹协调旅游相关活动，形成以旅游为主、多方参与、集团领导统领的管理格局。

随后深圳湾要填海，华侨城保留了锦绣中华、世界之窗靠近深圳湾的水域，将其建设成开放式的休闲旅游区，同时将原来的工业区、厂房腾笼换鸟，把工厂搬往内地，改建成创意文化园，现在这个开发的旅游区是深圳最时尚的人群聚集的地方。2016年李金早局长考察创意文化园时发现许多穿红马甲的人，其中有一个40多岁的男人，发现那人不是工作人员而是一名志愿者，他介绍称自己是其他企业的员工，但利用假期来这里当业余导游，后来就有了旅游志愿者队伍的提法。现在Loft成为深圳非常时尚人气聚集的地方，各类创意、规划、设计人才聚集。2015年李克强总理来Loft视察时，正好到一个创业空间，李克强总理视察完后第二天就提出了一个叫作"大众创业，万众创新"的概念。所以，华侨城实际上除了销售门票的景区之外，还可以将供旅游休闲市民所需的资源全部动员起来作为旅游要素整合起来。

经过30多年的精心维护及不断升级，华侨城旅游度假区扩大到6平方公里，2016年接待人数超过3000万，其中开放的休闲设计接待人流超过2000万。平均景区内接待1个人，景区外要接待2~3个人，华侨城从单个景区到主题公园群，再到各方参与、开放共享的"华侨城·旅游城"，从旅游景区单打独斗到全程参与的过程，不就是全域旅游理念下的缩影吗？

（二）顺应供给侧结构性改革要求，实施"文化+旅游+城镇"的战略布局

华侨城一方面推动旅游资源的整合，另一方面推动旅游产业链整合，实施"文化+旅游+城镇化"战略布局。

深圳华侨城本部推出都市娱乐休闲产品——欢乐海岸，这将城市人休闲需求与滨海旅游、文化演艺、餐饮零售、实地科普等要素融为一体，变成了整体空间，成为深圳市民的城市会客厅和游客体验深圳滨海城市氛围的地方。同时，深圳市建设了深圳湾海滨休闲带，这条休闲带连着欢乐海岸，一直到蛇口，连绵25公里，组成了一条非常庞大的休闲带，虽然整个休闲带已经建成，但是许多设施尚未完成。比如说在蛇口原来的渔码头，现在改建成渔人码头，结合深圳在东部的海滨栈道，形成东西两翼整体度假氛围。除此之外，华侨城建设了东部华侨城国家级旅游度假区，包括主题公园、旅游小镇、高尔夫球场等，为游客提供丰富多彩的休闲度假体验。

在海南，华侨城参与了海南的全域旅游实践，比如说在三亚的中廖村，中廖村原有旅游项目比较单一，配套设施比较少，游客体验项目不足，交通不发达，我们遵循地域文化脉络，遵循乡村自然法则，采用开放共享的合作发展模式，保护民俗，修复

生态，导入了文化旅游和公共事业，既增加了村民收入来源，也为乡村提供了一个现代化生活设施，成为政府、企业、村民互利共赢建设美丽乡村的典范。

在四川，一是通过建设特色小镇，与科技、文博、生态农业、康养等产业融合发展，实现文化旅游全产业链建设。如安仁文化古镇经过一年多的规划、投资、修复、建设，已经成功举办了安仁论坛、成都美食旅游节等活动，形成了极具特色的文化、历史、文博小镇。二是打造"大旅游"，对区域内旅游资源、文化产业、生态环境、公共配套等进行全方位、系统化的统筹规划和优化提升，通过"旅游+"的模式，与多元相关产业深度融合，最终带动和促进社会经济发展。

（三）跨界融合，创新"旅游+互联网+金融"模式

华侨城搭建了以互联网为基础的智慧华侨城体系，建设了自营官方销售平台——Smart OCT，以及基础的会员服务、数据分享、支付结算等体系。Smart OCT 2015年上线，2016年做到8000多万流水，2017年10月做到2亿多流水，同时也和阿里、腾讯、同程等合作伙伴合作共赢，在线上售票、景区服务、导航、大数据运用等方面进行深度合作，实现各自优势资源的互补。与此同时，我们还要将互联网与大数据结合，通过信息深度挖掘分析管理游客的偏好和倾向，了解游客满意度，细分游客市场，为游客提供更精准的服务和旅游体验。

华侨城还借助产业基金等金融中介，广泛连接旅游市场的要素、资源要素和资本力量，通过战略入股、定向增发、产业联盟等手段，全面推进新型城镇化，使国有资本在新型城镇化过程当中发挥重要作用。

三、全域旅游指导方针下做好休闲度假业务的思考

（一）产业发展趋势问题

在全域旅游新格局中，旅游业将从门票经济转向产业经济，从单点式封闭经营转向一体化区域发展，从单一娱乐型转向复合休闲型。传统旅游景区如何改变自身的增长方式？如何延伸旅游景区的产业链？如何实现"景区+"？我们如何通过自身的资源特质、功能特色、市场定位，增加休闲元素，提供差异化服务？这些转变都是摆在我们旅游企业，特别是传统旅游企业转型面前的问题。今天上午很多专家都提出过，特别是陈向宏老总，实际上我们都在面临这种转型时期的问题。

（二）治理结构的问题

在探索休闲度假新业务领域方面，我们也可能遇到很多治理结构方面的问题，比如打造休闲度假为主的特色小镇，或者管理以自然人文为核心的旅游区。因为以前我们可能关起门来卖门票，但是实际上打开景区要做全域旅游以后，旅游企业和政府之间如何划清管理边界？如何解决公共问题？比如说环卫、城管、安全等基础设施和公共配套的资金投入和后续维护管理问题。如何处理好与其他利益相关者的关系？如何

处理好生态保护和投资回报关系？如何将管理体系和治理结构进行磨合？这都是我们现在碰到和正在探索的非常困惑的难题。

（三）投资和财务问题

旅游度假区属于典型的重资产行业，初始投资很大，经营成本和固定成本很高，只要营业，不论游客量多少，人工和日常费用成本都要产生，根据我们对国外成熟旅游度假区的研究，投资者投资回收期平均在30年。在当下特色小镇的热潮中，这一问题也要显现出来，特别是大量公共配套和基础设施配套要建设，谁来投入？怎样投入？现在比较时髦的是PPP模式，而PPP在旅游区是否可行？怎样避免行业外野蛮人的圈地现象？这都是我们旅游从业者需要思考的问题。

以上就是我对全域旅游方针指导下如何从企业方面做好休闲度假业务的粗浅认识和理解，请大家批评指正，谢谢大家！

人民需要更好的休闲

国家旅游局原副局长　杜一力

一、新时代，人民需要更好的休闲

感谢休闲度假分会在十九大刚闭幕召开这样高水准的论坛。我们正在进入一个新时代，这是一切问题的出发点，也是发展的趋势所在。两句话概括：一是人类正在进入前所未有的休闲时代；二是新时代人民对休闲有更高的期待。"人类正在进入前所未有的休闲时代"，听起来非常宏大甚至夸张，但是现在夸张的不是休闲时代，而是科技发展，科技发展的速度惊人，对经济社会的影响是爆炸式影响，所有和科技发展关联的事情都很夸张！科技界几乎是以惊悚的态度讨论人工智能时代以后，人类是否会被科技所控制。控制和被控制还在分歧讨论，无用讨论的是人类将进一步从繁重的劳动中解放出来，将获得人类社会有史以来从没有得到的解放，人类获得充分的休闲时间将是前所未有的现实。人们需要更好的休闲。

对于过去的中国，生存是基础问题，对于未来的中国，发展才是基础问题。休闲就是人们的精神需求，是发展需求。在我们这样一个长期物资匮乏的社会中，"休闲"这件事情的地位始终不够明确，人们对休闲的追求也做不到理所当然。所以才有本次论坛的口号叫"敢为天下闲"。但是当思想也进入新时代之后，"敢为天下闲"就不是问题了。休闲还要具有革故鼎新的勇气，这是旧时代才有的问题，在新时代不是问题。在这个基础上学习党的"十九大"报告，觉得报告对新时代主要矛盾的判断特别贴切，利于对各种问题矛盾的解决形成共识。我们现在的问题就是"人民群众对美好生活的向往需要和发展不平衡、不充分之间的矛盾"。在这个时代定位下，再来看休闲发展的问题，观点是鲜明的，定位也不是问题。

二、旅游企业应该要更好地引领休闲发展

回到休闲产业的话题，我想聚焦在市场主体角度，来思考企业在新的时代，做什么样的产品能够符合我们的历史责任这个问题。我的认识是，旅游企业应该要更好地引领休闲发展，要更好地引领休闲需求发展。

40年旅游业成长跨越了好几个发展阶段时期，数以万计的旅游产品呼啦啦兴起，

而后悄无声息地式微然后凋零。今天是"人类社会前所未有的"休闲时代，新时期旅游产品的主要矛盾是人民需要更好的休闲和旅游产品"不对付"之间的矛盾。旅游企业亦喜亦忧地看着大市场不断增长，如果眼里唯有商机，恐怕还是会和40年的很多产品一样，做着做着，没了！而有心的企业家都懂得：这个时期，是个做产品的好时期。做好产品，"遗世而群立"！我们看到的一批标志性的产品，都是我们这几位业者仁兄的生命理想的结晶。

但是多数企业还在"温饱线上"挣扎，更多的是焦虑。一位资深老总的话：跨界发展真是没给我们旅游企业带来什么利益，带来的只有挑战。旅游企业在大休闲大旅游时代有两大新困难：一是"被入侵"。各领域的大小资本各业能手"蹭热点"，"野蛮入侵"旅游地盘，在旅游业的"原住民"看来，他们不守规则、不讲规律，"粗暴"融合，建"平台"，占"高点"，抢资源，各种资本动作花乱迷眼。特别是那种突破成本价格底线规律，玩"羊毛出在狗身上"，玩"溢价变现"的资本游戏，让实实在在做产品的企业感觉吃亏，没法"玩儿"了。二是"跨界难"。旅游企业也试图跟上时代，都尝试过"以网络的名义""以文化的名义""以休闲的名义"跨界发展，但是成功"跨过去"的很少。旅游市场说起来很大，产业链说起来很长，但企业从哪儿下口却很难！大资本时代，常规搞点资本投进去，基本见不到什么收益。所以，"聪明人"都不想做产品，只想做投资；"体制里的人"一般不想做长线产品，只想迅速回本，快速抽身。在产品类型上，"投生态还是投文化？""做康养地产还是主题公园游乐园"？刚刚确定做旅游小镇，又说"田园综合体"也许能行。搞得企业是心浮气躁，普遍的选择困难和"跨界综合征"。确实新市场、新业态、新概念层出不穷，看着人家起高楼唱大戏，自己一做就掉在坑里；不跨吧，产业边境在扩大，自己的市场和规模相应变小，优势变劣势，眼看在大休闲大旅游中被超越，被边缘化。有段子说，"不做'综合体'的景区不是好饭店"，"不做'全域旅游'的旅行社不是好社区"。优秀的企业到底是锐意创新还是要工匠精神，是盯紧变化还是死磕产品？战略焦虑！

三、做个好产品，回应新期待

按照供给侧结构性改革的方向，力挺实体经济，靠做产品立世不再存在质疑。对于旅游企业在开发度假产品中的焦虑，我有三点理解：一是度假产品是旅游产品的"技术升级时代"，市场最终还是认"手艺"；二是休闲产业是长跑，"死磕产品，做成极致"，才是最终领跑人；三是先要聚焦，再"广谱"，还可以考虑"只要聚焦，不要广谱"。企业不要急于搞"全产业链"和"多区域布局"。当前理解都是基于产业的逻辑，产品的逻辑，不是资本的逻辑。回头说到资本市场的时候，再议不同逻辑的交集。

一是度假产品是旅游产品的"技术升级时代"。在以信息科技为代表的现代产业竞争中，技术升级和快速迭代是突出的现象，计算机行业的"摩尔定律"让我们领教了这个规律。旅游行业，我们不能说从"观光"到"度假"是消费升级，却一定是开发和管理技术的升级，是服务的升级。做景区企业，资源依存度占70%，"七分天注定，三分靠打拼"；度假产品反过来，"三分天注定，七分靠打拼"。近5年涌现的一流旅游产品，主要是度假产品，而且成色不低，成功在"打拼"！得到市场高度认同的如古镇度假产品的乌镇、古北水镇；还有同样中国造，以"禅修文化"核心的，如灵山拈花湾，"心灵的度假"；主题公园核心的度假区这几年成长很快，不仅有上海迪士尼国际旅游度假区，还有珠海长隆度假区；滑雪核心的度假产品有万达长白山国际旅游度假区和打造中的崇礼云顶等六大滑雪度假区；当然还有各种场景的"度假俱乐部"，如高尔夫核心的度假区，如深圳、东莞、海口的观澜湖高尔夫球度假区，云南昆明、丽江的阳光、乡村、雪山高尔夫，其实这些高尔夫球俱乐部一直都是最有代表性的度假旅游产品，尽管因为土地问题有政策限制，但是其度假服务方式是必然会成为越来越寻常的"民众生活方式"，应该"抄袭"。当然传统的温泉项目也是，不过走读调研捋了一遍，似乎温泉度假区都比较小，说是度假村更适宜，不大能够独立成篇。总之，这些有影响的度假区，都是企业经营的、拥有核心项目的度假区，而且是综合性比较强的、度假元素齐备的度假区。这些产品都至少实现了三个方面的升级：创意设计升级，运营管理升级，以人为本的服务升级。正是这些升级使它们成为时代的标志性产品！

标志性度假产品"拥核"，不仅是拥有核心项目，而且因为实现了"三个升级"，拥有了核心竞争力。这些产品各自创意设计的独有，独创，第一，唯一；落地实施的精细，运营管理的不断打磨，都是看起来简单做起来难。我经常举例乌镇，先是举其后工业化的个性打造方式，后来总是学习其商业模式的成功，现在更多欣赏的是其十年之间不断地成长和完善自己，永不停息，你看戏剧节、互联网大会，现代文化不断在古镇产品上沉积。"沉积岩式"好产品都不是一次成型的，它在持续生长。还有，这些标志性产品的共同一点，是千方百计让消费者体验到"更好的休闲"。随意举例，万达长白山度假区，从下飞机就有"红制服"接待，首接负责制，酒店群的档次不同，但是服务是贯通的，在任何一个地点游客问询和求助都会"有人搭理"，从每个酒店都可以上雪道，雪场的设施、教练服务都是很棒的。还有引进的好产品，在三亚、桂林落地的"地中海俱乐部度假村"，毕竟是有着几十年服务经验的度假产品，从资本并购上说，复星集团买这个全球知名品牌可能被看作"美丽的包袱"，不过它在度假的理念和服务技术上，为我们提供了借鉴。长白山的"红制服"，乌镇的"村长"，都是"地中海俱乐部"的G.O角色的翻版，把"亲切的东道主"和"杰出的组织者"的精神，"内化"在服务中，提供了"更好的休闲"。这还真不是噱头，升级版的度假产品中正是这些"人本"的细节惊艳了游客，涵养了产品，成为产业2.0版本的标记。最后，我们看到，这些标志性产品的成长，都拥有一个灵魂人物，这个人物的智慧和精神,和这些产品长在一起,这样形成的产品核心竞争力是有生命的,所以不惧别人模仿和复制,也不惧资本的冲击。产品做到极致,体现的是"人的价值"和"知识资本"的价值。

我说这个观点的落点就是:度假产品不是"大投入""大项目"可以简单搞定的,它需要精耕细作,持续付出,长期培育,还需要灵魂人物的创造和引领。所以,只有踏踏实实做产品的人和企业才能真正登上巅峰,不管新老企业,有这种专注,都有可能。

二是追求做大和追求做"老大"。做企业,要么追求做大,要么追求做老大。不过追求做"老大"不易,做"大头"(大拨儿轰)却很容易。旅游业的"二八规律"和互联网不一样,好产品是独创的唯一,但是因为旅游产品不可移动性,模仿者找个角落做"二八定律"中的"八",还是很容易"混"的。占据度假市场大头的就是这些"大头产品"(还不是一般认为的"长尾产品"),低值低价,或者低值高价,整得市场狼烟遍地。这当然侵害了原打造者的创意、知识产权和利益,吴国平董事长介绍拈花湾时就有被剽窃被冒名的不悦,陈向宏董事长也一样为此伤脑筋。在长期的政策研究和法律制定中,我们曾经希望为旅游产品的知识产权做些设定,但是很难,至今也没有成功。这些产品能够生存下去,并非是满足了"人民对美好生活的需要",而是我们急匆匆地进入度假时代,度假产品匮乏,"度假刚需"导致的"粮食不够瓜菜代"。这种大量低档产品存在不会是长期规律,但是因为这个"二八比"的现状,做旅游的"头部企业"更加不易,不仅要足够优秀,要独创,还要为引导和培育健康成熟的度假需求市场做些牺牲,但或许这正是我们这些企业拥有的社会价值和历史价值!

王健林挑战迪士尼的时候,有一个"做老虎还是做群狼"的比喻,从万达资本竞争的逻辑,占市场,资本扩张,做群狼没有问题;然而从"两个价值观"(百年企业的价值追求和对旅游产业的提升价值)来说,"老虎"更具价值。王健林说的迪士尼,现在看还是这个行当的大老虎。"老虎的价值"是创造"极致",生产"梦幻"和"神话",是独享的IP。"老虎"不仅占据全球市场的"头部",还跨越代际陪伴了几代观众成长,每代少年都把去迪士尼来一次极致体验,作为生平一个"愿望",近百年不息。我们可有企业、有几人是立志为世人生产"极致体验",生产"愿望",生产"理想"?对一个消费经济、体验经济的产业,光有产值,做多大也不可能"变强",对于中国旅游业提升,老虎提供的价值高于群狼。

其实,这里"老虎"和"群狼"的比喻都不准确,作行业的引领者不是非得那么巨无霸,举世无双。精品饭店和民宿很小,但是很多都被做得无比的精细、独特,有品质,有的因此起到了对一个区域的度假旅游"点化"的作用。产品很小,偏居一隅,但是品牌行走,名动天下。行当不分大小,可以提供的产业价值是同等的。在旅游和休闲的每个行当,都有一些值得尊敬的企业,他们在多样化的产品中,选中一款,然后就做一件事——死磕精品。他们追求的就是把产品做到极致,做到极致的企业实际上就是领袖,就是英雄,"小老虎"也是老虎。

死磕产品,在一部分人看来,是缺乏创新的笨办法,"小农经济"的"手工操作",这是不公正的看法。创新发展不只是有技术和商业模式的创新,更有价值创新。价值创新是技术创新、商业创新的"二楼",更高层次!迪士尼生产"梦幻"是一种价值引领,(更准确地说,是一种美国消费文化的引领)。乌镇生产中国意境的生活场景和各种现代文化元素融合,大批古镇和乡村旅游生产的"乡愁"和"天人合一的休闲居所",也是价值引领,是中国小康阶层的"理想生活",有着深层的精神价值。旅游是创造生活的镜像,是我对旅游与生活关系的一个理解。我认为观光产品的重点在看,看各种生活方式,度假旅游在体验各种生活,相对应地,度假产品就是在创造生活方式,引领生活方式。一些企业玩的"产品创新"和商业模式创新、炫技,过于"皮毛",所以创着创着就没了;优秀产品则是因为提供了生活方式,成为对应阶层的生活追求。我们看到的那些极致状态的度假产品,提供的是"超凡的生活追求"。拈花湾"灵山精舍"创造的禅修生活场景,"棒喝""无尘""无门开"的各种场所,充满智慧和东方美学的生活;悦榕庄、安曼之列的品牌明显是"他者的眼光"中最理想的"中国式生活";隐居、花间堂,是城市工薪阶层在繁忙和喧闹中寻求一段安静的"小隐生活"。好产品达到的水平是可以引导人们体悟和体会生活。当然还有真正扎根于生活的产品,尤其是乡村民宿和农家乐,可能真实到残酷,正是因为它们的"三生性",广泛适用于所有的消费者。休闲的心态,追求的是逃离现实的生活,到达"丹麦"。

我说这个观点的落点就是,做"极致产品",不仅是做企业的领袖,而且是在培养消费者的体验区别。新的发展阶段,引领消费体验的企业,才有希望培育自己的消费者阶层,成为他们生活的一部分,做成百年老店。新的发展阶段就是十九大报告中分析的:我国经济的发展已由高速增长阶段转向高质量发展阶段,正处在转变发展方式、优化经济结构、转换增长动力的攻关期。旅游业也一样。做老虎引领百兽,走在趋势前面,建立新的生态秩序,这就是杰出企业。

三是先聚焦,再广谱。企业不要急于搞全产业链和产业布局。理性地说,"产业链""产业布局",还包括"打造目的地",这都是"产业(区域)层面""忽悠"的事情。因为"产业层次"要的是格局,要产业的综合协调和产业整体效益。其实我们都明白:旅游产业的"泛产业"特征最适合把不同性质的企业聚合在一起,但是,最不适合让一个企业去做所有的事!这可不像马云可以不做企业做平台,现在又要马云做"经济体",商业创新故事让他一个人讲了。旅游业不是,旅游业的大故事都是产业层面讲的。我们看到了旅游业大产业化以来企业发展探索的历史过程,我个人的观点是两点:没有因为"广谱发展"而成功的企业;成功的企业整合资源的方式都是由自己的"核心项目"吸引和拉动的。

还要说个扫兴的话，已经具备"核心项目""核心竞争力"的企业，在扩张的过程中，成功复制自己的也不多，往往是在复制过程中"核心项目"影响力和吸引力递进衰减！最后这些复制项目的盈利点不得不靠各地政府配备资源，主要是"土地资源"，眼看一些优秀的企业也就此被拉进类似各种各样的资本旋涡。我并不是反对资本运作，而是想提醒这种"抢占资源"的势头风头已去，但是从中央对房地产业的坚决态度，是不是可以预见，此路已经快要行不通了，至少不是新时期值得推荐的模式和经验。说白了，新的阶段，企业"拥核"才能活。

先聚焦，做精品，出品牌，对真心实意做产业的人是真理。旅游业升级靠品牌，品牌形成靠积淀。玩产品和玩资本的逻辑不同。产品是和产业长在一起的，是产业的手足肢体，资本的功能应该是滋养产品成长，产品的市场价值、品牌价值和知识资本的增长，资本才是实现了价值。产品质量、服务品牌、知识资本才是企业长跑的耐力肌肉。我觉得是重建旅游产业、休闲产业这些基本逻辑的时候了，因为资本运作的急功近利粗暴地打断了市场的积淀过程，做品牌只为上市变现，资本并购视"品牌"为猎物，片面学习黑石的资本收购，海外的收购买来卖去，资本在滚动，资本的链条利益均沾，但是产品并无提升，产品和产业的关系被忽略甚至被切断，和产业没有关系的并购，那只能是单纯的资本游戏。

"无中生有"的拈花湾

无锡灵山文化旅游集团董事长、全国人大代表 吴国平

尊敬的各位领导、专家、同仁：

首先非常感谢主办方和魏老师的邀请让我有机会到这里学习、交流。魏老师交给我的任务原来题目叫作《拈花湾的玩法》，后来我想我还是介绍一下"无中生有"的拈花湾吧。我讲三个方面的内容：

第一个问题：灵山为什么要做拈花湾？

主要是三点：

第一，把准时代的脉搏。刚才各位领导、专家都说过了，中国进入了休闲时代，休闲时代到来的速度和猛烈程度超出了大家的想象。网上有一句话叫作"为了一张床选择一座城"，出去首先在网站上找到哪个地方最适合我住下来，在这样的情况下时代造就了拈花湾，也就是从观光旅游时代向度假旅游时代转换的历史潮流，让拈花湾应运而生。

第二，找对了消费人群。刚才各位专家、老师都讲到了，中国进入了全面实现小康社会的阶段，涌现出了大批中等消费收入群体。记得两年前我开"两会"的时候，我们热议的事情就是马桶盖，为什么中国人要到日本买马桶盖和电饭煲？其实我觉得目前中国的休闲度假市场不缺消费者，只缺好产品，就等于到日本买电饭煲一样。现在每到黄金周，滚滚向国外去旅游的人群中可以看出，中国目前休闲旅游的产品不是多了，是少了，好产品更少了。在这样的情况下，拈花湾找准的消费人群就是中等收入阶层。发言之前我问了一下公司的营销，2017年拈花湾目前有1500个房间，入住率已经达到70%，平均房价650元，这里包括了波罗蜜多酒店等将近30个客栈，从这个数据来看印证了现在"不缺消费者，只缺好产品"的论断。

第三，做与众不同的产品。上午陈向宏老总讲到，中国一旦有好的产品出来，大家都跟风，现在看到玻璃栈道，大家都在做玻璃栈道，但是做度假旅游目的地、做小镇，如果大家都造古镇，都复制古镇的话，这样可能没有希望。所以，我们在这样的前提下，灵山找到了一条如何挖掘文化资源的道路。灵山自文化起家，从佛教文化中找到一个字——"禅"，把"禅"演变成简单、快乐、健康的生活方式，应对当下中产阶级巨大的工作压力，以及需要释放的心灵，我们找准了这个定位、痛点，就是让大

家到灵山来慢下来、静下来、留下来、住下来、乐起来，不是光身体的乐，而是身心一起乐起来。在这样的前提下，我们起了个名字叫作"拈花湾"。

这是一个同音字，"拈花"两个字来自于佛教经典中"拈花微笑"，根本是让所有的人从心灵里开始快乐起来。为什么选择"拈花湾"这个名字，因为我们在打造时，从心灵度假的产品，从建筑到景观，到所有的一切都是围绕"禅意旅居目的地"这样一个中心主题来打造全国独一无二的，而不是照搬其他地方的目的地的旅游产品。

以休闲为主的目的地旅游可以大大提高游客的浏览时间，因为有了拈花湾，改变了无锡以前没有旅游目的地"爆款产品"的局面，现在有了拈花湾，无锡市所有饭店的入住率在节假日全部有所提升，拈花湾房间一房难求，更带动了所有地区农家乐全面兴盛。我感觉到，一个地区的全域旅游也好、度假目的地旅游也好，一定要有"爆款产品"和引领产品，这个引领产品应该是全国一流甚至是独一无二的产品。

第二个问题：拈花湾是怎么建起来的？

"以文化为魂、以品质为根、以体验为王、以市场为基。"当时开始做拈花湾的时候，在全国甚至全世界跑，拈花湾到底怎么做？这四句话作为我们的突破点，在做的过程中围绕我们的实战体会，我非常赞同杜局长讲到做产品需要"死磕"，需要极致。

灵山做拈花湾同样传承了灵山的精神，总的而言就是：

第一，创意、创新、创造。主要是"无中生有"的方法，怎样让原来一片荒芜之地、破败之地变成一个大美境界的旅游目的地。在这个过程当中，我认为设计师是搞不出来的，主要还是靠真正能够洞察市场和对旅游休闲产业非常熟悉的操盘手来做创意策划。没有好的创意策划，就没有好的规划，就没有好的产品，思路决定出路，我认为这是我的经验，非常重要。现在拈花湾出来以后，很多设计师参与了灵山拈花湾建设，我之前从来没有讲过拈花湾，但是全国各地都有人介绍过拈花湾，实际上他们只是一部分参与者，我认为更需要的是核心团队、核心人物的创意、创造、创新能力。

第二，精致、精细、精美。现在拈花湾本身有一道风景就是到那里的所有人都在照相，我们现在要增加一个服务就是提供充电器，为什么？处处是景，处处可以留影。这个美景哪里来的？大家在微信里可以看到拈花湾有青苔、竹篱笆、茅草顶以及很多细节，怎样做出来的？这个精细就是细节创造伟大，细节是成功之母，魔鬼就在细节里，这个话说起来容易做起来很难。我是经历者，每一个细节都是我自己和团队一起操作的。比如说竹篱笆，是请日本人来做的，在中国浙江、江苏招了很多人，做这样精美的竹篱笆做不出来，最后花了30万块钱请了两位70多岁日本竹篱笆师傅，我们到日本看建筑，认为这个建筑是日本人的，其实真正的唐式建筑是中国的，拈花湾总体格调是唐风宋韵，有人说我们是日式建筑，但是我们要回归到文化本源，就是唐宋时期的文化大格局。竹篱笆最终在拈花湾用了很多，叫了两个师傅教了以后在浙江生产，包括青苔，如果要体现禅意，每一个小景观都做草坪，这样味道就没有了，所以

当时我定下来一定做青苔,在无锡虽然空气比较湿润,但是要把青苔做活不是那么容易的,试验就试验了三四个月,最终才成功使在拈花湾可以看到青苔,成了拈花湾体现禅意非常重要的载体。

总的来讲,死磕产品,最终做产品的人不把自己逼疯做不好产品,不把自己逼疯消费者就会把你逼疯,竞争者就会把你逼疯,首先要折腾自己,不然人家要折腾你。

第三,品质、品位、品牌。拈花湾做了30个客栈,我今天在这里宣传一下,每一个客栈都不同,有不同的韵味、不同的格调、不同的体验,30个客栈的名字都是用禅诗命名的。在中国当下旅游目的地如何打造升级产品,我们这个客栈是一个重大的探索。现在客栈中基本上是四星级到五星级标准,但是有一种生活的气息,而且有一种文化的品位。客栈里我们还有一道美丽的风景线,就是客栈的老板娘,也就是具体负责这个客栈的运营主管,当时也经历了一个探索过程,到底用酒店的办法来管,还是需要人性化、个性化的管理?最后在公司里动员中层干部,到一线去,适应旅游市场的需求,去做"老板娘"即客栈运营主管。客栈"老板娘"也是在灵山做了30个客栈了以后探索出来的一种新的管理模式,标准是按照五星标准管理,但是有人性化的服务。

第四,情景、场景、意境。到拈花湾去过的人都知道,晚上的拈花湾比白天的拈花湾漂亮,因为晚上有禅行的表演,就是让所有的人在小镇上自在地、慢慢地走,体悟、感悟禅的时光。当时为了做这个禅行和公司团队有很大的争执,为什么做禅行?我认为一个度假目的地如果晚上静悄悄的,没有一点和你的文化主题相关的演艺和体验活动让大家能沉浸其中,我认为你这个目的地是要打折扣的。从灵山的情况来看,禅行是旅游目的地必不可少的重要载体,也是体现文化主题内涵的重要表现方法。

第五,体验、体会、体悟。关键是内容,关键是活动。这是我们做拈花湾以后非常深刻的启发,就是如果一个地方让人家住下来以后没有事情可以干,我觉得这个是不行的,也就是说你要有各种各样的主题活动。拈花湾是围绕禅,围绕简单、快乐、健康的生活方式,有抄经、经行、悟道等十馆,你只要想学、只要想体悟都可以找到非常优雅的场所去体验。小朋友有小朋友的场所,大人有大人的场所。在拈花湾很多黄金地段拿出来做了体验馆,也就是说体验是今后休闲度假旅游的一个核心竞争力,最终的目标是要把生活方式和休闲度假结合起来,禅的生活方式就是简单、快乐、健康,让大家到这里来了以后真正体会到放松、自在、欢喜、赞叹。

第六,用心、用力、用钱。用心就是像这样一个"无中生有"又要做成的旅游目的地项目,如果你不用心去做是做不好的。用力、用心,力是体力、精力。小镇建起来大小会议开了不下2000次,到各地跑不下上百次,我到工地上走的里程不计其数,没有很好的精力、体力不行。还要用钱,打造文化旅游目的地的精品工程和做房地产的根本区别在于敢不敢用钱,这个钱用下去还要有回报,还要有收益,这个问题是我觉得现在很多人到拈花湾来学习，我对他们讲得最多的是不能光学外在的东西，还要把灵魂的东西学到。全国四五个地方把拈花湾图纸拿过去，造出来一模一样的产品，但是你去看就是一堆垃圾，就是网上把图纸弄下去，让设计人员在拈花湾住了一个月，去仿造，但是没有把拈花湾的魂学到，其中一条就是舍不得这点钱。

比如说整个拈花湾的建筑，里面主要建筑都是木结构，我们要成为一个景点，要作为一个吸引物确实要有投入。

第七，传承、传世、传奇。魏老师教育我们要"传承文化、创造经典"，还有"当代的精品就是未来的遗产"。我们做旅游项目是很累的、很苦的，但是想到100年以后做这些东西还在，等于是生命的延续，这个时候再累、再苦也值得，所以"当代精品、未来遗产"是我们的追求。

第三个问题：拈花湾的未来。

拈花湾的未来要打造超强IP度假旅游目的地，就是要把"目的地景区＋目的地商业＋目的地住宿"这些事情要真正地做好。其实我们拈花湾还有很多问题，希望大家能够接受我们的一个养成过程。这样一个养成的过程，需要3~5的年时间，我们希望在拈花湾的住宿、商业业态、演艺以及活动等各个方面都要探索出新的模式。同时，现在灵山也在把拈花湾做成一个知识管理的载体，就是全部量化，以后准备输出管理方法。我们现在提出一个目标叫作"中国文化旅游目的地的运营商"，从创意到规划到设计，已经有两个项目落地了：一是"尼山圣境"，山东尼山，孔子的诞生地，一期工程8平方公里，就是按照灵山的模式打造儒家文化休闲度假目的地、中国优秀传统文化的休闲文化目的地，2018年5月1日开园，欢迎各位光临。孔子像、大学堂、景观都做得差不多了。二是在陕西汉中，是刘邦曾经度过最艰难时刻的地方，同时也是汉朝奠定基业的地方。我们做了一个汉文化博览园叫作"新汉胜境"，2018年5月1日试营业，我们灵山没有出一分钱，从创意、规划、设计、代建，一直到运维，全部由灵山全产业链托管。拈花湾要做成什么样？应该说从我来讲，拈花湾目前这个阶段好像是变成了一个"网红"小镇，每天到拈花湾来参观的人不下十批，一天最多接待了十几批，来的人都是县长、县委书记、市委书记，不是我们小镇做得多好，关键是中国小镇的热度已经有点过头了，有一个县委书记邀请我们去一个县城做三个小镇，让我帮助他策划，我说你再多的钱也不要，一个县城做三个小镇做什么小镇？现在感觉到拈花湾很热，变成了"网红"，我们自己有一句话"生于忧患，死于安乐"，哪一天停止思考、停止创新拈花湾就完蛋了，要"超越自我、超越期待"，这是我们的使命。

同时，拈花湾产品迭代永远在路上，2017年年底拈花广场出来了，拈花堂出来了，月月有新景，年年有惊喜，才能够使这个地方永远成为消费者的热点，就是产品迭代永远在路上。

最后，有几点体会。做文化旅游我已经做了25年，从1994年做到现在，我总结越做越怕，有的人做旅游劲头越做越足，但是我们越做越怕。为什么？三个原因：

第一，要求越来越高。消费者、游客、住店客人对我们的要求越来越高，高到什么程度？细节决定成败。

第二，市场越来越大。市场大到什么程度，如果要接任务的话可能天天在飞机上、天天在高铁上。

第三，成功越来越难。今后要做成功一个项目我认为越来越难，因为现在各种大佬都在做旅游，各个方面都在研究旅游，本身做旅游的人压力会越来越大，所以要做成功项目难度越来越大。但是，作为我们搞文化旅游的同志，只要不忘初心，一定能够为中国文化旅游、休闲产业做出我们应有的贡献，谢谢大家！欢迎大家到灵山拈花湾旅游休闲度假，说得不对的地方请大家多指教，谢谢！

休闲度假的投资风口

中信产业投资基金管理有限公司董事总经理　胡腾鹤

尊敬的杜局长、尊敬的魏老师、各位领导、各位来宾：

下午好！很高兴今天有机会来到首届中国休闲度假大会，并从投资的角度与大家分享与交流。中信产业基金投资旅游产业只有四年时间，也逐渐做了一些探索，接下来我主要从三个方面来与大家探讨交流：第一，为什么休闲度假成为投资风口？第二，投什么？第三，休闲度假项目的关键成功要素。

一、为什么休闲度假成为投资风口

最近三四年，国内很多的地产商如万达、恒大、华侨城，上市公司如东方园林，保险公司如中国人寿等都纷纷介入旅游和度假领域（见表1），新建许多度假村和其他休闲度假产品，休闲度假逐步成为业界的风口不言而喻。

表1　国内外各路资本涌入中国休闲度假市场

旅游资产	主要业务	投资方	投资时间	投资金额
万达文化旅游城（南昌、合肥、哈尔滨、无锡、青岛等共13个）	主题乐园、文化娱乐、商业等综合体	万达集团	2010年至今	3250亿元
海南海花岛（人工岛）	旅游休闲度假岛	恒大集团	2016年	1600亿元
四川甘孜州海螺沟项目	山地休闲度假	华侨城	2016年	100亿元
浙江临安清凉山国家山地公园	山地体育休闲公园	东方园林	2016年	60亿元
喜达屋（Starwood Hotels & Resorts Inc.）	酒店、度假村	中国人寿	2016年	20亿美元
希尔顿（Hilton Worldwide Holdings Inc.）	酒店	海航集团	2016年	65亿美元
地中海俱乐部（Club Med）、太阳马戏团	度假村、娱乐演出	复星集团、TPG等	2015年	30亿美元
浙江山水六旗国际度假区	主题乐园、度假村	山水文园集团、美国六旗集团	2015年	300亿元

国民收入水平提升推动旅游消费结构升级，人均GDP超过3000美元后，触发休

闲度假需求（见图1至图3）。

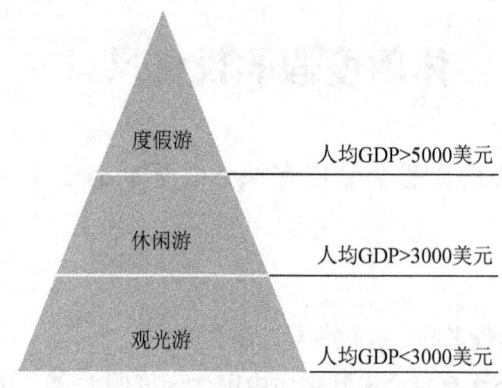

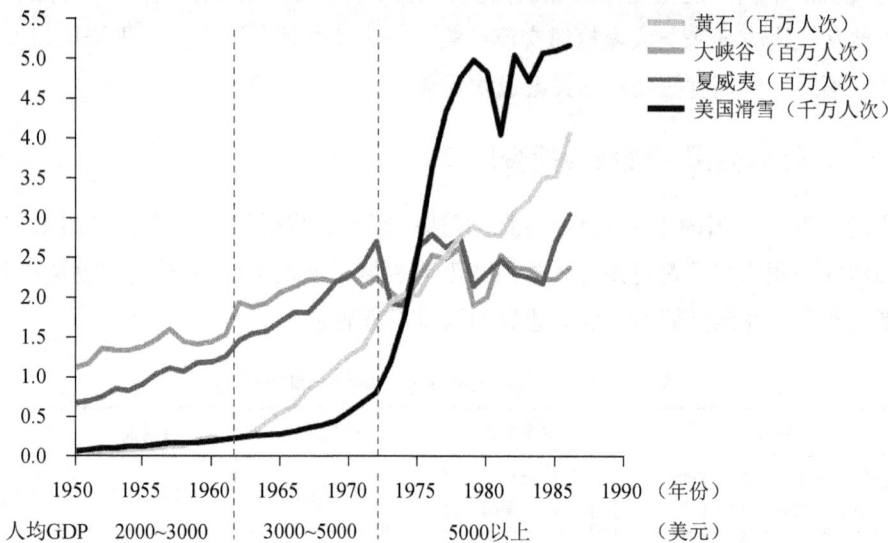

图1 人均GDP与休闲度假游的关系

资料来源：世界旅游组织、US census bureau、Movie time、文献检索、锐思锐拓分析、中国国家统计局。

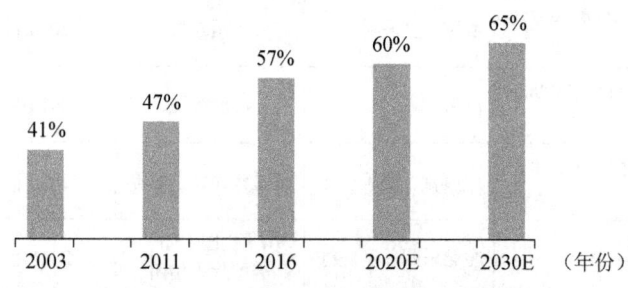

图2 我国历史城镇化率及未来预测

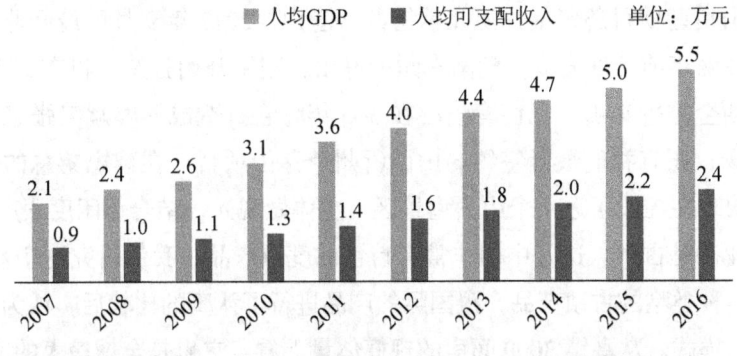

图3　2007—2016年我国人均GDP与人均可支配收入

资料来源：国家旅游局、国家统计局、《中国旅游发展报告2016》《"十三五"旅游业发展规划》。

二、投什么

休闲度假内容丰富、领域众多，既包括在国际上非常流行的夏天晒日光浴的滨海度假、冬天滑雪的冰雪度假，又包括国内的商业休闲古镇等。

在过去四年，中信产业基金在旅游行业做了有十多个项目，乍一看我们违背了刚才杜局长讲的"先聚焦再广谱"原则，但事实上我们还是按照杜局长说的精神去做的产品。我们分了几个产品线，每一个产品线搭建一个平台，每一个产品线都做得非常专注。我们有主做山岳型产品的山岳平台、跟陈向宏合作搭建的古镇平台，每个平台都专业而专注。

今天王晓峰王局长谈到"观光仍然是中国旅游的主体，观光景区也可以结合休闲度假"。我们高度认同王晓峰局长的观点，在中信山岳板块里既做了观光型产品，也做了观光和休闲度假相结合的产品。例如我们第一个山岳项目河北涞源的白石山，经过3年努力，今天已成为河北省最大的山岳型目的地。

白石山的运作理念就是用休闲化的视角来做观光，它的资源禀赋非常好，有秀丽的风景、奇峰、怪石，但真正让白石山为市场所高度认同的是我们在全国首推的玻璃栈道，在2014年9月通过网络炒作而一炮打响。玻璃栈道本身就是一个休闲化的产品，游客去那里追求的是心跳、刺激的体验，而不仅是看到的好风景。从这个层面上看，用休闲化的视角做观光，把观光和休闲度假融合在一起，是一个很重要的理念。2016年我们在白石山上新增加了云端咖啡厅，让游客在海拔1900米的地方观云海、喝咖啡，非常有意境。今年我们又在白石山上做了木屋别墅，可以夜赏晚霞，朝看日出，白天云彩翻滚，是生活在云端、非常诗意的度假。这些度假产品现在受到了市场越来越多的关注和欢迎。

白石山是我们第一个山岳休闲度假板块的产品，在此之后今年我们又新开了几个景区。比如河北邯郸的东太行景区，地方政府交给我们后，经过15个月的打造，于2017年9月正式推向市场，碎裂的玻璃栈道也得到了广泛关注。我们目前已经完工和正在打造的山岳型项目还包括：河北承德的兴隆山，2017年9月已经开业；湖南通道的万佛山，在两年前开发完成；湖南郴州的莽山，刚刚开始打造，将在2018年正式推向市场；广西金秀莲花山，我们有信心在3~5年将它打造成能够媲美张家界的旅游精品并推向市场；还有我们最近签约的山西沂州芦芽山项目。在黎志黎总的带领下，我们的山岳板块现在控股了近十个山岳型景区，主体做观光，结合休闲度假产品来打造。

第二个业态是古镇，这是中国非常有特色的度假产品。我们研究这个业态的时候，考察了国内各种类型的古镇产品，跟国际的产品进行了认真的比较后，认为乌镇是全球顶级的度假村模式。从乌镇3000间房的规模体量上看，它也是全球最大的度假村之一。我们对乌镇的理解和定位是第一规模最大，第二利润率最高。这里有一组数据对比，显示乌镇的利润率、净利润率明显高于全球顶级的度假跨国企业（见图4、图5）。所以我们跟同行交流的时候，经常也很自豪地说，中国乌镇的商业模型是全球最好度假小镇的典型代表。目前我们也跟陈向宏陈总在合作打造广东的开平碉楼和赤坎古镇项目。

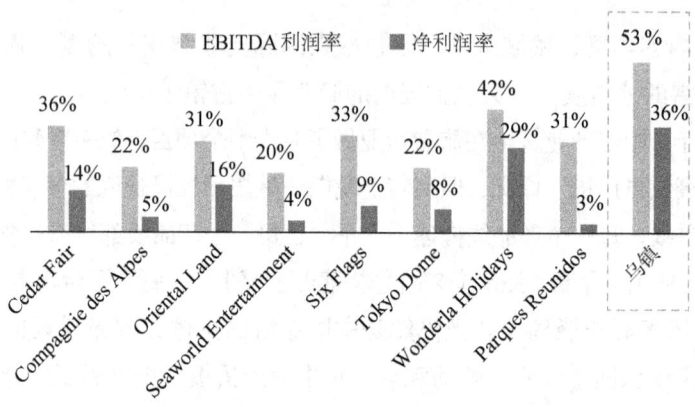

图4　2015年全球主要度假村利润率

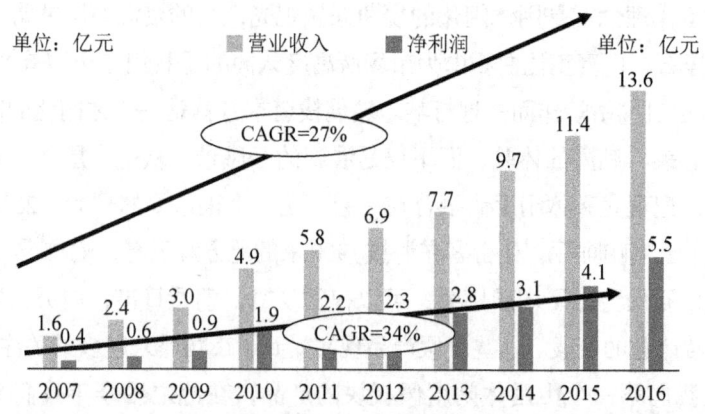

图5　乌镇业绩近年营业收入及利润走势

资料来源：公司官网，上市公司年报，Wind。

第三是滑雪。作为全球的休闲度假产品，滑雪是中高端人群的白色鸦片。中国滑雪市场的增长率应该是远高于其他的度假产品的（见图6），随着冬奥会的召开，中国冰雪产业将会达到2亿人次的规模，未来十年会达到1万亿的收入，市场前景高度看好（见图7）。所以我们今年做了一个尝试，请到了徐弘一起合作在河北承德做一个度假小镇，总投资规模也是百亿级。

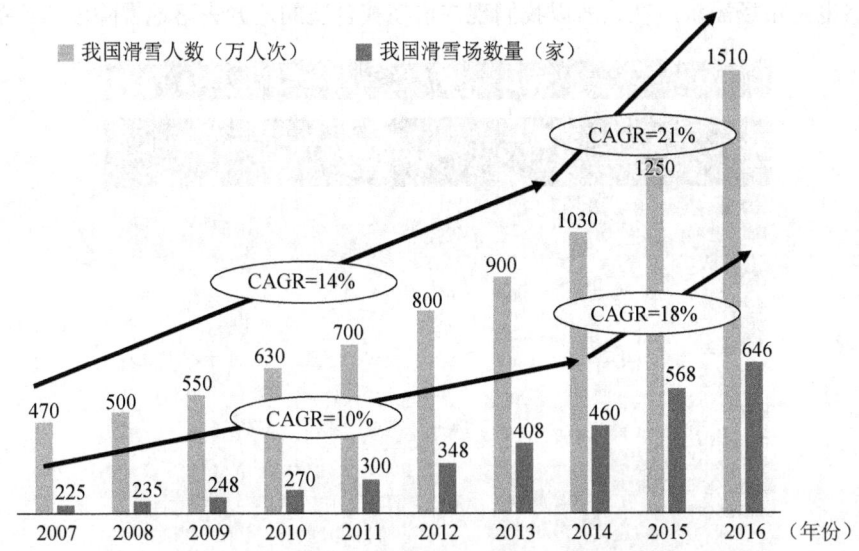

图6　2007—2016年滑雪人数、滑雪场数量

资料来源：《2016中国滑雪产业白皮书》《冰雪运动发展规划（2016-2025年）》。

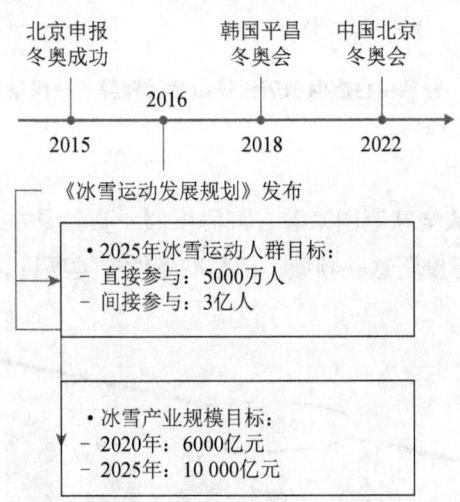

图7　冰雪产业受益关键赛事及利好政策

前面三个是我们现在已经在做的产品，第四个是我们还在研究的产品，还没有推向市场，也跟大家介绍一下。我们目前非常看好乡村度假模式，因为整体对资源的依赖度不高，市场的空间也很大。举例来说，我是浙江人，浙江有很多好的、有名的度假产品，但市场上也有很多做得不是很知名但非常好的产品。比如北京的云峰山，资源比较一般，连五流资源都算不上，但是产品打造上非常精致，它的童话树屋全年平均入住率达到了 96%，效率非常好（见图 8）。因此，我们认为乡村度假这个模式还有很大的市场空间。除此之外，在考察了新西兰大城市周边的冒险天堂皇后镇后，我们认为是户外运动产品也是市场需求所在，所以我们现在也在找合适的地方去落地冒险度假产品。

客房预订 << 周 < 天 入住日期 2017-10-13, 星期五 天 >

房间类型		五 13 10月	六 14 10月	日 15 10月	一 16 10月	二 17 10月	三 18 10月	四 19 10月	五 20 10月
天鹅湖 图片及详情	¥	满房	满房	满房	满房	满房	满房	满房	2688
青鸟 图片及详情	¥	满房	满房	满房	满房	满房	满房	满房	满房
人鱼公主 图片及详情	¥	满房	满房	满房	满房	满房	满房	2388 ·剩余空房 1	满房
睡美人 图片及详情	¥	满房	满房	满房	2188	满房	2188	2388	满房
白雪公主 图片及详情	¥	满房	满房	2388	满房	满房	满房	满房	满房
桃乐丝 图片及详情	¥	满房	满房	满房	2288	满房	满房	满房	满房
快乐王子 图片及详情	¥	满房	满房	满房	满房	2288	2288	2488	满房
杰克魔豆 图片及详情	¥	满房	满房	满房	满房	满房	满房	满房	满房

图 8　特色乡村度假酒店云峰山童话树屋“一房难求”

资料来源：云峰山童话树屋官网。

最后是滨海度假。从全球范围来看，滨海度假一直都是主流的度假模式（见图 9、图 10），我们中信还没有投资这一领域，但是准备做这类项目。

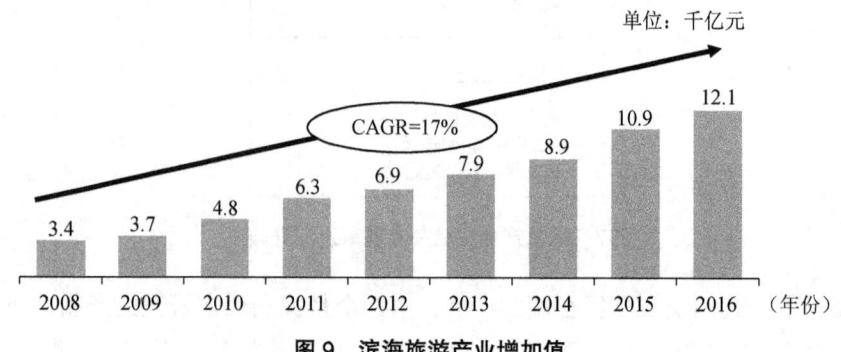

图 9　滨海旅游产业增加值

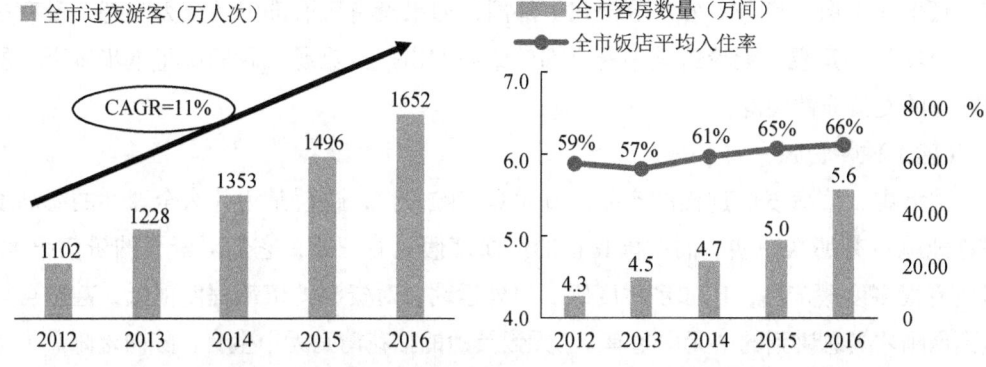

图10　受益滨海度假群体增长，三亚酒店行业蓬勃发展

资料来源：历年中国海洋经济统计公报、三亚市统计局。

三、休闲度假项目的关键成功要素

说到怎么选项目？昨天跟魏老师交流，他谈到现在休闲度假投资中各路投资者都比较疯狂，动辄就是几百亿的投资。我们也认同今天上午专家讲到的在休闲度假这个领域投资泡沫的存在。事实上，我们认为好的项目应该具备以下几个方面的要素才能够做好。

（一）靠近客源地，交通便利

这一点我们放在第一位，五一、十一、春节只有那么几天，我们要解决的不是周一到周五，而是周末客源的问题，所以休闲度假类的产品靠近客源地就非常关键。现在我们在做国内休闲度假产品，重点在珠三角、长三角、京津冀这三个核心客源地的周边布局产品。浙江处在整个长三角的核心地带，高速公路网、高铁网络发达，在交通上占了先机，区位、客源地都非常好，我们也非常希望在浙江布局一些休闲度假项目。

（二）顶级的操盘团队

在整个项目成功的关键点之中，操盘团队非常重要。像刚才给大家做报告的吴国平吴总，非常有激情，有着像杜局长所说的死磕精神，把产品做到了极致。我们也有这样的一些合作伙伴，比如上午跟大家分享的陈向宏陈总，我们在古镇项目上跟他合作。山岳这块我们跟黄山旅游的CEO黎志合作，搭建了一个叫中景信旅游投资集团的平台，由黎志黎总担任总经理，我兼董事长。在我们中信的旅游平台里，还有很多专业的业界人士，比如港中旅的张平、国家旅游局的张树民，还有黄大维、徐宏等都是从业几十年的专家。

（三）政策支持

政策支持非常重要。为什么强调这一点？因为整个休闲度假的项目涉及国土、规划、环保、工商、税务、公安等十几个部门，如果没有政府部门的全力支持，没有一把手对项目的重视，无论这其中哪个部门给我们出一点难题，我们都将举步维艰，所以政府的支持非常关键。

（四）独特资源

像滑雪、滨海度假这样的产品，资源具有唯一性，这就是为什么全球性的海岛度假胜地就只有那么一些，而中国真正的滨海度假只有三亚，它们对资源的依赖很大。但还有很多度假产品，比如乡村度假、户外运动，对资源的依赖程度很低，甚至可以做到像刚才吴总讲到的"无中生有"。无锡灵山的拈花湾是无中生有，陈向宏陈总上午讲的古北小镇，除了背景司马台长城是原有的资源，其他的也是无中生有。所以，对资源的依赖程度因产品而异，比如从观光角度来说，休闲度假对于团队的依赖程度远大于对资源的依赖程度。

（五）好的投资商

刚才陈总也提到，好的投资商需要给予长期的支持，要有成功运作休闲度假项目的经验。我们认为自然资源类产品都会越投越大。投入越重，对资源的破坏就越厉害，而项目一旦失败，对资源将是毁灭性的破坏。大家一定要找到好的合作团队，才能够把产品真正地做到极致，做到让市场满意。

我们认为地方政府在招商的过程当中，一方面要把好的资源拿出来，另一方面要调动各个政府部门的资源来全力支持项目落地。在这个过程当中，选择好的、优质的资本非常关键，不仅要有资金，更重要的是有顶级的操盘团队。中国旅游投资很热，但真正可持续复制、可持续盈利的模型很少。我在旅游圈子里的这几年，找不到几个真正可以让我们投大资的，我们现在几千亿的资金规模，愿意去投钱，但要真正找到像陈总这样能操盘几十亿项目的优秀人才非常不容易。

政府引入投资商的过程中要有更加开放的心态。中信产业基金投资旅游产业很重要的一条就是要允许我们控股。为什么这样坚持？因为很多资源在地方政府手里很难实现机制的市场。这里举一个杜局长老家恩施的案例，恩施的腾龙洞由黎志从2006年开始打造，从零起步在2010年开业后做到了湖北省排名前几位的旅游目的地。后来黎总把项目转让给了鄂旅投，再看他们的报表，这个项目2016年亏损了5000多万，就是因为地方政府机制的问题。虽然是好资源，顶级的团队创造出来了好产品，由于后续产品和理念的问题，变成了一个亏损的产品。所以我们认为市场化的机制非常重要。

我想强调的是，地方政府现在大规模招商，但是在招到好的、优秀的旅游投资商后，一定要全力以赴地帮助投资商去赚钱，只有让投资商赚钱，形成赚钱效应，新的投资商才能源源不断地进来。中国现在动辄几百亿的旅游投资是凭什么？后面的数字大家也看到了，中国真正的旅游目的地盈利状况并不是很好，像今天陈总所说的乌镇，2016年5.5亿净利润，2016年六七亿净利润（见图11），已经是中国休闲度假产品里最高的盈利。但是200亿的投资，一年五六个亿的回报能撑得住财务费用吗？所以地方政府选投资商的时候，不是说规模越大越好，切实可行的是要选择合适的规模、顶级的团队，把它打造成为旅游精品，才能够实现可持续发展。中信进入旅游界时间不长，我们希望跟业界的合作伙伴、地方政府领导以及各位业界的专家多多交流，为市场奉献越来越多的旅游精品。

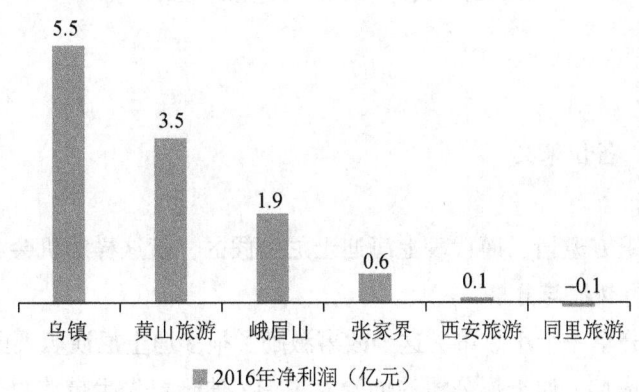

图11 2016年旅游休闲度假项目净利润

资料来源：政府与社会资本合作中心、Wind。

倾心打造沉浸式体验，为中国游客点亮心中奇梦

上海迪士尼度假区副总裁　王　燕

尊敬的各位领导、各位来宾：

大家下午好！

感谢大会组织方邀请，谨代表上海迪士尼度假区，借这样的机会和在座的各位领导、业界同仁进行交流与分享。

开始之前我分享一个小故事，这个故事激励了很多迪士尼演职人员。60多年前一个普通的早晨，华特·迪士尼公司的创始人华特·迪士尼先生带着两个女儿到家附近的公园游玩，两个女儿高高兴兴坐上了旋转木马，他自己在一旁无聊地等待，这个时候非常简单的愿望油然而生，他想这个世界上如果有一个地方让我和我的女儿一起玩耍，共享天伦，这样多好？其实就是一个普通父亲的简单愿望促成了对一个梦想的执着追求，从而成就了迪士尼主题乐园的神话。

自1955年第一个迪士尼乐园在美国加州建成以来，目前全球建成了6个迪士尼度假区，共12个迪士尼乐园，横跨美洲、欧洲、亚洲。来自中国和全球的迪士尼专家团队经过历时5年的协同合作与努力后，2016年6月，当年一个普通父亲对女儿的承诺在上海变成了现实。上海迪士尼度假区在开幕后的第一年接待了来自中国和全球超过1100万名游客，游客反馈对乐园的积极肯定，对我们也是极大的鼓舞。

其实在做上海迪士尼度假区规划初期，华特·迪士尼公司董事长兼首席执行官罗伯特·艾格先生就说过，我们不仅仅在中国建造迪士尼乐园，更要让它成为属于中国游客的迪士尼乐园，同时还提出了"原汁原味迪士尼，独具一格中国风"这样一个理念。正是这样一个愿景让迪士尼在进入中国市场本土化过程当中探索了一条融合创新的道路。

这次大会的主题是"休闲度假"。我听了很多专家、很多领导非常精彩的演讲，我也很受启发，学习到很多东西，我也觉得这是一个特别切合时代发展的主题。今天，迎合这样一个主题我也重点介绍一下迪士尼在打造沉浸式体验方面关注的几个方面。

一、洞察中国消费者的需求和喜好

迪士尼进入中国当时的愿望也是非常简单的，就是希望能够把最高品质的迪士尼家庭娱乐体验带给中国的老百姓。要达成这样一个愿望首先需要了解中国游客的需求

和喜好，公司投入了大量精力、人力、物力做中国游客调研工作，调研方式不仅仅在线上，还有大量的消费者走访和实地考察，深入到中国的各类型城市和地区。工程师、管理者、一线员工，甚至厨师都参加到专业调查团队中，走访了中国各类地区和城市，包括三四线城市。整个过程当中我们不停地问消费者你们在游览乐园的时候喜欢什么，在餐饮方面有什么喜好，在使用移动设备时有什么喜好，在旅行过程当中有哪些需求。通过这样大量的调研，设计初期在迪士尼主题乐园整体设计、运营，以至于在建造的过程当中就吸纳了很多消费者给我们反馈。

我们也成立了专门的消费者洞察团队，搭建起了一整套调研平台，包括品牌调查、游客反馈监测、社交媒体倾听、专题焦点访谈，这样一整套的调研体系和平台就是为了确保我们能够全方位地实时了解消费者给我们的反馈。在开园运营以后，为了不断优化上海迪士尼度假区的各项产品、服务和运营，我们启动了动态的游客满意度反馈监测机制，实时了解游客的游玩体验、来访意向及期望等，在定期对大量反馈信息进行科学分析和整理的基础上，不断调整、改变和完善游客体验。

举一个非常简单的例子，我们在运营的时候了解到中国可能是全球最大的手机市场，移动设备的使用在人们的生活特别是旅行消费过程当中起到举足轻重的作用。针对这一市场需求，上海迪士尼度假区发布了一款官方 App 软件。这款 App 被公认为是"游园神器"。所有游园功能集中在手机上，深受游客欢迎，他们可以在手机上实时查询项目等候时间、演出时间。最受欢迎的功能是一个 GPS 定位功能，可以看到餐饮服务设施、景点服务设施。我们提供的一项深受消费者欢迎的服务叫作"快速通行证"，能够确保消费者更好地计划一天的时间。在过去一年中，数百万游客在游玩上海迪士尼乐园时使用了免费的迪士尼快速通行证服务，更好地规划他们在乐园的行程。我们也在 2017 年 9 月完成了快速通行证的电子化全面升级，游客在园内更加舒适、更加轻松，只要提前看好这一天要浏览的景点进行预约，领取快速通行证，可以非常轻松地拥有一个更完美的旅行，这些都是消费者告诉我们他们需要什么、他们喜欢什么，这也是我们传承迪士尼的创新精神，运用高科技不断提升游客体验的最佳例证之一。

二、注重游客的沉浸式体验

上海迪士尼度假区是专门为中国游客设计和打造的世界级的度假目的地，汲取了迪士尼在主题乐园行业超过 60 年的先进经验积累，其精髓就是通过沉浸式体验把迪士尼故事讲述、故事情景和角色带到乐园变成现实。其实迪士尼在全球各地都不仅仅是建一个主题乐园，也包括在美国奥兰多、加州，日本东京，法国巴黎，中国香港打造迪士尼旅游目的地。在上海迪士尼度假区有一个主题乐园、两座迪士尼主题酒店、一个大型餐饮娱乐购物区等其他配套设施，这些丰富的元素一起组成了上海迪士尼度假区的一站式、多体验、综合性的目的地。这样一个目的地为游客创造沉浸式体验提供了非常必要的硬件条件。从软性的条件来讲，刚才杜局长讲到迪士尼创造快乐、创造梦想，我们也问迪士尼如何创造快乐？最核心的关键就是我们一直致力于创造和游客的情感纽带联系，要让游客置身在迪士尼目的地当中，情绪随着故事情节变化，喜怒哀乐受故事情节引导。建造这样一个环境有三大要素：一是故事讲述，这个其实也是迪士尼多年来原创产品的核心所在，通过迪士尼的一系列的电影、大片，创造出很多脍炙人口的故事和角色；二是沉浸式体验；三是卓越的游客服务。

沉浸式体验，其实是一个理念。在迪士尼度假区的设计、建造、创造的过程当中，希望每一位游客能够穿越到迪士尼的故事当中。大家去过迪士尼乐园可能有这样一个感受，其实在设计的时候，幻想工程师就会以一个游客的感受，充分考虑游客的感官、视觉、嗅觉、味觉方方面面的感受，无论在园区的任何一个角度放眼望去看不到任何城市喧嚣，周边吸引你的都是迪士尼故事。上海迪士尼度假区有六个不同主题的园区，有明日世界、宝藏湾、探险岛等，每个园区走进去以后所看到的园区建筑的材质、园区布置的植被，到装饰、灯饰以及到这个园区所听到的音乐以及所能够品尝的餐饮、商品、演职人员的服装都是必须要符合这个园区的故事主题。在这样的情况下非常容易把游客全身心带入这个环境中，可以暂时忘记生活和工作当中的烦忧，远离喧嚣，关注和家人、朋友体验的时光。

为了不断丰富游客的体验，上海迪士尼度假区开园短短 5 个月时间宣布新增玩具总动员的主题园区，这也是为了不断丰富游客在园内体验。同时，过去一年当中也和中国游客庆祝了很多节日和季节性的活动，包括中秋节、圣诞节、中国农历春节、中国的端午节，通过这样一些季节活动丰富游客在度假区的体验。我们现在正在举行万圣节狂欢季，这样一个节庆活动不仅是简简单单地做一些节日氛围的装饰，为了庆祝这样的活动，从娱乐演出、商店商品、餐饮都完全按照这个主题做了全新、全套升级和创新。游客这段时间来上海迪士尼度假区庆祝万圣节会全身心感受到万圣节非常浓厚的氛围。

三、结合迪士尼神奇与中国文化魅力

秉承"原汁原味迪士尼、别具一格中国风"这样一个理念，乐园设计之初就将中国本土化元素巧妙融入迪士尼度假区的建设过程当中，因为我们面向的主要游客是中国游客，我们非常希望每一位中国游客在迪士尼乐园不光体验到原汁原味迪士尼文化，更能够随处可见让他们感受到亲切、温暖的中国元素，包括亭台楼阁、生肖花卉，这样能够更好地唤起每一位中国游客对中国文化的由衷的自豪感。

我以在迪士尼乐园的漫月食府为例，它其实是一家中餐厅。建设这个漫月食府的过程当中幻想工程师走遍了中国吸取灵感，最后确定运用徽派建筑做一个全球迪士尼乐园中唯一的中国古建筑。为了还原这个屋瓦最原始的质感和色彩，我们的采购人员多次跑到浙江挑选陶土，用最传统的工艺把这个陶土烧制出来，而且从徽派建筑的原

产地安徽运送石材,就是确保它能够保证最原始、最传统中国文化的质感。刚才讲到区域和游客建立情感联系三个要素之间,重要的就是提供卓越的游客体验,最重要的就是员工。现在在上海迪士尼度假区有超过1万名演职人员(迪士尼对员工的专称),来自于上海和全国各地。我刚刚进入公司的时候听到团队经常讲一句话,每一位迪士尼演职人员都有这样的责任和使命为游客创造欢乐,要做到这一点,我们要确保每一位演职人员非常快乐地在他的工作岗位上工作,上海迪士尼度假区也是这样做的。我们通过一整套的演职人员培训、职业规划、提供工作、生活方面的保障,确保他们能够尽心尽力地为每一位游客提供欢乐。非常高兴的是,在2017年我们也荣获了"2017年中国最佳雇主"的称号。

四、科技创新

科技创新是迪士尼故事讲述的最佳实践运用。美国Facebook公司的首席运营官扎克伯格说过一句话,这个世界上很多公司非常注重内容,很多公司非常注重技术,但是他认为迪士尼是同时注重这两方面的极少数的几家公司之一。迪士尼非常注重讲述故事,科技在讲述故事中发挥着至关重要的作用。

作为全新的迪士尼度假目的地,上海迪士尼度假区的科技运用达到了前所未有的高度。举个简单的例子,比如说在上海迪士尼度假区有一个叫作"创极速光轮"的游乐设施,这是迪士尼乐园中速度最快的过山车,在这个过山车项目的设计过程中全球最领先的技术叫作"数字化沉浸式设计室(DISH)"技术,确保设计人员在模拟真实环境当中以游客的感受去感知轨道弯度的速度,它上升的速度、下降的速度,不断调整设计,切身体验创造出由多彩灯光、投影和音效营造的幻想空间。

同时,上海迪士尼度假区广泛运用了行业领先标准,包括质量、安全、节能环保的标准。建造了全国首座热电冷联产分布式能源站,也是全球各迪士尼乐园当中的首座,就是通过利用一些废气、废水,保证供应迪士尼乐园运营所需要的冷热水、冷热空气、压缩空气。此举为上海迪士尼度假区的运营提高了3倍的能效,减少了60%的二氧化碳排放量,这也是我们非常引以为傲的项目。

最后,"永无止境的创新和丰富创意"是迪士尼的根本所在,我们致力于为每一位游客创造出独一无二的体验,我们深知上海迪士尼度假区的成功离不开在座的各位的关心和支持,我们也非常期待与在座的各位建立起长期、稳定、互利共赢的合作伙伴关系,我们相信上海迪士尼度假区不仅将为这一代中国游客带来神奇的体验,也将伴随一代又一代中国游客的成长。

最后引用华特·迪士尼先生的一句名言,"只要想象存于世界,迪士尼度假区将永不完工"。我们将继续为游客带来更多精彩,愿意与各位同仁精诚合作,点亮每一位游客心中的奇梦,谢谢大家!

海昌：有梦、有爱、有快乐

大连海昌集团董事、海昌商务公司董事长、中国游艺机游乐园协会副会长 赵文敬

尊敬的各位领导、各位来宾、各位媒体朋友：

大家好！

一个多月前在杭州，魏小安老师让我在今天的大会上做一个发言，用讲故事的形式介绍一下海昌的"有梦、有爱、有快乐"价值主张。

海昌旅游在国内旅游行业还算有一定的知名度和影响力，一些做主题公园的领导和同志对海昌了解多一些，还有不少的领导只知道海昌是做海洋主题公园的。至于海昌更多的旅游产品和发展理念以及价值主张等，还不是很清楚。所以，请大家先看一下海昌海洋公园的宣传片，对大家加深对海昌的了解和认识会有一定的帮助。

一、海昌的旅游产品

除宣传片介绍之外：海昌连续5年进入中国旅游协会和中国旅游研究院的中国旅游集团20强排行榜；海昌是世界第二大海洋主题公园运营商，仅次于美国的Sea World。我们的旅游产品不仅有8家主题公园，海昌还有2个能够满足游客休闲度假需求的渔人码头，也就是大连老虎滩渔人码头和烟台雨岱山渔人码头，年游客量都在200万以上。我们还在建设运营着一个高尔夫乡村俱乐部和一个海岛休闲度假的项目（大连广鹿岛度假酒店）。2015年我们的大连东方水城项目开业，深受本地市民和广大外来游客的喜爱，也是大连最受欢迎的休闲娱乐项目，特别是夜晚到这里就餐、喝茶、娱乐的游客络绎不绝。

二、敢于筑梦、勇于追梦

当今我们所处的时代，正是一个充满游乐、休闲的时代，每个人都在享受旅行、游玩、休闲给生活、工作、家庭带来的乐趣。无论你承认与否，泛游乐化无处不在，甚至经济、文化、体育、学术等领域，一旦披上游乐的外衣，都会变得柔软而亲切。快乐是人类的本性，是一切行为的精神根源。人类对于快乐的需求如同对于衣食住行与传宗接代一样自然。西方快乐主义认为人与生俱来就有追求快乐和逃避痛苦的需求，人类的一切行为均应在精神快乐需要支配下产生。

18年前，海昌凭借着对旅游休闲发展趋势的认识和理解，开始进入旅游行业，用现在的话说叫作"转型"。在此之前海昌有三个产业板块：一是远洋船舶运输（海昌船运曾是中国最大的民营远洋运输企业）；二是石油贸易，是第一批取得原油配额的民营企业；三是商业地产开发，所以说海昌在民营企业中转型算是比较早的企业，现在旅游业已经成为海昌的支柱产业。

海昌旅游之所以能够得到健康的发展，这和海昌的品牌理念是分不开的。我们的价值主张是："有梦、有爱、有快乐"。品牌愿景是：中国第一海洋文化旅游休闲品牌。企业使命是：引领休闲旅游文化生活方式，为客户提供完美的服务体验。就是要用我们构筑的梦想和一份真诚的爱，为游客创造一个梦，献出一份爱，给他们一种与众不同的快乐和幸福。

我们旅游企业就是要成为梦的制造者、爱的凝聚者、快乐的传递者。

（一）梦的制造者

海昌的第一个旅游产品是大连老虎滩极地海洋馆，就是用梦用爱去打造的。20世纪末，我们首次把南北两极的白鲸、海象、海狮、帝王企鹅等十几个品种、近200余只珍稀海洋动物引进中国，通过精心的策划和设计，采用了最先进的展示形式和最生动的表演形式，成功地建设了"世界最大、中国唯一"极地海洋动物馆。让国内的游客不出国门就能领略、观赏到南北两极动物的迷人风采。寓教于乐，让人们在游览中能够掌握和学习到有关这些动物的科普知识，也让中国的海洋主题公园建设水平上了个大的台阶，赶上了发达国家海洋公园的发展水平。在极地馆开业之前，我国的水族馆及海洋公园的建设水平和世界一流水平相比有着很大的差距，老虎滩海洋极地馆的开业，受到广大游客的喜爱。当年接待游客近300多万人。2007年7月12日，老虎滩海洋公园成为国家首批AAAAA级旅游景区，这也是中国第一家被授予"AAAAA级景区牌匾"的海洋馆。

老虎滩极地馆的开业也引起了国际海洋主题公园业界的高度关注和赞扬。欧美日韩十几个国家的海洋公园的总经理和专家纷纷组团来参观、考察、交流经验，并邀请我们成为欧盟以外唯一的欧盟水族馆联盟的特邀会员。日本水族馆协会把年会放到大连开，党和国家领导人也给极地海洋馆项目高度评价，江总书记亲笔题字，胡总书记说"在国外也看过许多类似项目，但从未有过这种被震撼的感觉"。吴仪副总理告诉我，她去过117个国家，海洋公园、水族馆看了很多，但从没像今天这样兴奋。这是海昌第一个"有梦、有爱、有快乐"的典型之作。

（二）爱的凝聚者

我们在企业发展过程中，始终不忘企业的社会责任和对文化事业、公益事业的支持与帮助，默默地贡献着自己的爱，宣传片里已介绍了很多。除此之外，2003年我们

与国家海洋局合作，承办了雪龙号首次北极科考大连起航活动。船上几十名科学家、专家学者到学校、社区宣讲国家极地科考的意义以及极地科考的知识和故事，上万名市民登船参观中国极地科考成果展。市领导携5000多名学生和市民到码头举行了隆重的启航送行仪式。

2012年海昌与新华社等多家媒体共同发起了"企鹅的感动·2012零距离南极环保"公益活动，全国公开选拔了60多位环保志愿者和媒体记者共赴南极实地考察，让人们了解由于环境和气候变化，给南北极环境造成的恶化以及对极地动物形成的危害，唤起人们保护环境、保护动物的环保意识。此次活动为国内第一次以企业性质组织的零距离南极的公益活动。诸如此类的公益活动还有许许多多。

（三）快乐的传递者

为了让广大游客分享到更多的海洋主题生物馆给他们带来的更多快乐，我们坚持不断创新、不断超越自我，我们不仅打造了第一个极地动物海洋馆，我们还自己创新了中国第一座鲸鲨馆、珊瑚馆、水母馆、海兽馆和海洋动物欢乐剧场。

极地海洋主题公园也让各地政府动了心，很多地方政府到大连考察后直接邀请海昌到当地去投资合作。我们通过对各地方的市场规模以及交通条件、消费水平等投资环境进行综合的评估，选择了6个城市进行了两轮的战略布局，现在正在进行第三轮的布局和建设。我们海昌海洋公园的旗舰店上海极地海洋公园将于2018年10月开业；我们在三亚打造的升级版的旅游休闲度假目的地"梦幻娱乐不夜城"项目也会于2018年11月开门纳客；功能更加齐全、体验感更强的郑州海昌极地海洋公园计划2019年对游客开放。

海昌追梦的脚步永远不会停下来，我们会永远坚守"中国第一海洋文化旅游休闲品牌"的愿景！让中国海洋主题公园发展的潮流成为引领世界海洋主题公园的发展方向。未来我们还将继续秉承从客户需求出发的发展理念，在持续提升、丰富、完善我们存量项目基础上，与更多的同行业者在设计、建设、运营方面分享我们的经验，带动更多优质旅游企业共同发展，为此我们成立了轻资产的旅游咨询服务公司。

再与大家分享一个筑梦、圆梦的故事。

"十一"前，我去了南通的海安县，我们看到了惊人的一幕，一座金光灿烂的，12万平方米，投资15亿，超5星级的商务、休闲、度假酒店，居然坐落在一个仅20多万人口的小县城。参观之前，我是百思不得其解，这座小县城怎么可能支撑起这么大的投资？这家酒店的投资方是"中洋渔业"，海安县土生土长的民营企业，现在已是世界最大的鱼类饲养企业，年产值30多亿，公司成立的院士工作站有6位院士投身其中，博士后工作站的博士后多达20多人，产生了400~500项的发明专利，并制定了几十项水产养殖和水产品食品加工的国家标准，把"鱼天下"的文章做得风生水起，不愧为世界第一。但就是这个企业，在从未做过酒店、从未搞过旅游的情况下，怀着做世界最好的商务、休闲、度假主题酒店的梦想,考察了全世界300多家5星级以上的酒店,自己确定的酒店目标是30年不重新装修的理念,主题定位为"海洋文化、鱼文化和天然玉石文化"。先后邀请了十几家国内外顶级的酒店设计公司、管理公司来此洽谈,但所有公司都对酒店确定的装修理念难以理解,承接不了这样的设计。最后选的设计公司成了画图工,董事长直接指挥设计,甚至自己动手画图,亲自去世界各大石材供应商的库房里,一块一块的筛选,最终选定了120多种石材(玉石、理石、玛瑙、翡翠等),面积多达几万平方米,天然的海洋、天然的鱼……非常的神奇。最终这个酒店的装修没贴一张壁纸,没有一寸白墙,没用一幅字画,酒店的墙面、地面、天花板以及各种装饰物全部是用天然石材、艺术玻璃、艺术不锈钢和琉璃完成的,做出了一个富丽堂皇、艺术高雅、主题鲜明、功能齐全的超五星的商务、休闲、度假主题酒店,投资仅15亿,和常规五星级酒店基本一样。现在入住率已接近70%,这就是所谓的"酒好不怕巷子深"。

每一个企业都有自己的梦想和实现梦想的策略。每一个人都有一份爱,当我们把这份爱坚持下去,去实现我们的梦想,就一定会创造出更多的奇迹。

国家铸就了一个"中国梦",让中国的经济高速发展,让中国的高铁、中国的高速公路、中国的互联网经济都成了世界的NO.1。

让中国不仅成为世界第一大旅游观光大国、强国,也让中国成为世界第一大的休闲度假大国,是我们在座各位同仁共同的梦想,只要锲而不舍、坚韧不拔地做下去,我们的梦想就一定会实现!

谢谢大家!

开启中国度假时代的探索和实践

香港中旅国际投资有限公司总经理室首席战略官　张正启

感谢小安老师的邀请。今天终于见识到了小安老师超豪华的朋友圈阵容，云集了大师、大腕、大鳄、大咖、大侠、大仙，我来自历史最悠久的新企业。历史最悠久是我们成立于1928年，新指的是2016年这个企业88年的时候迎来了最辉煌的一个十字路口，国资委把国旅集团百分之百重组进港中旅，正式更名为"中国旅游集团"。作为长期在中国旅游集团20强首位的企业，我们的目标也随之发生变化。过去我们为新中国的成立做贡献，今天目标变成"中国第一、亚洲前茅、世界一流"。各位专家学者和集团老总以及业内的精英的观点可谓是多种多样，都是来介绍自己的辉煌、介绍自己的经验和成就并且分享自己的成就。今天我是来学习的，我们不分享我们的过去，我来展开我们的未来，带着我们的故事、带着我们的梦想向大家展示一下，我们如何理解战略的制高点需要从产品端发力。

一、中国旅游集团资源

我们拥有47 000多名员工，有五大能力：第一，全球的客源组织能力，拥有近3000家分布于全球的旅行社和相关机构。第二，全域旅游的运营能力，我们拥有第一批AAAAA自然人文旅游景区少林寺、沙坡头；率先拉开城市主题公园产品开发的序幕——"世界之窗"和"锦绣中华"；10年前拉开了第一个休闲度假区的实验产品"海泉湾"系列等。第三，我们还有全业态的开发能力，旅游购物方面我们有中国免税购物集团，全球232家免税购物店，包括亚洲最大的三亚免税购物城；旅游住宿方面有144家中外维景酒店；旅游演艺方面有天创演艺公司；旅游交通方面有三亚至西沙的游轮产品，有近300辆粤港澳24小时穿梭巴士等。第四，有全品类的投融资能力，拥有第一家中国旅游银行、500亿中国旅游产业基金以及香港金控，我们打通了境外融资的渠道，相对融资成本比较低，具有较强的旅游投融资能力。第五，拥有全产业的创新能力，拥有打通从策划规划、投资建设、运营管理、营销传播整个旅游开发到运营阶段的咨询平台——中旅智业和旅游研究院，线上线下渠道贯通的芒果网等，具有较强的专业技术创新能力。

二、时代窗口已打开

这么大的一个企业，在这样一个关键时刻，整合成这样一个航母型企业，它的未来是怎样的？每个企业都有自己的核心竞争力，都有自己的打法，作为央企来讲，一手抓事业、一手抓生意，特殊的使命、特殊的要素、特殊的企业结构，我们势必要有特殊的做法，与民营企业肯定要形成显著区别，比如说纯粹的景区开发，如果和民营企业竞争没有必要，这也不是我们应该做的事情，这么庞大的资源如何转化为资本，这样的资历如何产生自己的价值呢？

2017年港中投CEO张星到任以后踏踏实实地做了一年的产品研发。我们发现面对中国度假时代已经来临的现实，我们需要马上加速建立度假产品，把游客留在境内，更重要的是圆中国人的度假梦。每一个时代的来临都有标志性事件和标志性产品。标志性事件归为今天的休闲度假大会，为什么？因为"十九大"召开之前这个大会就在酝酿，就成功地预判了战略形势和发展趋势，今天我们提倡、引导的前瞻性都是呼应"十九大"核心精神。从我们的事业导向来讲，对外，"一带一路"需要旅游产业走出去共享市场，服务国人，对内，全域旅游需要全域运营商；从产业趋势来讲，旅游产业进入了资源整合期、技术爆发期、消费升级期、产业转型期、消费者换代期，全产业整合、跨产业融合的时代窗口已经打开，大市场、大产业催生大企业建设大平台和完整生态圈；从企业需要来讲，冠国名以后，内部需要整合并且产品化资源，外部机遇需要品牌化竞争。一个没有强大产品品牌的企业品牌是一文不值的。中国移动没有全球通、没有神州行是不可想象的。目前，各类企业纷纷进入旅游产业，既促进了旅游业发展，也造成旅游度假资源日益地产化的隐患，作为全产业链企业、一类央企，有使命、有责任开启度假时代，引导和引领产业转型。

三、时代命题

既然度假时代来临了，中国人应该怎样度假？来中国怎样度假？需要在座的各位旅游精英认真思考。《马尼拉世界旅游宣言》中指出"度假是人类社会的基本需要之一，度假应是人人享有的权利"。我们希望有一个产品可以圆中国的度假梦，让"中国人一定来，外国人喜欢来，周边的人经常来"。中国旅游集团把这样的产品称之为"国民度假公园"。它的理念是"景为体、文为魂、人为本"，根据资源特色推出星空、云海、丹霞、草原、瀑布等自然系列以及佛家的"放下"、道家的"天人合一"，儒家的"归隐"皇家的"养心"等人文系列，我们希望在每一座国民公园都拥有独一无二的体验。各个省精选最能代表其人文自然的旅游资源，一个省一座，有的省不一定建，因为资源不一定满足我们的选址要求，不一定10年建成，我们准备用一辈子，甚至几代人的努力来实现国民的度假梦。最终打造度假时代的龙头品牌产品，搭建旅游产品的聚合平台，形成跨产业融合的重要行动，为国民提供观光游乐、休闲度假、养生康疗、文化体验、美食购物、商旅活动等服务为一体的旅游度假综合区。

（一）国民度假公园的特殊属性

国民度假公园和大家所了解的产品不同。它是一张新名片，即"国民度假公园"是中国度假3.0时代的产品名片，成为中国度假的时代宣言；也是一个目的地，通过顺应中国全民休闲时代需求，围绕资源打造全国著名的休闲度假目的地的战略目标，按照世界级休闲度假目的地的方式进行整体打造，给世界一个不得不来的理由；还是一种新的模式，响应全域旅游发展战略，满足政府、区域、市场三个层面的战略需求，为中国旅游注入产业活力，为中国度假产品的迭代升级探索一种发展新模式。更是区域旅游再生和激活的方式：一是具有唯一性，即度假公园在哪里，哪里就是度假胜地，具有较强的号召力；二是权威性，即引领度假时代品牌产品、地域综合开发能力、全产品提升能力的实现体现；三是龙头性，即帮助观光型景区或者是传统依托自然资源型旅游目的地弯道超车，转型升级为度假胜地；四是创新型，即旅游大产业的技术创新、全域旅游运营创新、跨产业融合创新也是企业的商业模式创新。我们准备把它打造成为中国旅游产业中产品链、产业链最长的品牌消费平台性产品。

（二）国民度假公园的商业逻辑

国民度假公园的商业逻辑即"资源整合、产业开发、跨越融合、全域运营"。

空间形式：根据资源、产业、环境、市场等要素条件，以单一综合体或多组团形式存在，提供多元多样的旅游度假体验。

产业模式：通过全域旅游运营的模式，植入休闲度假产业链，将"吃住行游购娱"传统旅游六大要素，拓展为：文化、体育、科技、农业、建设、地产、住宿、康养、交通、会展、娱乐、互联网+等产业，因此，国民度假公园区别于一般景区或旅游产品开发形式，它是产业开发模式。

带动方式：它以所在地的资源特色为基础定位，以多元化、多样化组团的形式实施。也就是通过跨产业产品融合、多组团深度开发，多资源整合运营，实现全产业带动、拉动发展，实现区域内旅游产业整体提升，加速实现所在地旅游产业发展的战略目标，助推观光目的地向度假胜地转型升级。

（三）国民度假公园的运营模式

产品构成有四大集群：自然人文集群、酒店度假集群、休闲活动集群、康养社区集群。运营模式或者盈利模式，简单来讲就是依托大品牌创造大客群，推动线路的大流动，提升消费的大品质，最终实现产业大升级。以四大集群为核心，统筹交通为纽带，线路流动为手段，消费递增为目标，将观光转为高品质消费，实现全域、全天候、全业态消费升级。

（四）国民度假公园的体验

从体验层面，强调创新体验、强化体验，不仅仅是度假平台，也是一个科技和创新的聚合。

每一座国民度假公园都是智慧的平台。作为科技的聚合、智慧的平台，国民度假公园通过信用评级工具和现代支付工具，国民度假公园全面实现无现金消费和信用消费；通过人工智能应用，逐渐实现景区内无人驾驶，百种语言导游机器人等服务；通过景点云平台，记录度假点滴，记住每一位游客的消费偏好，游客无论到达那一座国民度假公园，都会享受精准的服务。比如说我们和中车、北斗相关的国内行业内领先公司都在做沟通、做整合，包括联络整合了全球29家顶级奢华度假酒店，整合10大乐园商、10大地产商、相关投融资机构，包括保险运营商。为什么目前中国的旅游有痛点？痛点就在于投入非常大，盈利非常慢，把旅游地产玩成了地产旅游，我们认为就是"念歪了经"，主业不强，老想赚快钱，但是实际上顶级的29家奢华酒店在亚洲、中国都不自己投资，都是托管运营方式，但是在欧美都是自己投，为什么？有内在原因，但是最根本的就是在中国做地产赚快钱容易，但是地产不可持续，特别是地产旅游对自然资源、对人文资源的侵袭非常严重，作为央企我们有使命、有责任希望在旅游做强上走出一条路。

国民度假公园还是创业的高地、创新的平台。通过对接"大众创业、万众创新"的政策。国民度假公园将民宿客栈群、文创商品区、特色餐饮店等产品统一开放，以品牌、市场和服务为背书，带领、团结民企和个人的旅游创业资本和创意产品，打造中国最佳旅游度假创业创新平台。我们在国民度假公园中专门拿出一个板块，就是开放餐饮零售体系，希望吸纳第三方民营资本进入，让他们可以在国民度假公园中发挥自己所长，把国民度假公园打造成一个第三方平台的产品，大家可以共享。

四、以核心产品为入口，共建共享大平台

这是我们的核心竞争力或者是愿景和目标，为所有参与到国民度假公园建设的企业形成我们的品牌垄断效应，形成龙头产业的效应。平台性产品我们都知道，阿里巴巴是平台性产品，在旅游业中能否构建一个平台型产品，利用各家特长，你有小镇可以来，你有乐园可以来，你有索道可以来，我们来创造环境，我们来整合资源，我们提供资金和运营质量，最重要的是整合社会的渠道确保了国民度假公园每年最低的游客量，这就是我们的整合资源的行动。

它属于产业价值顶端的代表模式，吸引大量关键资源，实现跨界整合，并且能够以最快的速度整合资源，使企业家将眼光从企业内部转向企业外部，思考行业乃至跨行业的机遇和战略，建立平台型商业模式企业，如苹果、阿里巴巴，不仅可以迅速扩张市场，完全脱离了一般层次的竞争，迅速成为行业寡头。现在很多企业追求IP热点，

但是今天的 IP 能够成为明天的 IP 吗？我们作为一类央企希望打造一些与国同在、与国同休的产品，我们相信国民度假公园随着我们不断的思考，随着大家给我们提出有效的意见和建议，帮助我们完善共同参与到这个产品当中来，一定能够成为这样的产品，通过构建整个全产业整合的平台、跨产业融合平台、旅游新业态平台、全域旅游运营平台，将中国改革开放以来大技术、大资本、大市场、大产业在旅游业上进行高度融合，形成品牌效应和产业龙头效应，打造出中国旅游产业中产品链、产业链品牌消费平台和中国最大可持续消费企业，并且创造新的度假市场，开启中国的度假时代，这是我们的思考和探索。

五、具体实践

我们也进行了实践，2017 年在广西两个地级市打造新旅游目的地，构思了第一个国民度假公园，这个标题也透露了我们的一些主张，就是在合适的时候正式申请成为国家度假公园。它和国家公园是两个概念，国家公园是国家行为，国家度假公园是企业产品，是市场行为。在广西有一条跨境河流的奇妙故事，从地下泉开始往下流淌形成峡谷、瀑布、溪流、降水、湖泊，从边境流出越南，再重走德天，进入中国形成亚洲最大的跨国瀑布，再向下流淌形成世界文化遗产，这里形成了三大组团，我们和越南共同建设的中越国际旅游合作区，这里还要建设一个免税购物城，每个人有 5000 块钱的免税购物额度。整个项目愿景就是左右江作为老区，是红色根据地，是小平同志领导百色起义的地方，国务院专门有一个左右江革命老区振兴规划，我们在这里把第一个国民度假公园落地在这里，正是体现了一手做党的事业、做旅游产业强国的主力军，供给侧结构性改革的先锋队的使命和责任。当然，也和此地资源拥有的地质奇观、人文奇观非常优秀有关。

我们落地完成以后，欢迎大家去广西参观指导。这张照片最近比较火，就是英国的《镜报》发现中国最美的高速公路，实际上就在广西左右江国家度假公园境内。

最后，除了在中国相关的省份落地国民度假公园之外，最终任务还有一个想法，整合好国内优秀的酒店运营商、乐园开发商和其他合作方以后，我们会跟着"一带一路"走出去。如果中旅有一个国民度假公园在非洲的话，我相信大家去非洲不会有障碍，一样的服务、一样的品质，带你游遍全世界，服务国人，国民度假公园创新还有很多，比如说对高铁站，和深圳市政府申请拿出一个高铁站专门作为旅游观光车站，会开通自己的中旅号列车，游客出了家门上了车开始，吃吃喝喝、载歌载舞到景区，在景区我们会有专属的观光车站，整个度假颠覆了现有的形式，充分利用中国新交通优势，最终国民度假公园会申请为国家度假公园，请大家多指导，谢谢！

"文化休闲+"

联合国世界旅游组织专家、华谊启明东方董事、总裁　马　克

首先，代表华谊感谢魏小安先生对我们的盛情邀请，今天我是最后一位，但是时间有限，刚刚主持人一再跟我讲了，希望我能够讲得短一点，我就不按照我这个PPT讲，我用最短的时间，争取10分钟结束我的演讲。

还要代表华谊兄弟感谢在过去的二十多年当中在座各位对华谊的支持。众所周知，华谊兄弟在过去二十年成为中国电影电视剧行业和文化产业的旗舰，我们已经连续五年夺得中国文化产业上市公司业绩第一名。

在刚刚过去的日子里，华谊做三了个产业，一个是大家非常熟悉的电影和电视剧产业，大家看到了在中国我们的电影的制片量，电视剧制片量，还有在老百姓心目中耳熟能详的价值。我们还做了两件事，第一个是互联网产业，第二个是旅游产业。今天受华谊的委托，介绍华谊新产品，就是华谊兄弟在刚刚过去两年中打造的崭新的产品，叫作"中国文化旅游演艺商业综合体"，也就是"华谊兄弟新剧场"。在中国旅游业和休闲产业发生巨变的今天，中国旅游业的三个变化推动了华谊旅游产品的升级：一是从过境游向过夜游转化；二是从组团游向目的地游转化；三是就是由我们普通的观光游向休闲游、度假游、体验游转化。

在这个大背景下，华谊兄弟用了几年时间，深耕市场，做了华谊兄弟新剧场，这个产品在目前中国有一定的特色。今天就是要来跟大家汇报这个事情。它是一个4万平方米左右的文化旅游商业演艺综合体，应该说我们用了将近2万平方米的面积，做了中国最有特色的体验型的演出。

众所周知，在过去的二十年中，中国的文化旅游演艺市场处于蓬勃发展的时期，我们大家看到了像印象、宋城千古情等等众所周知的产业，文化旅游演出吸引着我们中国的国人。但是在新的时代，老百姓已经不再满足于观众在底下看演员在上面演的时代，在这个情况下，华谊兄弟做了一个IP的场景，做了"永不落幕的大电影"，打造了一台观众和演员全方位互动的沉浸式的演艺形态，这种演艺形态在中国到现在为止，还是没有过的。在未来的十年，华谊将以每年3~5个的速度在全国各地打造30个华谊兄弟新剧场的产品。同样在华谊兄弟的另外一端，刚才讲了有2万平方米的体验型的演艺，我们还做了2万平方米体验型的商业，我们叫微商业，大家干什么呢？在

这里面体验了旅游过程，就像火车一样，我们有5条微缩版的剧场前厅商业都是星剧场的自主知识产权，在这里面你会看到我们演艺明星自己的火锅店，有你们熟悉的艺人，名人，他自己的IP做的各种各样的业态和场景，包括星味大街、星享大街、星星大街、星动大街、星梦大街，我们的广告语叫"让每个人都有一段星光永远在人生里"，是一个浸没式体验业态。

下面我用最短的时间过一遍我的PPT。

华谊兄弟做的产品大家众所周知，它不是一个简单的产品，是什么呢？我刚才说的4万平方米的文化旅游演艺商业综合体，用我们独有的IP跟当地的景观资源进行全方位的战略整合和结合，形成一种崭新的周边经济。也就是说，不是一个文化旅游演艺，而是"文化旅游演艺+"这么一个概念。我们用文化演艺+一切，+各种各样，在未来满足人们美好生活需要的各种各样的元素。也就形成了全域旅游、特色小镇和城市更新三位一体的整体的产业链平台。

大家可能看到了，在过去的这些年，旧的红利都已经消失了，华谊兄弟要满足人民群众未来美好生活的需要。在新中产、新工匠精神、新技术水平、新文化、新人居、新的旅游、新的生活这7个大的环境下，华谊兄弟推出了华谊兄弟新剧场。

我刚才讲到，玩出来的产品变了，玩出来的旅游的需求也变了，旧的旅游是什么呢？是我们慕名而来的猎奇而去，白天逛街晚上睡觉，现在是好看、好吃、好玩、好住，还有有温度的服务和感受；文旅演艺也变了，原来是印象、宋城千古情一统天下的时代，现在要强调互动式体验、全域旅游、全方位产业和主力品牌。最终通过特色小镇全域旅游和城市更新，打造出华谊兄弟星剧场的一个完整、与众不同的产业链。

华谊兄弟新剧场的模式是什么呢？从顶层设计到最终运营都是我们自己的团队，是华谊经过孵化形成的完整构架和团队。比如，现在我们已经相继签下的11位中国顶级的导演，不是做传统的演艺行为，不是做印象，而是在这里打造一场与众不同的体验式的盛宴。

同时产业链在进行延展，舞美团队是打造过"印象"、打造过"宋城千古情"的舞美团队、打造过"最忆是杭州"的舞美团队；商业运营团队打造过万达、大悦城、万象城、爱琴海等团队。我们把各商业业态领军团队挖到这里进行商业运营，应该说打造了一个华谊自己完整的产业链，形成了"文化+""旅游+""商业+"完整的产业链。

我们的团队里很多都是国家知名的专家，比如造型总监是现在中国最好的李东田老师、服装总监是祁刚老师，通过产业链变化带动周边产业IP整体升级，打造华谊兄弟完整的营销体系，应该说星剧场不是一个演出，是全域旅游培育特色小镇构建和城市更新一个升级的产业链。

今天因为时间关系不一一赘述了，欢迎大家和华谊合作，打造我们的美好生活圈。

旅游消费升级促进旅游行业互联网创新

阿里巴巴集团副总裁、飞猪总裁　李少华

各位同行、各位嘉宾：

大家早上好！

非常荣幸有机会可以在这里和大家分享我们在整个旅游产业升级、旅游消费升级过程当中，作为一个互联网团队怎样去看消费升级对整个旅游行业互联网创新的影响。

我的分享分三个部分：第一，向大家介绍一下在阿里互联网生态下，是怎样推动全球游，甚至把全球游列为未来阿里20年国际化战略之一的；第二，通过大数据可以看到年轻用户正在成为旅游消费升级的主力军以及成为趋势变化的风向标；第三，探讨一下过去5年以来作为互联网的团队，对于整个产业升级对未来可能会有一些影响的趋势。

一、阿里巴巴怎样推动全球游

大家知道，阿里已经是多生态的经济体，目前的业务主要分成几个板块：第一，阿里起源于电商，事实上新零售业务板块主要来源于电商，它的核心价值在于连接买家和卖家。后来受益于整个互联网用户迅猛发展，今天这个业务已经成为全球最大的零售企业。第二，从最开始的把买家和卖家撮合到一个平台上进行互动，即"连接用户"的过程，到慢慢把互联网上的技术、产品、大数据拿来和不同客户进行分享，慢慢形成商业基础设施。第三，基于整个移动互联网的迅猛增长，以及年轻用户的消费形态，逐步进入到消费者数字消费领域。

在这样一个生态下，对旅游产业消费升级有非常大的作用：第一，有全球最大规模的消费人群，而且这些人群有非常好的在线消费习惯；第二，世界领先的"云计算"能力，这个能力对于很多创新至关重要，过去两年我们一直在推酒店产业链的未来酒店战略，而如何在互联网建立信任，背后就是数据，超过2.7亿的中国用户授权在全球8万家酒店入住不需要出示任何支付证明和任何支付动作，背后我们需要在这个用户入住酒店前10秒钟通过直联的形式判断这个用户是否值得信任、信任度在哪里，甚至我们有能力在诈骗的案例中发挥作用。

我们今天分析更多的是用户行为数据，比如说到丽水，每一个房间都有水果，我们做过调查，90%的用户对酒店送的果盘基本上挑了其中某一样吃了，剩下都浪费了。未来可以通过大数据准确判断，李少华入住这家酒店送猕猴桃就可以了，其他东西都不会吃，这是一个非常好的数据应用。不仅仅是这些，包括10月28日发布的在线签证，背后都有数据——信用数据。比如说去卢森堡的用户，如果芝麻信用分超过700分，可能不需要提供到卢森堡的所有证件，因为我们判断你根本不会待在那个地方，一定会回到美丽的中国。

以上是整个业务的情况，面向消费者业务和底层的支付、物流、广告体系等中间驱动的是数据，每一个前端业务、面向消费者端的业务都在沉淀数据，每一个后台的功能性业务都在产出数据。数据成为支持整个阿里巴巴生态核心的生态资源，这也是我们提到的新能源，数据会成为新的技术革命、新的第三次浪潮的核心新能源。

当然，飞猪旅行业务也是整个阿里核心业务之一，在实物电商、服务电商、数字电商三个环节中，飞猪作为服务电商的核心环节也是阿里的重要板块。

前面提到了用户数据，飞猪本身也拥有自己独立的旅行会员体系，同时也共享了整个阿里巴巴核心电商体系的部分。我们自己的会员体系已经拥有超过2.2亿的实名认证，这2.2亿人在8万家酒店范围内可以免费享受类似"先旅游，后付款"，或者是信用支付的优惠（如图1所示）。

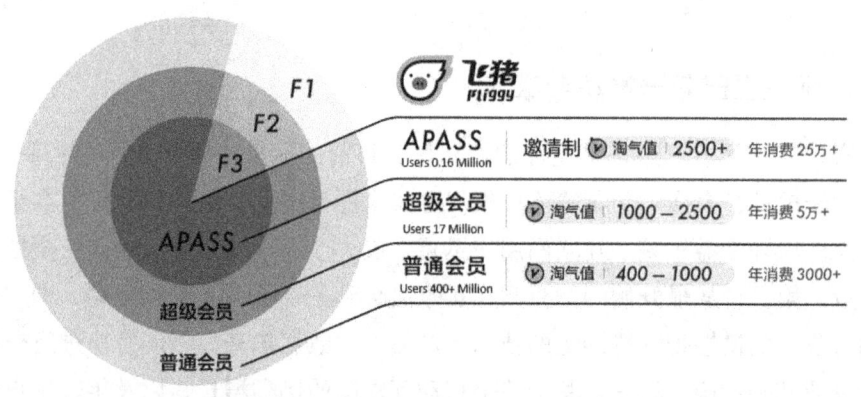

图1　坐拥全球最大的精准买家群体，自有会员超过2.2亿

二、年轻用户成为旅游消费主力

图2是一个年轻用户在淘宝上，或者整个电商领域成长的轨迹。淘宝是2003年非典期间创办的，当时很多实物交易开始在淘宝上呈现，一些虚拟用品已经呈现出来。今天看到用户成长的轨迹是2016年想去包装一个面向"北极光"的产品，通过大数据找出来一条路径，这个路径在2016年定位成30岁左右，有一个孩子的母亲，她是怎

样成长为中国年轻女性出境游的过程。2003年还是学生的时候,小姑娘特别愿意玩游戏,所以在淘宝上买了一张游戏卡,2007年到她可能已经大学毕业了,或者已经工作一段时间了,开始有更多的实物,尤其以女装为主要消费类目。2010年以后,开始有一个小宝宝了,我们观察到的是孩子在3~5岁的年轻妈妈是最愿意去"北极"的。我们有5万多去北极的数据说明这个数据是对的,2012年消费收入的变化显示有一些海外的消费品开始进入消费家庭。2014年这些周末休闲、旅游的住所已经开始成为在淘宝上消费的主力类目。2016年,通过对将近10万次去过北极或者北极圈周边人群分布判断发现,这些用户有强烈的走到更远的诉求,所以2016年推出"北极光"产品系列的时候,对外广告定位是"送给自己30岁的礼物",事实证明60%的购买用户落在30岁左右,而且女性用户比例远远超过男性比例(如图2所示)。

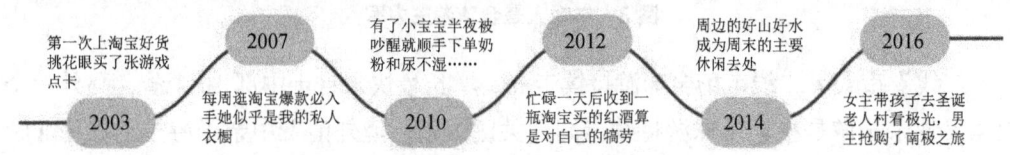

图2 旅游成为中国年轻人的主流需求

聚焦互联网一代的休闲用户有一些共同特质,我们自己平台上可以看到的数据,超过83%的用户是85后一代,这一代出境用户、休闲用户男女比例非常均衡,以家庭出行为主。对他们来讲,休闲度假的方式就是希望能够吃吃喝喝、睡睡玩玩。本质来讲飞猪的品牌和大会主题非常贴切,2016年发布这个品牌的时候,马老师隔洋给我发了一封邮件,希望让年轻用户出境消费的时候飞猪能够给他们吃吃喝喝、睡睡玩玩的体验。

这些用户基本上是互联网的重度用户,85后的用户在互联网分析中是"千禧一代",有自己足够的决策心智,他们恰好在互联网环境下成长,手机成为他们生活的主要元素,没有手机的年轻人已经没有办法理解了。最关键的是他们乐于享受,也热衷于分享,这也是和今天会议主题非常贴近的。

2016年平台上2800万人次出境游的数据发现,出境游已经是新生代主导市场,90后占比超过任何一个年代,80后、90后涵盖起来接近80%,反过来证明飞猪平台也是年轻人的平台。除了70后、60后、50后我们称之为"保温杯"的这一代人还在加速出境游的速度,所以平台反馈出来70年代出生的人是最苦的一代人,我们一直忙于工作还没有时间出国。

从2014年开始,监控平台上将近5000万年轻用户样本,除了监控旅行购买,还监控在什么地方打开淘宝、打开支付宝。我们发现,85后的年轻一代,在2016年12月底监控平台上出境次数超过60的用户是23%,这个数字在2017年9月23日突破

30%了，所以年轻用户是推动出境游构架的主力人群（如图3所示）。

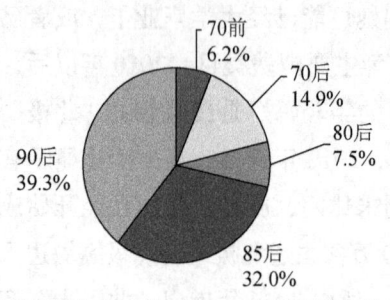
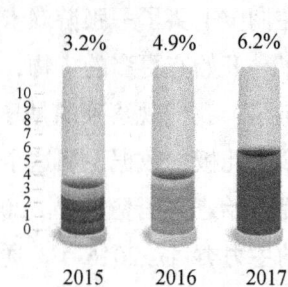

- 出境旅游是新生代主导的市场，出境旅游消费者中，占比最高的是90后
- 80后、85后、90后，合计占到出境旅游消费者的78.8%
- 不过，被称为"保温杯"一族的70前，并不甘于被拍在沙滩上，虽然整体占比不高，但近三年来，一直在小幅提升

图3 年轻人是全球游主力军

二线省市或者二线市场全球游持续走高，增长最快来自于中部10个省，另外一个数据发现亲子游是推动全球游持续走高的关键因素，境外消费中亲子游拉动作用非常明显，超过87%的亲子游的人均消费要远远高于正常的大盘出境消费。结论是年轻一代人比他们父母亲更早20年走上出境游道路，80后集中在大学毕业头10年，90后大学期间已经第一次走出国门，00后、10后，在他们可以独立坐飞机座位的时候已经开始踏出国门了。无论是出境游还是休闲游，年轻化是整个旅游消费升级的关键推动因素（如图4所示）。

- 与出境旅游整体市场情况一致，年轻群体出境旅游大军主要来自于：京、沪、粤、浙、苏等东南沿海省市，以及西部较为发达的四川、重庆
- 但是，二线省市表现出了极强的增长潜力，年出境旅游人次增长最快的TOP10为：云南、江西、湖北、广西、海南、辽宁、北京、安徽、上海、河南

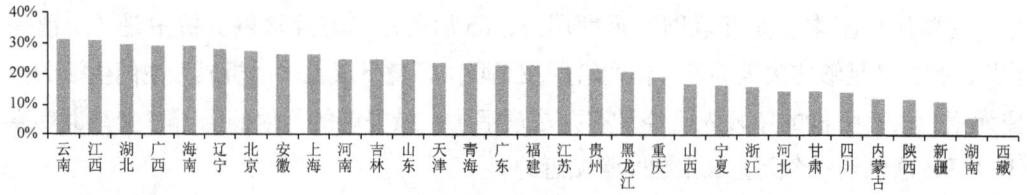

图4 各省份出境旅游人次年增长率

从这些年轻用户消费趋势可以看出相关旅游目的地进阶的过程，国内从原来的旅游大省的观光，逐步向一些深度旅游以及特色旅游开始转化；从出境的角度来讲，从周边、港澳、东南亚开始走向更远的地方。欧洲和澳洲，包括像加拿大，过去两年有迅猛增长的趋势。

从飞猪数据来看，23%的用户在2016年去了6个及以上国家，2017年这个数字突破30%。这里可以看到中国香港、泰国、日本、美国、韩国、中国台湾等是主要的出

境目的地，长尾属性非常明显，整个平台上长尾市场增长趋势远远超过头部增长。我们做了两个特定产品，2016年大规模推"北极光"，2017年推"南极"，春节期间有超过2000名中国游客集体去"南极"。这些用户中，"北极"购买者中60%的用户是30岁左右，"南极"购买用户中接近50%的用户是80后，完全改变了整个市场去南极深度旅游原来的年龄限制。

年轻用户在去旅游目的地的过程当中，购物是其中最大因素，和整体非年轻群体因素是相一致的，但是除了这个之外，其他因素有非常大的偏差。

三、阿里巴巴产业升级对未来可能的影响

作为一个互联网从业人员以及团队，我们在过去四五年和旅游行业深度耦合。未来3~5年对中国整个旅游消费升级来讲，有三个趋势不会发生变化。

第一，移动端。很难想象未来旅行和手机、和移动端应用不相关，或者不能在移动端呈现旅行体验和服务，我们认为年轻用户不会选择。

第二，目的地。70年代的消费者走出社会，我们评判一个旅游消费选择的时候，有很多的选择要素，比如说最早在广州看旅游行业有很多线路、有很多说明。可是现在的年轻人或者在互联网下长大的这一代年轻人他们的选择只有一个理由，就是目的地，他们去目的地做什么不一定为产业、整个服务链条上、服务团队所触达到，我们不知道他们去干嘛，我问很多年轻人他们去哪里做什么，他们说去日本、去清迈、去斯里兰卡，没有什么具体的要求和说明。甚至很多人去澳洲和传统旅游提供的选项没有太大关系，所以目的地会成为未来年轻用户选择出行的关键因素。

第三，内容化。这个和传统成熟的旅游产业链上的判断不太一致，最近我们在做一些研究，刚才也有学者的研究证明旅游本身是一个体验的满意，不一定和提供的什么东西有直接关系。比如说2016年提供"北极极光游"，打出来是看"北极光"，尽管68%的用户没有看到"北极光"，但是这个平台有98%的好评，如果售卖冰箱有68%的冰箱不制冷基本上是完蛋了，但是68%的人没有看到"北极光"，他们仍然认为这个旅行非常满意，这就是内容背后的因素，我们通过各种内容宣导让消费者对于对"极光旅行"有自己的预期。

所以，年轻用户主导着消费升级以及新技术互联网创新应用，在这样一个驱使下，"移动端""目的地""内容化"会成为未来3~5年变化升级的不变趋势。

谢谢大家！

以欧洲为例，看中国出境游市场的变迁

携程集团高级副总裁、华远国旅集团董事长、中国旅行社协会副会长
郭东杰

各位领导、各位嘉宾：

大家好！

我今天的演讲主要是从中国休闲旅游度假的一个细分市场，即出境游里面的欧洲游来看一下中国在出境休闲度假方面的历史变迁和现状。基于华远国旅和携程旅游的线上和线下所服务的人群相关数据，以及2017年上半年所表现出来的一些数据进行分析。

在讲之前，我想跟大家报告一下，为什么我今天选这么一个题目，大的趋势分析、大数据大家已经都看到了。但是从一个微观的层面，我们具体来感受一下，中国的出境游客是怎么样一个画像，特征是什么，包括产业界，现在运营服务大概是一个什么状况。

欧洲游，不仅仅是在中国的出境游市场，应该说在全球的旅行旅游服务来讲，都是一个高端的产品。因为欧洲从自然风光到历史文化、宗教艺术等方面，都是属于一个高端目的地，产品非常丰富。而且一般来讲，欧洲游的卖价偏高，所以它属于一个中高端的产品。

但是中国的欧洲游又有一个非常特殊的状况，这么多年来熟悉出境游的大家都知道，华远国旅现在是中国领先的出境游批发商，包括其他一些专做欧洲游的旅行社，都是受益于欧洲游这个业务成长起来的，发展壮大。所以我觉得以欧洲游为例，对中国市场的分析还是有一定的代表性的。

我今天的数据样本主要是来自华远国旅和携程旅游（见图1）。华远国旅是一家传统的旅行社，是中国出境游的一个老牌公司，2014年，携程投资收购了华远国旅。携程旅游是中国现在目前最大的在线旅游运营商，在旅游度假方面现在业务规模也非常大。所以就以这两家的数据来进行一个基础的分析。

图 1　引用数据来源

华远国旅总部在北京，在全国有将近 10 个城市都有分公司。华远国旅在和中国有直航口岸的欧洲城市都有自己的机构、团队以及自己的产品。

中国政府开放欧洲旅游到现在为止已经发展了 12 年。市场上流行的产品大家都知道是欧洲 10 国、12 国、15 国，那时候是行军拉练一样，走马观花，非常辛苦。因为考虑到性价比的问题，欧洲内陆主要以大巴车为主，游客上车就睡觉，而当时对很多历史文化宗教的讲解，也并不到位。但是当时消费者的需求确实也是那样的，当时的消费者主要是什么人呢？是一些机构和大企业这样的人群。并不是我们今天讲的真正意义上的休闲度假的需求，主要还是到欧洲去看一看，解决了以前没有去过欧洲的问题。但经过十来年发展，从业内市场来看，现在参与人群当中 60% 以上都是出于休闲度假的目的来参与欧洲游。这里面有很多的白领、富裕人群、退休人士、自由职业这样的人群，而且占的比例越来越高。欧洲游一方面是消费比较高，另外一方面来讲，也确实需要时间，因为一个远程的旅游，至少要 10 天以上的时间（如图 2 所示）。

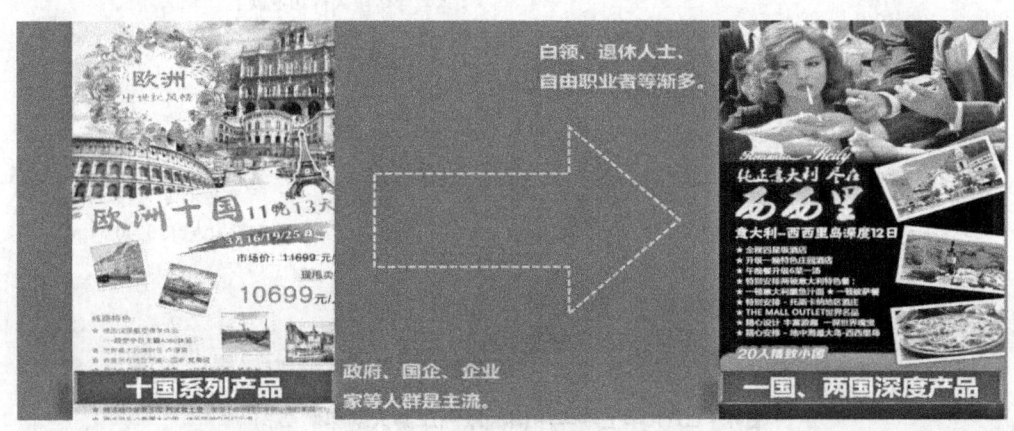

图 2　产品类型

从 2017 年上半年的数据，包括 2016 年的数据也能看到，在参加欧洲游的人群里面，女性大大高于男性。女性游客占到了 63%，男性游客是 37%。女性多于男性这一点，在世界上各个会员国也都有这样的现象。但是在中国目前阶段这样大的一个差距还是不多见的，这也是我们现在的一个特征。我想也吻合了包括刚才少华总讲到的，现在亲子游是推动度假休闲的一个非常主要的力量（如图 3 所示）。

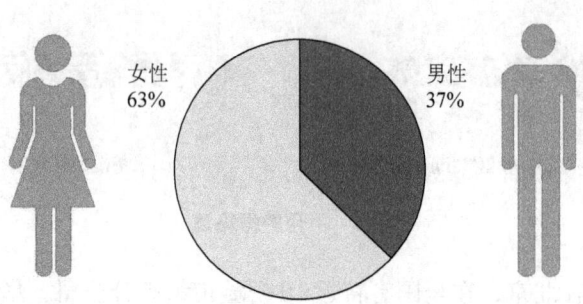

图3　2017年上半年中国赴欧洲旅游人数性别结构

资料来源：2017上半年中国赴欧洲旅游趋势报告。

从游客的年龄方面来讲，总的趋势是年轻态，年轻人群的出境游占比比较高。但因为欧洲游相对需要时间，一般都是在10天以上的行程，再加上其他比较高的花费，目前显示出来的是50岁以上的占了半壁江山。欧洲游的费用，昨天我大概统计了一下，一般达到2个区间，一个区间是常规经济产品，一个是中高端的主题和深度产品，两个区间的均价分别是在1.25万元和1.75万元人民币的水平。这是一个人，如果一家出去，光旅游团费就要5万多元钱，所以相对来讲还是一个中高端的产品（如图4所示）。

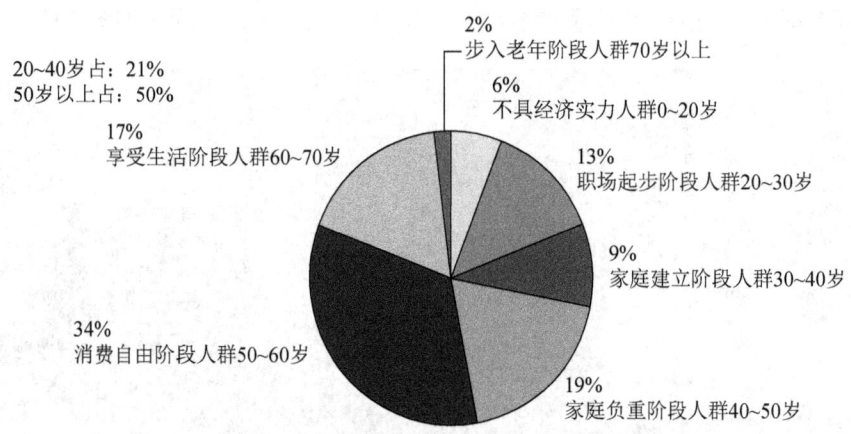

图4　2017年上半年中国赴欧洲旅游人群年龄结构

资料来源：2017上半年中国赴欧洲旅游趋势报告。

从客源市场方面来看，欧洲游是一个高端产品，主要是北上广深这几大城市，或者城市周边的人群。但是，最近五年以来，这个变化还是蛮大的，大家可以看到，三线城市和二线城市的欧洲游客人已经超过北上广深了，占到了整个市场份额的50%。尤其是从增长来看，二线城市的增长现在远远超过了北上广深的增长。

从出发地就是客源地的分布可以看到，如果以省一级为单位，江苏是欧洲游最大的一个客源市场；其次是上海，再就是浙江、广东，这都是属于增长率第一的，北京等十来个地区也是属于名列前茅的。但通过上半年的数据，上海、北京、广（深），增长率都是在50%以上的。相反，像四川、山东、辽宁、山西这些地方，增速远远超过了北上广深。在目前二线城市+三线城市已经占到了整个市场50%以上的情况下，以后的占比会持续提高（见图5）。

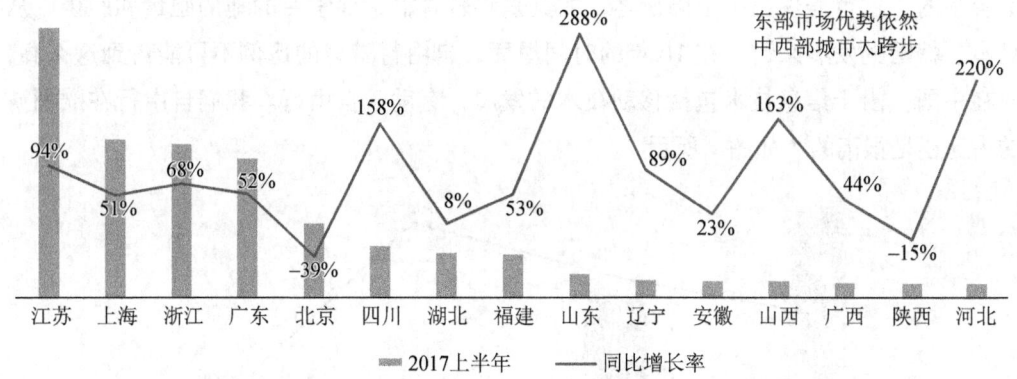

图5　2017年上半年国内出发欧洲游规模前15省市统计

资料来源：2017上半年中国赴欧洲旅游趋势报告。

从出行方式上看，初次大部分游客主要是观光的方式，就是多城市目的地，甚至是多国家目的地。到逐步的成熟之后，度假休闲的色彩就会明显加强。从欧洲游里来看，现在的四国以上的占比是45%。当然这里面大家知道，欧洲的国家比较小，像比利时、荷兰、卢森堡这些地方，相当于我们的一个省，甚至还不如一个省大。但是即使在这种情况下，大家看到这个表，三国以下的产品，大家接受的产品占比已经非常高了，尤其是一国、两国这样的旅游，现在已经占到了整个打包产品的四分之一的比例（如图6所示）。

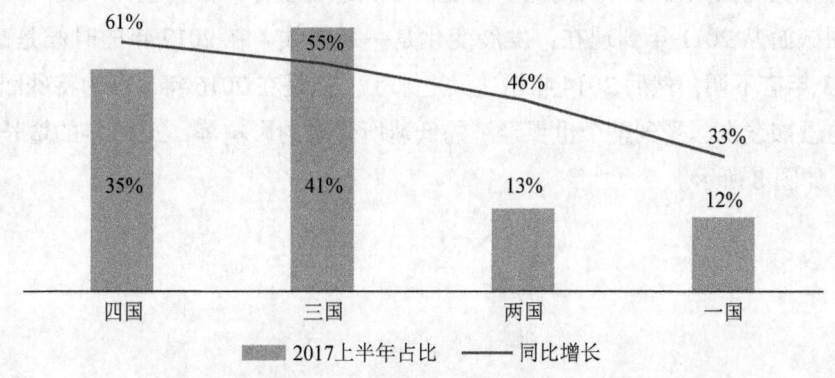

图6　2017年上半年欧洲游产品消费变化情况统计

资料来源：2017上半年中国赴欧洲旅游趋势报告。

从旅游服务行业的角度来讲，服务的方式，一方面是跟团游，一方面是自由行。"自由行"就是由旅游服务公司给游客订好机票和酒店，目的地的旅游日程安排都是由游客自行来解决的，或者说他可以购买一些合并项等。从目前的情况来看，跟团游是最高的，因为欧洲是多国多语言，文化历史的色彩非常浓。不仅仅是中国，从各个客源国来讲，跟团游的比重在欧洲游里面都是非常大的。到欧洲去自由行，其实是非常不容易的。这也表现出了中国游客，尤其是年轻客群，探索目的地的胆量和胆识。从日本、韩国的发展来讲，在10年的时间里面，自由行游客的比例不可能占到这么高，而在中国，由于信息技术包括移动技术的发展，有助于自由行。我们自由行在欧洲游的占比还是很高的（如图7所示）。

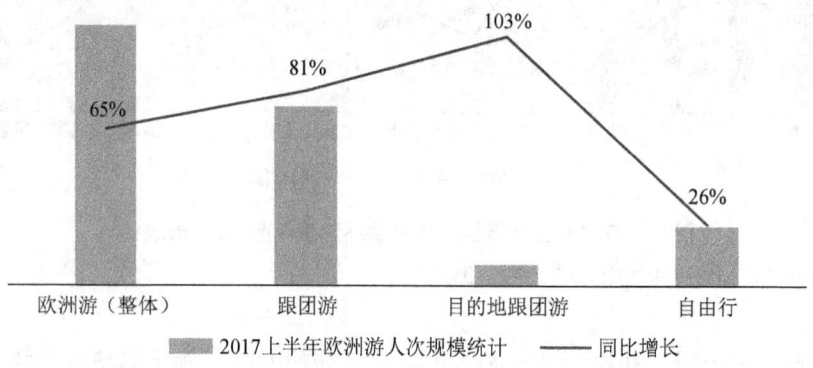

图7　2017年上半年欧洲游同比增长情况统计

资料来源：2017上半年中国赴欧洲旅游趋势报告。

综上所述，在这十几年发展中，中国游客去欧洲已经显示出了很大的成熟、自信，从产品的选择，到目的地的产品个性化的需求越来越多，中国游客乐于尝鲜、注重体验、在乎幸福感。

我们再从现在流行的"供给侧"角度，即从经营主体、市场主体来看一下一些数据。欧洲旅游从2011年到现在，发展变化是一条曲线。在2012年的时候是高增长，到了2013年有下调，然后2014年增速又上来了。但是在2016年，因为特殊因素，包括巴黎的恐怖袭击、受到整个世界经济的低迷所带来的影响等，2016年的增长还不到两位数（如图8所示）。

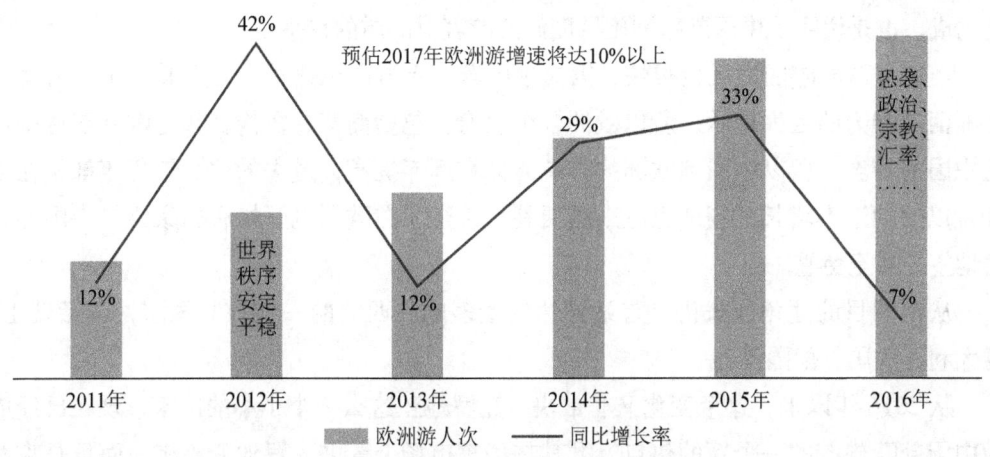

图 8　中国人赴欧洲旅游近年来的增长情况统计

从目前的旅行社的获客渠道上来讲，在线（OTA）的市场份额是22%。昨天我跟携程的彭亮聊，携程度假这一块预计一年输送到欧洲服务的客源打包产品和自由行产品，大概是将近30万次的规模。欧洲游整体的市场规模是多少呢？现在为止还没有一个非常准确的统计，但是从几个研究机构数据来看，是在550万左右，占我们1.2到1.3亿出境人口里面的4%多一点。欧洲游的人数已经超过了出国游的10%。这么一个高端远程的产品占比这么高的比例还是不容易的。尤其是考虑欧洲游在中国有很多现实的障碍因素，例如欧洲游的产品非常复杂，需要客服，预订前的服务很复杂，线路也非常长等。但是2017年目前中国现在在线预订报名欧洲游已经达到了22%，发展也是非常迅速的（如图9所示）。

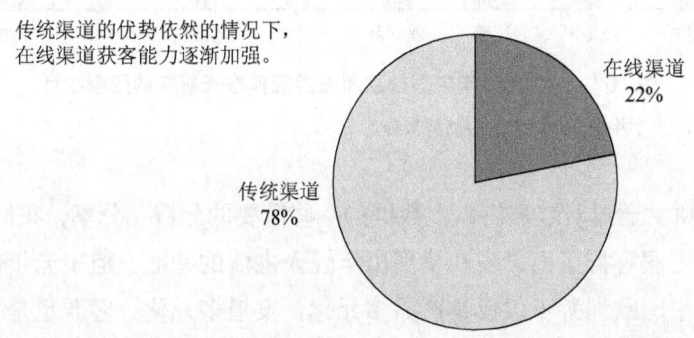

图 9　2017 年上半年中国赴欧洲旅游获客渠道方式占比统计

资料来源：2017上半年中国赴欧洲旅游趋势报告。

从消费者对品质的追求来讲，现在一般携程和华远国旅对产品的分级，从5钻到2钻，5钻是等级最好的。前几年主流产品是3钻产品，大概销售价在1万到1.5万之间。但是经过这3年的发展，现在4钻产品已经占到了七成，占到了携程和华远国旅客群的七成，也是说明了中国赴欧洲旅游度假的游客对品质的在乎。

当然，欧洲游的发展也很快，因为中国游客人群的迅速扩大，尤其是中国游客在欧洲消费能力的巨大展示，所以欧洲各个政府，包括商家、机构，都是敞开双臂来欢迎中国的游客。所以中国到欧洲的直航能力在逐年提高，过去的这3年每年都是在以20%以上的速率增长，签证也越来越便利。甚至现在欧洲也开始有国家给予中国游客落地签，甚至免签。

从欧洲目的地角度来讲，首站到达的最多的是西欧的一些核心国家，包括瑞士、意大利、法国、德国等。

从2016年以来，这个变化又非常快，克罗地亚这么一个小小的国家，现在已经成为中国赴欧旅游的一个新的热点，尤其在华东市场上，去克罗地亚旅游，而且是克罗地亚一国深度游，2017年上半年卖得非常好。这个确实是一个很难得的现象。数据显示，前往东欧和北欧的中国游客增长率是远高于前往西欧的中国游客增长率的（如图10所示）。

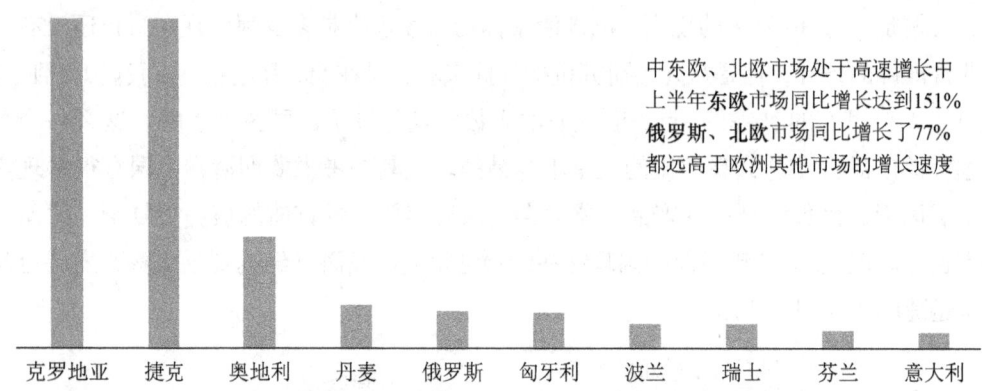

图10　2017上半年中国赴欧洲旅游规模增长最快的国家统计

资料来源：2017上半年中国赴欧洲旅游趋势报告。

总体上来讲，通过对欧洲游以上数据的一些简要的分析、分享，我们也可以看到，中国出境旅游度假客群里面，现在呈现出年轻人主流的特征，但中老年也呈现出增长的态势。所以中国欧洲游不仅仅是产品多元化、渠道多元化，客源也是多元化的。在今后几年的发展中，我相信欧洲这个市场还会继续扩大，而且不仅仅是带来数量的变化，也将对旅行社研发能力带来非常大的挑战。

分享住宿，幸福世界

途家网联合创始人兼CEO 罗 军

今天我准备的PPT是四个故事，我想通过讲四个很有趣的故事，或者简单的、或者普通的故事，反映几个比较严肃的道理。我今天讲的基本上和休闲度假中非常紧密相关的关于"住"这部分，不是大家传统理解的酒店，是一种分享住宿。

你们到底是做分享住宿还是做共享住宿？你们到底是分享还是共享？我再次澄清一次，"分享""共享"是有区别的。共享是物权和使用权是剥离的，比如说今天买了很多自行车放在大街上让你们骑，这是共享。分享经济是指今天有一辆车，从中关村去了酒仙桥，路上有一个人说要搭你的车，我说你上来吧，我搭你过去，是指物权拥有者和使用者都是一个人，这是分享。讲分享住宿之前我讲以上两个概念，让大家知道我接下来的故事里给你们判断哪个是分享经济、哪个是共享经济。这个社会在N多年以后是分享经济的时代，因为人类社会进步发展，资本主义经济模型本身有缺陷，缺陷是资本扩大、再生产、剩余价值，但是分享经济在人类社会向前走的时候，物质、资源不可能无限制扩大，所以将原来的资源重新分配，资产不再使用的让别人用。人类在挑战一个效率，所有人都在和效率挑战，把剩余资产进行分享，边际成本下降、边际利润下降，这个社会发展效率会提高。

一、苏州84岁老太太的老宅

一个苏州84岁的老太太，说有钱了有一点念想，要把苏州老摆件放在老宅子中，也有多的空间，年轻人过来，你们住我的房子，也不像外面酒店那么贵，一起住进来。老头子、老太太早上做一个事情，熬一锅桂花粥、煮一个茶叶蛋，年轻人来看看桂花粥多好喝，评弹听一听，这个是纯粹的分享，就是有一个房子分享两间让你们住，两年之前我也是认为不现实的。但是因为钞票跑在灵魂之前，这种老太太不敢轻易地相信体验到底是真的还是假的，这种逻辑在未来发展很厉害，因为分享给你的不是住宿，不是给你屋顶和一张床，是把当地文化和历史、地理、传统都给你，给你的是你想要的本地人旅行。但是老太太RBO（Rent By Owner 房东自营）有一个传统的弱项就是基础设施有问题，你住进去以后感觉冷，有的安全性不够，卫生不放心，所以需要标准化改造。后来我们做"非标住宿中间的标准化"，一天给我们一块钱，住进去以后和五星级酒店一样的，洗涤、门锁、卫生清洁换掉，但是有一些标准化换不了，就是原来房子的基础设施。

二、好友出差去上海

我们出去有两种模式：一是酒店；二是民宿。但是未来会出来类似于单间酒店，我那个朋友说每次到上海就是两三个星期，过来需要住一个地方，这个地方能够有一个生活习惯性，叫作"过渡性住宿"，这是未来酒店住宿业非常大的机会。生产产品叫作"途家豪宅"，你可以住进10万元、15万元一平方米的豪宅，和你的同事四个人住进去，每个人一个房间，厅就是你的办公室，这也是第二个例子，这个例子和刚才讲的不一样，它是城市化的，会打破传统酒店的生意逻辑模型。

三、山东业主自主＋分享

第三个故事是分享经济。第一个是RBO的概念，第二个是城市的概念，第三个就是分享经济。途家线下机构平台和1000个开发企业项目签了合约，管理近千亿资产，怎样管理？我们做一个很讨巧的事情，我们发现很多房子，使用期很短，3~4个月，去的人住一周，就走了，剩下时间怎么办？我们就用"分享经济"的模式，你买旅游地产的房子，我和开发商谈好了，你不在的时候你来我这里我帮助做服务，你不住的时候我让别人住进来，钱一人一半，如果你还有时间让你的房子换其他地方的房子，两天换一夜，这种逻辑情况下你买一套房子，住遍了全国，还有收入，自己还可以享受。将原来纯粹的买房子价值变成自己的使用价值，这个产品逻辑做了6年，近1000个项目，在海量交换、住宿，这就是分享经济的模型。我一直在说"盒饭理论"，我们吃盒饭，路边买的15元，吃剩下的，一个人说给我吃，我把你的碗洗干净还给你，再给你5元，你不干这个事情绝对有问题，卫生问题是我的问题。

这个故事讲的是让大家明白旅游地的住宿和产品，在中国很奇怪，第一个故事是二级市场，第二个故事是二级市场接近三级市场，第三个故事是一级市场的故事。

四、西递宏村

"绿水青山，记得住乡愁。"中国有很大的问题就是成年人大量出去打工，虽然快递把他们救回来了，但是他们的孩子都是"仇恨"社会的，他们认为社会剥夺了他们的父母。北上广深非常美丽、非常漂亮，绝对一流城市，再看地市县也非常不错。但是村都是空心村，那些村庄是留给我们的财富。我们去欧美旅游的时候，发现去农村是最有价值的，他们最美的是农村。中国是有机会的，当我们富裕起来的时候机会就来了，针对村的改造用哪种方式来做？

我们在西递宏村看到了有经营的逻辑在向上走。我一直举一个例子叫作猪栏酒吧，它是猪圈改的，我知道外国驻华使节几乎都去住过，1000多一晚上，产品非常吸引人，提供的就是苏州老奶奶的这种方式，但是这是有区别的，它是一个三级市场，是"PM模型"。个人管理的是C2C，C2C分两类：RBA、RBO，但是PM是规模性管理的，也是有文化、人文、资源整合进去的，有一些做得就不行，没有把自己真实的、本地的这些东西拿出来，所以导致了一些伪文化，当消费者体验了以后没有重复性消费，也没有口碑传播这些逻辑。

三年前我就提出过一个商业模型，其实不是我提出的，我看到北美有的，就是去村姑家吃饭，因为这个村姑家做的臭鲑鱼肯定是做得最好的，所以你到当地的家里在他的八仙桌上和他一起吃，不仅仅是地道的臭鲑鱼，而且便宜，更重要的还是一种社交，让你体验臭鲑鱼的文化。

在这种情况下，对于当地人文的挖掘就很重要了，变成了一个全域旅游，休闲度假本质就是一个全域旅游，这种情况下产品的准备就很有意思。举个例子，我们和他们做村改造，把原来的空心村做改造，是用C2C的模式让各地投资者和各地投资者衔接，如果形成一个整体投资者的时候，整体投资者对回报要求很高，但是一个个体的人认领了一个农宅、一个农院、原来的宅基地，20年后再还给农民就是一种逻辑了。

旅行很重要的是伴手礼，所以我们推出一种方式，就是"途礼"，你看到东西好扫一下二维码，看了这个橘子好，二维码一扫，"2斤姑姑、3斤阿姨、4斤同学、1斤朋友、3斤爹娘"，手指一动都送过去了，那边收到这些礼品只要把红包打开，把地址填进去，货送过来了，最根本的是发红包的人、收红包的人彼此不知道地址。问题本质是在于我们通过这个事情去理解休闲度假过程当中的礼品的含义，中国人的情怀在这里。

我今天讲这些是我们的实践和对案例的剖析，我只是无私的拿出来和大家分享，我们一直在试图做一些新的产品，突破一些新的商业模型和我的经济模式，最终目的是不亏待这个时代给予我们的机会，中国的GDP走到这一天，中国经济发展到这天绝对是盛世，这个过程当中最值钱、最贵的就是人的体验，体验中让人最流连忘返的就是旅行、休闲，有钱了肉吃不下了，你应该去度假了，这个时代开始了，不是一个人，所有人都开始了，这就给了我们这次机会，谢谢组委会给我们这次机会让我们表达，我们一起努力，谢谢！

长恨歌的故事

陕西华清宫文化旅游有限公司副总经理　费文娟

尊敬的各位专家、旅游界的大咖们:

大家好!

刚才听了罗总如暴风骤雨一样的精彩演讲,大家放松一下,听听我的和风细雨。

其实我的演讲题目已经换了,我们叫《长恨歌的故事》,首先我声明一下,我是被魏老师调包来的,这个题本来是安排给我们原来的董事长张小可张总,也是我们《长恨歌》的总策划来讲,因为张总临时有急事,所以我就来参会学习。

听了这两天各位专家、各位大咖的一些演讲,我也特别地受启发,因为旅游业发展都有各自的创新和发展之道,演绎独特的精彩之处,也许这就是旅游业的魅力所在。感谢休闲标委会,昨天晚上授予了《长恨歌》第一届的五优奖。《长恨歌》为什么会获这个奖,它的故事也是我今天想和大家分享的。

从 2007 年至今《长恨歌》已经走过了十年,再过 3 天,《长恨歌》的第十一个演出季也要落下帷幕。十年的磨砺,成就了今天的《长恨歌》,而《长恨歌》的故事也从一个侧面反映了中国实景演出的成长史。

在座有些朋友可能没有看过这台演出,我先简单介绍一下《长恨歌》的基本情况。这台舞剧是 2006 年陕西旅游集团公司在华清宫里面打造的,集团原董事长张小可担任总策划,李捍忠担任总导演。他是以白居易景点的叙事诗《长恨歌》为主线,用了 70 分钟 11 幕场景,再现了 1200 年以前发生在华清宫里的爱情故事,每年 4 月 1 日到 10 月 31 日在华清宫里面定期上演。十年的时间里面,先后有上百位的国家政要以及文化名人前来观看我们的《长恨歌》,他们看完之后也是感触良多,也挥笔写下了很多赞美之词。十年时间,从原来的 70 万收入到今年的 1.5 个亿,前三年的增幅都是在 100% 以上,后面几年的平均增长也在 35% 以上。截止到今年,《长恨歌》已经累计演出了 2731 场,累计收入达到 8.5 亿元。十年来,《长恨歌》通过不断的打磨,持续的创新可以说是十年磨出了一部戏。

一、十年磨一戏靠的是一个文化 IP

华清宫是历代的帝王行宫,拥有深厚的历史文化和丰富的人文遗迹,我们看到有长生殿遗址博物馆，还有烽火戏诸侯的烽火台，等等。特别唐玄宗和杨贵妃十年的爱情故事也主要是发生在这里，这为历代的文人墨客提供了很好的创作素材，也成为《长恨歌》的资源基础。《长恨歌》是真山、真水、真故事、真情感的艺术化呈现，他让躺着的历史站了起来，游客在实景中观看演出，犹如和历史进行一场隔空对话，很自然有一种带入感。

二、十年磨一戏靠的是精益求精

《长恨歌》每年投资8000万，每年都有追加，截止到现在投资已经达到了2.8个亿。尽管在这个过程当中，很多人觉得我们演出已经非常好，没有必要改了，但是我们要适应市场的变化和时代的发展，观众的口味、视野、品质感也在不断地提升。现在经常会有一些政府包括投资商，邀请我们去做演出管理，一上来就说，我这台节目已经打造好了，你们来只要把它管好就行了。其实像这种情况，我们一般情况下都不敢接，因为作为实景演出，第一次推出一定是一个半成品，需要一个长期的专注的培育和打磨。而资本和政府，只想做资本想做业绩，想迅速地回本，快速地抽身。他们觉得产品有时候是有点小儿科的东西。这个可能对于我们来说，是一个矛盾。我昨天晚上在看资料的时候，2016年"道略演出"（音）公布了一组数据，2015年全国的旅游演出观众已经是4713万人，同比增长了31%，但是停演剧目却达到46台之多，演出场次也下降了0.7%。实景类的演出，在2015年是59台，现在我估计有近百台演出了，总票房是12.35亿，但是平均的票房仅仅是2000万。这个数据确实有点让我们触目惊心，也就是说将近76%的剧目，年平均的演出收入还不足2000万，这个数据确实让我们深思。

三、十年磨一戏靠的也是观众的认同和口碑

我们这十年以来，在各个媒体上投放的广告并不多，但是观众口碑是有效的广告，舞剧本来就是一种小众和高雅的因素。《长恨歌》从现代的时尚角度解读厚重的历史文化，兼具了艺术性、时尚性、观赏性，最终和观众达成了情感的共鸣。大家看到有很多网友的评价，这里面绝对不是水军，能够看出来他也讲到说，《长恨歌》太震撼了，从舞台、音乐、灯光到演员，无不华美精巧、用情之极，让人看了美不胜收。早上还对二人的感情不以为然，到晚上已经为其落泪等，这些观众反映了他很真实的感受。在《长恨歌》的调研过程中，散客已经远远地超过了团队的客户，而其中回头客占到了三分之二以上，这个在旅游实景里面还是比较少见的。

四、十年磨一戏磨的是专业化的团队

我们几乎所有的技术人员都是土生土长的，但我们实现了16项的发明专利。在昨

天晚餐的时候，桂林股份的严总还问我，说《长恨歌》你们用的是哪个演出团体，我们说我们自己养出来的，严总说那成本就太大了，真的是这样的。但是，养演员一个最大的好处，就是你能够确保演出的品质，我们的演员流动性是最低的，这也是我们在行业里面比较骄傲的一个数字。另外，《长恨歌》也一直没有请过票务代理，都是自己做分销。我们在与实景演出的一些同行交流的时候，他们也有感触，请了票代确实是省心省力了，但是确实被卡脖子了。我们通过13580营销战略和渠道商建立了很好的合作，另外我们和社科院、光明日报社联合举办的几场高端论坛，策划了中国诗歌节的闭幕式等，使业内也能够认同《长恨歌》。另外，星光大道、倾国倾城等也走上《长恨歌》舞台，让全国人民了解了《长恨歌》。

五、十年磨一戏磨的是对品质的信心

2006年，我们去阳朔考察，当时《印象刘三姐》的一位副总接待了我们，他说《印象刘三姐》刚刚起步，非常困难；曾经有一台演出，一场就一名购票观众，总经理就陪着这个观众看完这场演出。我们回来以后就说，我们真的要准备好坐三年的冷板凳。但是还好，因为有印象系列对于观众的启蒙教育，我们还没有这么艰难，但刚开始也确实十分困难。有时候一场也只卖出去几十张票，但是艰难磨的是信心，我们坚信，只要把产品打造好，服务搞好，就一定能够得到市场认可。现在导游甚至敢拍着胸脯说，您先看，看完了觉得值了再给我钱，应该说这是我们带给客户品质上的信心。另外，我们的发展也来源于观众的支持，我讲一个小故事，在去年暑期的一天，《长恨歌》冒雨开演了，刚刚演出4分钟，荷花船出现故障，卡在那里动不了的。我们当时用广播通知观众，现在设备故障需要抢修，可以提供退票服务，当时所有的在场工作人员特别紧张，严阵以待，担心观众骚动或者投诉。但是让我们万万没有想到的，当时2500多个观众，全部选择了坐在雨中静静地等着我们维修设备。当20分钟过去以后，我们的设备抢修完毕了，这些观众自发地爆发出热烈的掌声。他们是为在湖水里面抢修的技术人员和在雨中一直为他们合作的工作人员鼓掌，这些让我们当时很多人都很感动。其实有了这样的观众，也让我们没有理由不把《长恨歌》的品质做好。

六、十年磨一戏磨的是对艺术的坚守

《长恨歌》进入到第四年，双场就要卖到站票，我们接到最多的投诉就是订不到票，旅行社希望我们能不能开三场，我们当时研究了，时间、技术、销售、管理都不是问题。但是我们没有这样做，这不是饥饿营销，我们认为，演出一定是艺术化的作品，不是舞蹈和机械化的重复，它需要完美的融合，观众可能看不到很细小的差别，但是我们能。所以，我们希望每一场演出，都能有艺术化最佳的呈现，因为旅游是欢乐的，而艺术是享受的。如果演员和工作人员不欢乐、不享受，我们又怎样去给游客

传递这种情趣。所以我们甚至会在多日的双场演出之后，有意识地停演一天，我想这是对演员的尊重，对观众的尊重，也是对艺术的尊重。

七、十年磨一戏磨的是精细化的服务流程

昨天段会长在采访中说了，旅游的很多中间环节都可以被取代，但是唯一不能被取代的就是人和人之间面对面的服务。这是真正体现旅游的品质。这个我十分赞成，因为对于我们来说，台上台下都是戏，我们要让每一位游客在细节上感受到《长恨歌》的品质。和其他实景演出不同，我们是在一个5A级景区里面演，这里面牵涉到很多复杂的流程，观众的换场、安检入场等，我们必须在30分钟之内完成对2500名观众的安检入场。另外，开双场的时候，在15分钟之内完成2500名观众的转换。如果突降大雨，要在5分钟之内给全场观众发放雨衣，等等这一切的细节，都是在不断地打磨。昨天魏老师有一句话说，"凡是成功的都是细活"，因为活不细你就没有竞争力，我们就要这样慢慢地磨。我们现在已经主导制定了企业标准200多项，地方标准7项，另外在2016年8月，在魏老师包括张灵光主任的支持下，我们也申报了国家标准。2016年8月份以《长恨歌》为蓝本的实景演出管理和服务标准也正式颁布了。这是全国的第一个实景演出的国家标准，这也推动了整个实景演出行业的健康和规范发展。另外，全国的第一个也是目前唯一一个旅游演绎的标准化分技术委员会在华清宫成立。

2017年6月，休闲标委会又在华清宫举办了《长恨歌》标准化现场观摩会，这是当时张灵光主任带着24个省市的专家在现场的一些场景。我们希望用参与标准的制定，来推动管理和服务提升，让演出的美轮美奂和服务的尽善尽美相辅相成，这样《长恨歌》才能延长它的生命周期。

八、十年磨一戏成就了一个传统景区的华丽转身

从华清池到华清宫，虽然仅仅是一字之差，但是内涵是完全不同的。我们现在已经成了以华清旅游为母品牌，华清宫景区、华清演艺、华清宫御汤、华清文创、华清管理等5个子品牌，整体一个品牌体系。这十年来，我们华清景区已经从210亩增加到了1300亩，把华清宫建设成为中国唐文化旅游景区的愿景正在实现。1212这个大型实景演绎，也是我们创新了电影艺术、舞台艺术包括一些高科技的完美结合，再现《西安事变》的艺术瞬间。这个可能很多朋友都没机会看，这个填补了《长恨歌》5个月的空窗期。它和《炫镜长生殿》一起，成为我们三大场景之作。华清御汤有独特的资源优势，开发温泉体验、酒店客房和餐饮服务，缔造中国国御的体验地，也是获得了最佳中国精品酒店奖，包括艺术人文大奖。新落成的华清文创服务中心，已经成为华清宫新的文化地标。用台湾一位考察学者的话说，它颠覆了人们对于旅游卖场的定义，已经成为他在国内见到的最美好的一个旅游购物点。华清管理也走出了围墙，接

待了上百批次的同行考察,受邀到全国进行管理品牌服务输出。十年以来,我们走出了传统人文景区的发展路径,走出了从文化引领到产业整合的发展新路,促进了景区文化旅游产品和旅游休闲消费的结构升级。现在在华清宫有的吃、有的住、有的买、有的玩、有休闲,一个沉寂的休闲观光景区焕发出新的发展魅力。

九、十年磨一戏成就了陕西文化产业的发展路径

《长恨歌》也荣获了很多的国家级奖项,包括最有影响力的十大旅游演出等。华清宫也被评为全国旅游试点单位,全国30家标准化示范单位,以及全国旅游服务的标杆单位。这是一台戏激活了一个景区,也是《长恨歌》为陕西旅游企业发展形成了一个标杆,形成了一个启示。因为厚重的历史文化资源,一直是陕西的优势,但是也是一个沉重的包袱。但是《长恨歌》在创作理念,项目运作和产品营销等方面,不仅是旅游经济、文化创意和历史传承之间的和谐发展,而且也实现了陕西文化旅游市场上的一次突围和飞跃。它改变了几十年西安的旅游格局,刺激了更多的具有独特文化品格和文化魅力的创业产品,开创了一个将文化遗产保护和开发能够成功结合起来的案例。

十、十年磨一戏成就了一个可以推广复制的发展模式

2016年陕西省政府报告理念也提出,要推广《长恨歌》模式,《长恨歌》这个模式简单的一句话概括,它是通过整合了文化资源,实现了结构升级,使华清池从2008年收入不到8000万,到2017年收入预计接近6亿,从一个单一的门票经济的小景区到全产业发展的有休闲目的地景区。用魏老师的话说,我们是全国单位面积产出最高的一个景区。《长恨歌》也带动了第三产业发展,为地方财政直接贡献了3亿多。基于《长恨歌》模式,陕旅集团也提出了输出投资、输出演艺、输出游客,一些新的剧目也全面地公演。同时《长恨歌》也推广到"一带一路"的沿线国家,包括马可波罗将成为陕西乃至中国实景演艺的破题之作。《长恨歌》的演出可能只有7个月,但是华清旅游的每一天都应该很精彩。未来我们华清宫将继续用打造《长恨歌》的心力,继续打磨好每一个产品,做当代精品、未来遗产。我们要以"创意优、效用优、服务优、环保优、品牌优"等五优发展理念继续来要求自己,来走品质休闲游的发展道路。

用杜局长的话来结束今天的分享,"休闲产业它是一个长跑,必须要用死磕产品做到极致,才能作为最终的领跑人"。最后,我也真诚地邀请各位朋友到华清宫吃一吃、住一住、游一游、闲一闲、泡泡汤、发发呆。谢谢大家。

用会员积分利益可视化连接目的地和消费者

悦旅会首席领队、决胜教育科技集团创始人　戴　政

我会讲得很快，也不占用大家太多时间。

我们是谁？我们是立志打造会员特权俱乐部的第一品牌，很多人说这是旧概念、老生常谈，但是当你把积分利益可视化放在其中会发现全球有很多类似这样的公司，市值很高，而且在上市。

谁发起的？姚劲波、王东辉、我、刘易，王东辉是雷军的搭档，姚劲波就不用说了，我们为什么做这个事情？去年不是机会，自打携程一统天下以后，我们发现机会又来了，12年前我创办去哪儿的时候，当时觉得因为携程是最大的，有标准化入口，比如说机票就可以做点事儿，现在我们认为酒店是标准化入口，大量用户都基于酒店在做很多事情，所以我们觉得要试一试，看看这个公司能够做成什么样子。

第一，刚才讲了大环境，再讲一讲我们看到的用户趋势。这个报告是10月16日在北京搞发布会的时候北京第二外国语学院作的学术指导，我们理解酒店特别简单，阿里内部有一句话叫做"5年内要干掉所有80后的管理者"，我们认为其实现在90后所有用户行为和大家是反的，昨天看了一个很有意思的一句话，说60后能够慢慢悠悠对80后、90后、00后用很教育的口吻在聊天，其实就三个字——房子，"买得早"。因为后面这一代人用户行为在变化，整个酒店，尤其预订低星级酒店变成老年人，年轻人虽然没有钱但是超前消费在拯救整个趋势。

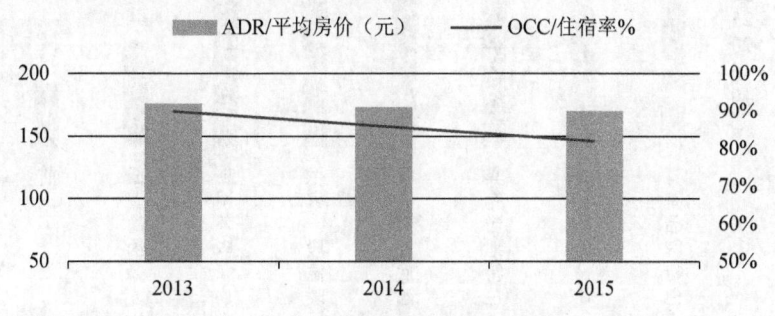

图1　经济型酒店的经营业绩情况

第二，用户更注重功能性，之前深圳华侨城有一个报告叫做"1+X"，"1"就是酒

店,"X"是基于酒店产生的 SPA、健身、周边短途游等。昨天我租了神州租车逛了很多在书上没有写的景点,比如说合阳古民居,其实以酒店为中心产生的"X"完全会拉动整个目的地和消费者。

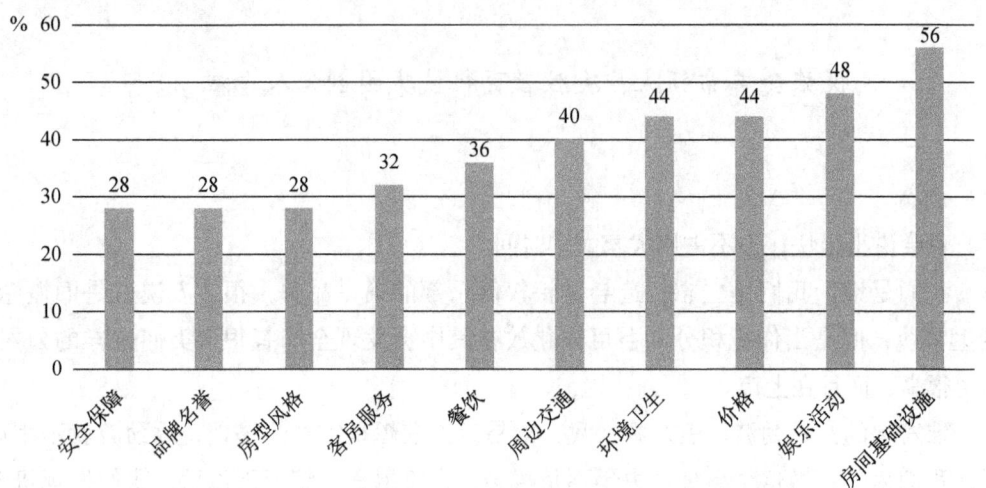

图 2　2017 年标准住宿用户选择住宿类型考虑因素分析

精品酒店或者是整个有特色的酒店,就是刚才罗军讲到的老太太的情况比比皆是,这种情况下会发现用户行为在改变,产生的消费习惯就有变化。比如说我们去云河梯田,早上、晚上看到的景色都是不一样的,针对 90 后完全可以推出基于酒店不同的打法,宣传口径都不一样。其实现在的消费者最重要的一个事儿是获取信息的渠道是多样化的,而且是碎片化的,所以短视频才会那么火、直播才会那么火,因为他们没有太长的时间看所有的文字。

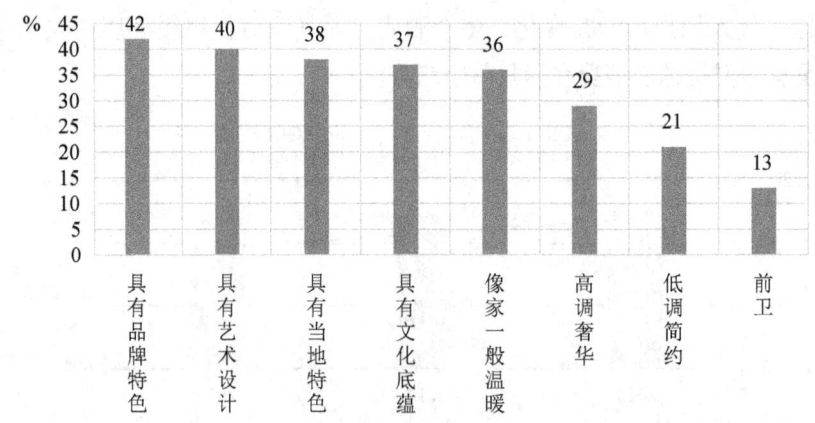

图 3　主题类、精品类酒店成为 90 后、95 后的青睐

说说旅游,旅游记住一个词,就是"在线周边游",你会发现订单在一周当中最夸

张的日子是周四，到了周四大家闲着没事看看周边能干嘛。

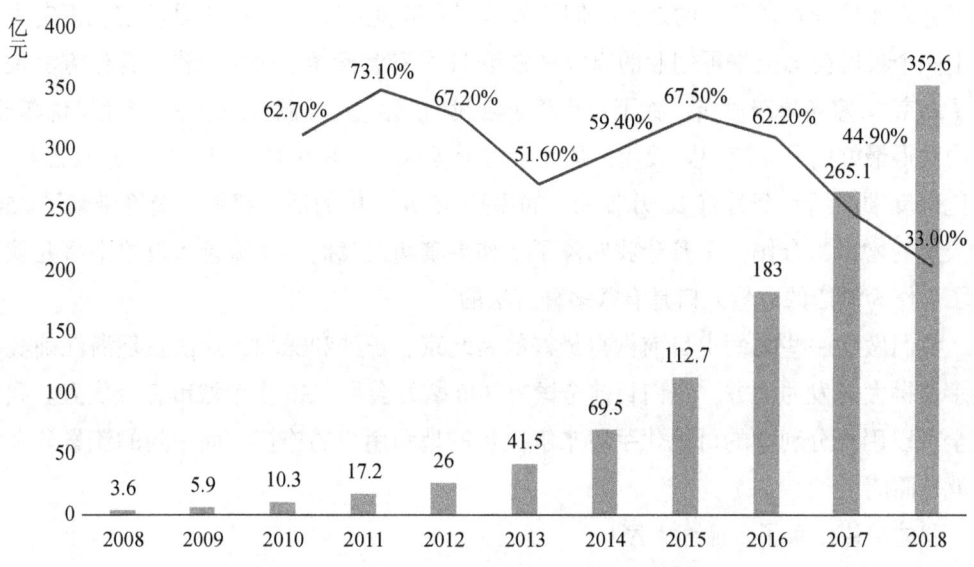

图 4　2016—2018 年中国在线周边游市场规模预测

线路在整个旅游当中变得多样化或者整个用户行为的导向发现 KOL 成为一个主要的玩法，也就是"旅行 IP"的四部分：大咖、网红、本地人、身边人。网红的生存链有一个很有意思的事儿，现在大部分的网红被一些经纪公司整个管起来，有一套自己的打法，甚至一些网红公司在搞"我为家乡代言"，因为每个网红背后都有两三万粉丝，目前整个互联网结构和从众性非常集中，哪怕每天都挂在网上，直播个吃饭。有一次我去合肥开会，晚上 9 点钟，发现合肥李鸿章故居广场上一家人带着小朋友做直播，当 KOL 引导你在玩的时候，用户整个落地行为都有变化。我看到的情况很简单，一定要把用户，尤其是 90 后用户当作一个非常重要的点，有四个部分："说什么、什么样的内容、什么样的时间以及怎样去勾住他。"

传播的多样性必然造成整个网站载体的多样化。PC 时代百度最强，但是在移动端百度已经没有流量入口的时候，无论映客，最重要的是直播权的重要性远远大于其他东西，大于录播、文字、微博、微信。上个月我们去乌兰哈达火山群露营，在腾讯视频里做直播，没有什么信号，信号不强，断断续续，同时做了一个 12 个小时的预热，没有什么信号的时候同时在线接近 3 万人，录播回放大概 60 万，可见用户对新鲜事物或者对不同旅游环境的理解是有冲动的。

再有就是微商，我知道后面坐了很多旅游企业的老总，可能觉得微商跟旅游企业是不搭边的。其实最重要的是微商的人群是有归属感的，我上一个公司做投资的同事改行去做面膜了，一个卖面膜的能够卖 8000 个面膜，你让他反过来帮助你解决旅游营销，实际上这个事儿是完全可做的。怎样嫁接目的地和人群，两个维度："手段用直播、人群找微商"。

怎样连接消费者和目的地？我们认为酒店是流量入口。去年11月促使我下定决心从上一个集团公司出来再创业的原因是去年11月和滴滴做了一个合作，合作方法是选择了北京70家高星级酒店，除了每个酒店给我们广告费，滴滴让我们去当地发优惠券。其中做得最好的是北京国际饭店，从北京国际饭店中，滴滴给我们一个月分账2万元，按比例反推的话一个月有20万收入，如果按80元一单的话，那就给滴滴带来了2500的人次的增量，合作一个月让我叫停了，如果滴滴把我们当作流量入口这个事儿就不干了。作为酒店的流量入口是有很多种打法的。

我们做的一些案例中目前做得最好的是北京、长沙和深圳，这次发现浙江确实有很多值得大开发的地方。我们目前全国有300多万会员，30多个城市有合伙人。我们完全可以用积分利益的可视化手段来解决目的地和用户的连接，而中间的流量分发的点就是酒店。

我的演讲结束了，谢谢大家！

丽水生态旅游的实践与思考

丽水市副市长 王小荣

各位领导、各位嘉宾，各位旅游界的大师：

上午好，"秀山丽水、诗画田园、养生福地、长寿之乡"欢迎大家的参与。

丽水是一个可以打生态牌的宝地。丽水以"中国生态第一市"的美誉知名于世，"秀山丽水，天生丽质"是习总书记对丽水的由衷赞叹。全市生态环境状况指数连续13年全省第一，全国前列，这是一个养生、养心、养肺、养胃、补脑的休闲极佳之地，是著名的"中国长寿之乡"，是中国长寿之乡绿色产业发展联盟常务理事长单位，也是秘书处所在地。丽水是一个可以打世界品牌的圣地。丽水更以深在闺中人未识的瓯江文化吸引世人，由于挖掘、梳理、宣传不够，人们知之甚少。借此机会，将深在闺中的瓯江文化、丝路文化，与大家一起分享，希望大家喜欢在闲中品味。莲都区"古堰画乡"的"古堰"，始建于公元505年的通济堰，是世界最古老的拱形水坝，是"世界灌溉工程遗产"；"画乡"与法国巴比松市联姻，是东方巴比松油画创作基地，是习总书记惦记的地方。龙泉市"龙泉窑烧造技艺"2009年9月被联合国教科文组织列入"人类非物质文化遗产代表名录"，是迄今全球唯一入选人类"非遗"的陶瓷类项目。2016年8月，"龙泉窑大窑——金村遗址"被列入世界文化遗产，申报"海上丝绸之路：中国史迹"首批8个遗产点名单之一。在宋元时期，大量瓷器、茶叶从瓯江源源不断输往世界各国，韩国"新安号"、江门"南海一号"沉船打捞出来的大量瓷器，很大一部分就是龙泉青瓷，丽水瓯江全流域是古代"海上丝绸之路"，堪称"世界瓷都"。唐代诗人李白"宁知草间人，腰下有龙泉"，龙泉宝剑闻名于世，是我国非物质文化遗产。青田县是明朝名相刘基诞生地，是我国著名侨乡，稻鱼共生系统2005年4月被联合国粮农组织列为全球四个农业遗产项目之一。云和县：云和木玩是世界最大的木玩生产基地，占全国同类产品50%；抗日战争时期周总理亲临视察兵工厂的地方。庆元县：百山祖冷杉，国家一级保护植物，1987年被列为世界最濒危的12种植物之一；世界人工栽培香菇技术的发源地，是世界香菇产业鼻祖。缙云县：仙都石笋是世界最高石笋，高160多米，也是黄帝炼丹之地。遂昌县：世界级文化人物、戏剧家东方莎士比亚——汤显祖在此为官5年，是其代表作《牡丹亭》创作地。松阳县：始建于北宋咸平二年（公元999年）的延庆寺塔，比世界著名的比萨斜塔还早174年。景宁县：中国唯一的畲族自治县，1915年，在巴拿马万国博览会上，景宁惠明茶和松阳晒红烟获得金奖，云和雪梨获得铜奖。浙南龙庆景等地"木拱廊桥营造技艺"被联合国教科文组织列入"首批急需保护的非物质文化遗产名录"。

这些年，丽水坚定不移走绿色发展之路，大力发展生态旅游业，跻身中国优秀旅游城市、首批国家全域旅游示范区创建单位、国家级旅游业改革创新先行区、国际休闲养生城市、全国森林旅游示范市。生态旅游总收入连续11年保持25%以上高增长，位居浙江省前列，旅游业增加值占GDP比重突破8%。

回顾近年来我市生态旅游业发展工作，我们重点在以下三方面进行了一些探索和实践：

——始终坚持与时俱进，高点定位。推动生态旅游业持续深入发展，需要有精准的目标定位。丽水历届市委、市政府对旅游发展战略一脉相承，始终把生态旅游业作为打开"两山"通道的金钥匙，遵循"美丽环境、美丽经济、美好生活"三美融合、主客共享发展格局，与全国、全省同频共振、步调一致。

不断提升产业地位。从"十一五"把旅游业培育成为第三产业中的龙头产业，"十二五"把旅游业打造成第一产业，到"十三五"确定把生态旅游业培育成为第一战略支柱产业。

不断提高产业目标。从原来发展成为长三角最具影响的生态休闲度假目的地，到2017年市委四届二次全会提出："打造'诗画浙江'的鲜活样板和世界一流的生态旅游目的地"新定位、新要求。

不断丰富产业品牌。旅游品牌的形象、内涵从原来"秀山丽水、养生福地"，到后来"秀山丽水、养生福地、长寿之乡"，到现在全面打造"秀山丽水、诗画田园、养生福地、长寿之乡"。

——始终坚持全域统筹，协同发展。发展生态旅游是一项复杂的系统工程，要不断开阔视野，创新格局，多头融合。

持续推进理念融合。旅游业是天生的开放性、综合性产业。丽水生态旅游发展，通过市委《关于推进美丽城乡建设 打造生态旅游名城的若干意见》《丽水市旅游业发展"十三五"规划》等一系列决策部署，理念深入到全市经济社会发展各个层面，各县（市、区）、各系统自觉联合、资源整合、要素集合、共建共享，借梯登高。尤其在项目建设上，嫁接融入更多旅游元素，实现小项目、大功能、多用途，主客共享。

持续推进多规融合。围绕全域统筹规划，全域资源整合，全要素综合调动，全社会共治共管、共建共享的目标，创新规划理念，抓好旅游规划与经济社会发展、土地、城乡规划，以及交通、水利、文化、农业、林业、环保等专项规划的有机衔接，实现"全市一盘棋""一张蓝图干到底"。

持续推进产业融合。丽水生态旅游产品坚持美在自然与人文的相融之中，美在现代与传统共生之中。立足生态这个最大优势，实施农旅融合，全面打通农业、旅游业这两个生态属性强、生态关联度最高的产业链条，实现业态互补，产品转化，效益叠加，打造"丽水山耕""丽水山居"两张区域品牌。立足瓯江文化这个最独特优势，实施文旅融合，利用"丽水三宝"等地域文化，大力发展文化旅游产品，不断增加旅游产品和服务的文化附加值。立足最自然山水城市肌理这个最大实际，实施城旅融合，丽水每一座城市（镇）都镶嵌在青山绿水间，是典型的山水生态城市（镇），遵循"青山画城、绿水兴城、文化荣城"理念，逐步构建旅游中心城市、旅游县城、旅游风情小镇、旅游综合体四级城旅融合系统，提升旅游整体吸引力和集成力。

——始终坚持改革创新，强化保障。生态旅游业战略地位和发展阶段要求我们党委、政府高度重视，承担起主导责任，发挥好主导作用，需要市县上下统筹、部门群策群力、各界合力推进。

积极探索管理机制创新。率先探索"全域统筹、党政主导、部门主抓、市场主体、各方参与"发展新体制，成为国家级旅游业改革创新先行区，是全省唯一的旅游综合改革试验区和全省唯一实现旅委体制全覆盖的地级市。成立书记、市长为双组长，党委、人大、政府、政协分管领导为副组长的工作领导小组，实施"周简报、月通报、季点评、年考核"的推进机制。市县两级实现一县一主题，形成全市统分结合、母子运作的品牌体系。主动融入浙皖闽赣区域旅游发展协作区、中国（长三角）高铁旅游联盟、金丽温衢旅游联合体、中国长寿之乡绿色产业联盟等区域合作交流机制，借力打响形象品牌。

积极探索投融资机制创新。出台《关于加快推进全市旅游业投融资改革的若干意见》，推进国有旅游公司实体化、旅游景区资本化、旅游资产证券化改革。市本级和九县（市、区）全部成立旅游投资发展公司。遂昌旅游发展公司成为全国首家在新三板挂牌上市的县级国有旅游类企业；那然生命为2015年全国首家"新三板"挂牌的旅游企业。积极鼓励应用PPP融资模式和互联网金融平台融资。

积极探索要素保障机制创新。大胆谋划项目，"十三五"完成旅游千亿投资，占社会总投资的20%。加大财政投入，发挥财政资金四两拨千斤的作用，市本级设立生态旅游发展专项资金，全市安排3.2亿元以上。突破土地供给瓶颈，创新旅游差别化用地政策，破解乡村旅游用地流转难题，争取"坡地村镇"试点，优先保障旅游用地。

通过几年的探索实践，我们深刻领悟到：发展生态旅游业，对于推动习近平总书记"绿水青山就是金山银山，对丽水来说尤为如此"重要嘱托在我市的创造性实践，实现"美丽环境、美丽经济、美好生活"工作布局的落地生根、开花结果，具有极其重要的意义，是丽水推动绿水青山变金山银山的破题之举。

我们认为：

——发展生态旅游，必须将其作为打开绿水青山变金山银山转换通道"金钥匙"，走"美丽经济之路"。

习总书记强调：建设生态文明是中华民族永续发展的千年大计。必须树立和践行绿水青山就是金山银山的理念，坚持节约资源和保护环境的基本国策，像对待生命一样对待生态环境。一个具有良好生态环境的旅游目的地必然有巨大的发展潜能。生态是丽水最亮丽的底色。近年来，我们将绿色发展贯穿到旅游规划、开发、管理、服务全过程，形成人与自然和谐发展的现代旅游业新格局。依托"中国生态第一市"的生态优势，以"生态、休闲、养生"为主题，以"国家公园＋美丽城市＋美丽乡村＋美丽田园"为布局，推进全域景区化、景区公园化、经济绿色化，不断释放旅游发展与生态建设相互促进的巨大红利，促进绿水青山转变为富裕百姓的"绿色聚宝盆"，丽水成为"居旅皆宜、主客共享"的大景区，成为"美丽浙江"的金字招牌，成为"美丽中国"的璀璨明珠。

——发展生态旅游，必须将其作为浙江（丽水）绿色发展综合改革创新区培育生态经济的新引擎，走"改革创新之路"。

习总书记指出：深化供给侧结构性改革，建设现代化经济体系，必须把发展经济的着力点放在实体经济上，把提高供给体系质量作为主攻方向。激发和保护企业家精神，鼓励更多社会主体投身创新创业，弘扬劳动精神和工匠精神。丽水市主动作为，勇于担当，被省委、省政府确定为浙江（丽水）绿色发展综合改革创新区，打造"两山"重要思想的生动实践提供了制度创新保障，该创新区共有十大专项行动。生态旅游业作为市委市政府确立的第一战略支柱产业，培育成为生态经济发展的新引擎，为全市绿色发展和"美丽丽水"奉献更多旅游元素、旅游实践、旅游印记。近年来，我们以"旅游＋""＋旅游"为纽带，按照"产业围着旅游转、产品围着旅游造、结构围着旅游调、功能围着旅游配、民生围着旅游兴"的总体要求，深化旅游体制改革、旅游投融资改革和平台创新、旅游产品品牌建设，旅游用地保障等，向生态要潜力，向改革要动力，向创新要活力，以工匠精神深入推进农旅、林旅、水旅、文旅、工旅、乡旅等产业融合和产品开发，如"丽水山耕"旅游地农产品今年销售额已经突破40亿元，建设长三角地区主客共享"大花园"，为探索生态旅游业带动生态经济发展的路子做出不懈努力。

——发展生态旅游，必须将其作为人民群众获得感和幸福感重要来源的富民惠民产业，走"共享美好生活之路"。

习总书记强调：实施乡村振兴战略。促进农村一二三产业融合发展，支持和鼓励农民就业创业，拓宽增收渠道。美丽丽水有着美丽山水、美丽田园、美丽森林、美丽人文支撑，乡村振兴与丽水生态旅游发展契合度极强，丽水乡村家里殷实，已经大力实施美丽乡村建设，全域统筹，农旅融合，创建"丽水山耕""丽水山居"品牌，正当青春。近年来，我们深入践行以人民为中心的发展思想和"绿水青山就是金山银山"

发展理论，坚持生态惠民、主客共享，打破地域分割、城乡分割、部门分割，破除体制壁垒，实现旅游发展一体化，推动旅游业与各行各业、城乡建设、公共服务等各领域的融合发展、主客共享，2016年城乡居民收入增幅全省第一，其中农民收入增幅已连续8年全省第一。促进生态旅游业成为满足人民群众追求美好生活的幸福产业，让群众享有更多发展红利、增加更多获得感和幸福感。

下一步，我们结合本次休闲大会"全域旅游时代的休闲度假产业：创新与可持续发展"的主题，深入践行以人民为中心发展思想，将人民对美好生活的向往、对日益增长的美好生态环境需要为己任，推进生态和文化优势转化为生态旅游发展优势，提供更多优质生态产品和旅游产品，满足广大群众需求。将全力推进全域旅游示范区创建和旅游改革创新先行区建设，提升中国休闲度假5U目的地的服务水平和竞争力，创建世界一流生态旅游目的地，打造"诗画浙江"的鲜活样板，培育旅游千亿级第一战略支柱产业，引领丽水勇当绿色发展探路者和模范生，走出一条中国旅游业发展的"丽水道路"。

最后，我想说，丽水很近、很净、还很静。真诚希望大家常来常往！常来丽水休闲度假，休闲旅游。丽水生态很优，环境很美，人文很深厚，是旅游投资创业热土，真诚期待各位英才、各位旅游大咖慧眼识珠，捷足先登，来丽水投资兴业。

中国旅游景区发展管理中的三大难点和重点

中国旅游景区协会秘书长　霍建军

各位来宾、各位朋友，大家上午好！感谢小安司长给我提供的这次学习机会。虽然我刚到中国旅游景区协会工作才三个多月时间，但是听了近两天的课，也有不少的收获，受到了不少启发。围绕本次会议主题我一直在思考："旅游景区怎样才能够做好休闲度假的支撑？"我知道，这是在新形势下，景区协会工作必须要回答的问题。

下面，我结合这次会议主题简单谈谈学习体会，也算是给大家做一次工作上的汇报。

昨天晓峰局长在讲休闲旅游与观光旅游关系的时候说到：休闲旅游是观光旅游发展到一定阶段的产业，观光旅游与休闲旅游、度假不是非此即彼的，而是可以相互叠加成为复合型的旅游产品。休闲度假要素太多，所涉及的范围太广，目前已经制定了几十个标准出来，所以抓休闲度假就是抓住了旅游的根本，而旅游车船、旅游景区、旅行社、酒店都不可能不围绕休闲度假来做。

但是，我个人认为旅游景区本身就是休闲度假最重要的要素。因为凡是成功的休闲度假产品都可以把它称之为是景区。旅游景区是旅游吸引力的根本来源，是旅游最重要的生产要素。中国当代旅游业从发展入境旅游起步，到现今的"入境、出境、国内"的三驾马车并行，从一个旅游资源大国，正在发展成为世界旅游强国。在这个过程中，旅游景区的角色虽然也发生着深刻的改变，但始终处于旅游消费和旅游供给的核心位置，内涵不断深化，外延不断扩大，是旅游产业最为活跃、最为关键的组成要素。

根据《旅游景区质量等级的划分与评定》国家标准，旅游景区是指具有参观旅游、休闲度假、康乐健身等功能，具备相应旅游服务设施并提供相应旅游服务的独立管理区。从定义上看，接待旅游者、有服务设施、统一管理、范围明确的空间或地域就是旅游景区。旅游景区跟收不收费，资源品质高不高，天然的还是人造的，归国家管还是私人自己的，都是没有必然关系的。小到一个寺庙、博物馆，大到一个森林公园、一个风景名胜区，都可以界定为旅游景区。旅游景区是动态发展的，在发展进程中，我个人认为有三个方面的趋势值得我们关注，这也是我们景区管理工作当中的难点和重点。

一、景区管理体制

目前很多旅游景区同时也是资源管理区，由于具备多种功能，综合价值高，必然导致利益上诉求聚集，体现在不同管理部门之间的重叠，与所在地政府存在利益纷争。例如张家界武陵源，是风景名胜区、森林公园、地质公园、自然保护区，也是世界自然遗产，还是AAAAA级旅游景区。资源管理部门分割的情况也引起了党中央国务院的重视，于是国家开始出台了国家公园体制。今年9月份公布的《建立国家公园体制总体方案》，将改革分头设置自然保护区、风景名胜区、文化自然遗产、地质公园、森林公园等体制，对我国现行自然保护地保护管理效能进行评估，逐步改革按照资源分类设置自然保护地体系，研究科学的分类标准，厘清各类自然保护地的关系，构建以国家公园为代表的自然保护地体系。

未来旅游景区，尤其是自然型的旅游景区，政出多门、分头管理的体制将得到实质性的改变，但是我认为国家公园体制并不能完全解决旅游景区体制的矛盾和问题，怎样做还待探讨。

二、景区管理分类

今年9月份，中国旅游景区协会组织对全国旅游景区进行了一次集中调研，实地考察和座谈了20多个不同类型的旅游景区，发现了一些问题，其中就包括景区分类问题。不同的景区管理关注点是不一样的，例如绿水青山的自然型景区，关注的是生态保护、容量控制；古城古镇、乡村旅游等社区型旅游景区关注的是社会关系、业态丰富；文保单位关心的是游客行为规范，人来得越少越好；游乐场、海洋公园等人造型旅游景区，关注的是产品更新、土地综合开发，人越多越好。

所有权上的不同也伴随着关注点的差异，我们发现不同类型景区管理重点、经营理念、服务要求都是不同的，有的甚至是相反的。用一个标准、一把尺子规定和衡量这么多类型的旅游景区显然是不够的。现行的A级景区评定标准就是如此，不同的景区特点，用相同的一个评定标准去评定是非常困难的。原来标准也分类，只是分得太笼统，导致很多景区在一块没有办法玩儿，也没有办法比较。明年，中国旅游景区协会将会对景区的分类管理模式进行探索。

三、景区的质量提升

首先，现在景区质量提升的抓手仍然是A级景区的评定标准。但现在各类景区非常多，景区类型太多。先看一组数据：国务院公布的全国重点文物保护单位有4296家，国家级风景名胜区有244家，国家林业局发布的国家森林公园有791家，国土资源部公布的国家地质公园有206家，国家水利部公布的水利风景区有658家，国土资源部公布的国家矿山公园有 72 家，中国各类世界遗产共有 52 项。这些类型都可以做景区，但是各部门评定标准不一样，很难用 AAAAA 的标准实现统一管理。

其次，A 级景区占景区总数量比例太小。从 1999—2016 年，全国 A 级旅游景区的数量达到 9845 家。到 2017 年 10 月份，全国 AAAAA 级旅游景区的数量突破了 250 家。全国各类景区的总数量，由于分散在各个部门，因此缺少准确的数据。业内权威人士估测，全国开放的、形成一定接待规模的旅游景区数量约 3 万~4 万家。结合包容性最强的 A 级旅游景区的数量情况判断，这 3 万~4 万家的估测数量是比较切合实际的，但是 A 级景区占整个景区总量不到 1/3。目前中国旅游景区协会仅有 800 多家会员单位，还起不到引领全国景区行业发展的作用。

再次，A 级景区结构上还有一些值得探讨的地方。刚才说到 9845 家 A 级景区，其中 AAAAA 级景区到 2016 年底是 249 家，AAAA 级景区 3034 家，AAA 级景区 4112 家，AA 级景区 2346 家，A 级景区 105 家，从结构看好像是很合理，两头小、中间大。可是问题也出来了：A 级景区是什么？评定 A 的意义何在？现在好多景区都不愿意评，有的评上了感觉还是一个包袱。这些问题有待我们在下一步工作中去思考改进。

最后，我再汇报一下旅游景区协会目前正在做的几件事情，简单来说就是三件：

第一，年底前要完成中国旅游景区协会"十三五""十四五"的发展战略规划，厘清发展思路，谋划发展途径和项目，到年底之前要上报国家旅游局。

第二，完成中国旅游景区发展报告。解决景区怎样才能够加快发展的问题，同时依靠专家思考如何执行树立一杆旗帜，或者一个品牌形象，要让全国景区围绕这样的旗帜共同发展的方案。

第三，迅速扩大景区的队伍，让景区协会在全国景区发展中能够起到引领作用。我们的目标是三年时间景区协会要发展到 3000~5000 家有品质的景区作为会员。

各位嘉宾、各位朋友，美好的旅游景区是人民群众美好生活的需要，景区协会愿意同业界一道共建美丽中国、共创美好明天，欢迎各个景区单位、各个有意服务景区的伙伴单位加入到景区协会的队伍中来，让我们共同谋划全国景区的发展大业，共同迎接休闲时代的到来，为全国旅游业发展、为人类社会的文明进步做出贡献，谢谢大家！

文化自信，艺术凤凰

凤凰古城文化旅游投资股份有限公司董事长　叶文智

非常感谢小安老师的相邀，能够和大家在一起有了这次学习的机会。我今天的发言主题叫《文化自信，艺术凤凰》。

一、多维视角下的凤凰

凤凰有着悠久的历史、厚重的文化、浓郁的民族风情和独特的自然风光，吸引了海内外的众多游客。凤凰在沈从文的书里，在黄永玉的画里，在宋祖英的歌里向人们展示着自己。公司从 2002 年入驻凤凰到今年已是 16 年。那么，我们又是怎么样和这座小城一起一路走到今天的呢？

歌声中的凤凰。宋祖英的歌声让凤凰走向了世界。2003 年奥斯卡音乐奖的获得者谭盾，在凤凰曲水沱江奏响了凤凰的音乐。

笔墨下的凤凰。利用沈从文一百周年诞辰，举行了沈从文百年的有奖征文，在凤凰著名绘画艺术家黄永玉先生 80 岁生日之际，我们在北京、上海、广州、香港、湖南，举办了他的画展，我们用笔墨下的凤凰，展示了凤凰的美丽。

镜头里的凤凰。在沈从文的故乡凤凰，我们把小说《边城》搬上了舞台。在中国所有的旅游演艺中，《边城》这部森林实景演出，应该说是唯一的一部用文学名著改编而成的旅游演艺。我们在独特森林剧场，用柔美煽情的舞蹈，为您献艺了风情万种的神秘湘西，用荡气回肠的本土音乐，为您吟唱了如泣如诉的边城往事。在这场演出中，你能看得到湘西的山水，也能听得到湘西的声音，还能感受到湘西的女人和汉子，"等一城烟雨，度一世情缘只为你，翠翠等你凤凰烟雨中"。

16 年来，我们用歌声中的凤凰，用笔墨下的凤凰，用镜头里的凤凰，用天下凤凰聚凤凰，我们让靳向谊、刘诗昆、刘大为、王汝南、单田方、宋祖英等中华人民共和国的文化精英与凤凰相继结缘。

2006 年，我们凤凰古城和凤凰卫视合作，在江苏凤凰出版集团，上海凤凰自行车有限公司，三亚凤凰国际机场的支持下，在包括我们凤凰老人黄永玉和凤凰卫视的一大拨的企业、文化精英，以及江西凤凰光学人员的参与下，在凤凰做了一场名为天下凤凰聚凤凰的活动。

2016年在湘西、在凤凰，我们让围棋与武术、评书、苗鼓、音乐、雕塑在此交融，让我们古老的围棋内涵新富、生机再现。2017年的9月22日，我们的第八届围棋巅峰对决在湘西凤凰，吸引更多的棋迷们踏上了前往湘西凤凰的围棋朝圣之路。

二、凤凰艺术小镇的成长路径

2017年9月22日，我们在凤凰举办了第一届凤凰艺术年展。在我们提出这个设想之前，凤凰诞生了中国最知名的画家齐白石的老师——陈师曾先生，也诞生了现在中国非常知名的艺术家黄永玉老人，所以凤凰很多年以来一直被认为是中国的画乡，是每年有很多艺术院校的学生去写生的一个小镇。现在，我们想把凤凰的这种文化的绘画基因放大，于是我们在这里举办了第一届凤凰艺术年展，这个年展在起初的时候就定位明确，我们一定要在国内办一个国际上非常有影响力的国际性的艺术奖项，称为凤凰艺术奖。我们要把美术的展览、评奖、论坛、学术、教育、创作、交易、鉴定、收藏、金融结合一体，形成完整的产业链。

这是我们今年凤凰艺术终身成就奖的获得者，前中央美院的院长，前中国美协主席，著名的艺术家靳向谊先生。

这次在我们的凤凰之夜晚会上为艺术终身成就奖获得者靳向谊先生颁奖的是来自陕西和甘肃贫困山区的有着艺术梦想的孩子，这在世界颁奖史上成了一个很特别的佳话。颁奖者在著名的钢琴艺术家刘诗昆的陪同下，为靳向谊先生颁奖，其目的是激励这些有着艺术梦想的孩子，传承梦想与未来。

这是我们中国围棋协会主席王汝南先生和靳向谊先生。

此次的凤凰艺术年展颁奖晚会在世界美术界获得了极高的评价，颁奖的仪式感和典礼的氛围，已经超过了卡塞尔、格莱美和普利策。我们的目标是希望凤凰艺术奖能够向诺贝尔和奥斯卡金像奖这种规格出发，同时也希望把凤凰打造成国际的艺术高地，把凤凰建设成为像威尼斯这样在国际享有盛誉的一个艺术小镇。

文化自信，艺术凤凰，领跑中国艺术小镇建设，凤凰一直在努力。

谢谢大家。

"休闲+花卉"

赛石园林集团旅游总顾问　汪成设

感谢各位耐心地看完了我们赛石园林集团的广告片，应该说赛石园林对大多数在座的领导有点陌生，要记住很简单，赛石园林集团前身就是杭州园林工程公司，是改制的，由于这样一个渊源，当前80%的西湖园林景观和90%的西溪湿地景观，还有去年G20峰会的入口景观都是赛石园林做的，赛石园林和东方园林也一起成为全中国园林产业的领头者。

今天很高兴代表赛石园林集团董事长郭总向各位领导、各位旅游同人汇报一下浙江赛石集团在建设花卉小镇，打造花样休闲生活上的做法和成果。

在这之前先讲一讲我和丽水，每一年都有很多次来到丽水，每次来到丽水感到非常亲切，除了绿水青山、洁净的空气、丰富的物产之外，我还见证了丽水旅游的快速发展。记得2008年12月我和省旅游局几位局长和处长一起到丽水，对丽水遂昌进行旅游扶贫，车上好几位处长和旅游局长都在说丽水这个地方如何能够搞旅游？又没有其他好看的景观，这个地方谁来？

但是就在这几年中，丽水呈现出快速发展，成为浙江旅游的一匹黑马，昨天大家见证了丽水荣升为首批五优休闲度假胜地。这说明丽水人民很好地践行了总书记"绿水青山就是金山银山，丽水尤为如此"的嘱托。如何把"绿水青山转化成金山银山"是摆在旅游界的重要任务，在观光时期或者目前大多数的旅游开发商，基本上只是把"绿水青山转化为铜山铁山"，而真正把"绿水青山转化为金山银山"就要靠文化创意，像乌镇、凤凰，还有就是要靠科技的创新。现在一说到用科技创新把一个地方用科技打造，一下子就会想到互联网，一下子想到VR，一下子想到动漫、想到3D，但是这只是一个层面，我要讲的是我们如何用园林花卉技术提升旅游目的地的景观吸引、丰富旅游目的地的服务业态，打造休闲旅游的品质升级。

大家对花并不是十分了解，中国是世界上花卉品种最多的国家。世界上最古老的花城也在唐朝，也就是西安。中国也是世界上国名中有花的唯一国度，"中华，华就是花"。还有就是花文化和国人生活息息相关。魏老师两个月前提了一副对子，说中国人闭门"柴米油盐酱醋茶"，闭门"琴棋书画诗酒花"，诗词歌赋，平常娱乐都离不开花。

插花娘娘是丽水人普遍供奉的花神，丽水人主要是用插花来供奉，用花卉来祭奠插花娘娘。花卉消费是品质生活的重要旅游特征，中国人非常重视味觉、听觉、视觉，但是不太重视嗅觉，我们的嗅觉在旅游过程中是用来找厕所的。但是国外人"闻香识人"，通过不同的香型能够识别人的个性，嗅觉对人的品质生活起着非常重要的作用。其中一个数字说，人类每一天75%的情感受嗅觉的影响，所以一个地方、一个环境，如何打造适合于身心健康、愉悦身心的嗅觉氛围，香型是需要的，我们也要重视。

　　拉斯维加斯的酒店里搞了很多嗅香，包括赌场，通过香型的设定能够提高服务效率。还有花卉衍生品具有很多养生功能，这个不多说。园艺的疗愈正成为辅助的治疗方式，德国、法国等一些国家把此作为公费医疗的重要一部分。花卉园林已经成为休闲度假的核心要素，我国各种旅游热点、各种花园、花海、花市等。浙江尤为如此，提出打造全省大花园。花卉小镇正成为城市的标配，为什么？园林的城市标配中有图书馆、文化馆、植物园等，但是下一步我认为各种花卉小镇应该成为城市休闲的主要空间。

　　中国国内休闲和国外休闲可能就是相差几朵花，因为其他设施我认为比国外已经不差哪里去，中国花卉人均消费只有2.6元，"隔壁老王（韩国）"有97元，是我们的37倍，瑞士在我们的220多倍以上。中国旅游小镇和国外旅游小镇最大的差别就是遍地鲜花。乌镇、丽江古城相对来讲花卉还是差了一些。外国人种的菜园都像艺术品，法国小镇专门用花果的溯源代表品质高度，而且专门出台了鲜花小镇的竞选活动，用"一朵花、两朵花、三朵花"代表不同的花卉景观，有人一看"有四朵花"小镇肯定花开遍地，品质生活很高。英格兰种满鲜花蔬果的城镇成为著名的旅游小镇，到那个地方去随手可以采摘、随手可以吃，到处都是鲜花、都是蔬菜，把蔬菜种到警察局的门前，甚至墓地上也种满了很多花果，尤其打造了IP。

　　非常可喜地看到，丽水全市在打造花样村庄。前几天我去过景宁，景宁好几个村庄都是家家户户、男女老少、门前屋后都种花，一方面自己看，另外一方面随时随地可以销售，成了很好的旅游吸引力。东坑镇的白鹤村完全是移民村，房子也没有什么太大的特色，其他的资源也没有什么太大的特色，就是靠家家户户种花、养草，实现很多人来这里休闲，吃他们的咸菜茶，这个茶确实值得一提。还有深垟村，石头缝里都是种的多肉类植物，欢迎大家去看一看。

　　中国的休闲生活和国外休闲生活可能就差几朵花，赛石花彩小镇如何打造花卉休闲小镇？我要隆重介绍一下郭老板，他是非常爱学习的，现在还在读博士的老板，我对他的总结是"山东人的好爽、上海人的精明、浙江人的勤劳"。

　　赛石花卉的休闲模式，主要是几个"+"："花卉+生态环境"，用花卉净化水体、净化空气和视觉空间，很多废旧的东西都可以化腐朽为神奇；"花卉+农业种植"，不能仅仅为了看花而种花，一定是看花只是种花的延伸产品，成为转变农业生产产业结构的一个重要的内容；"花卉+美丽乡村"，不多说了；"花卉+亲子休闲"，花卉和亲子休闲有很多业态可以打造，这是我们做的沉浸式的画院，包括花草成长的直播空间等；"花卉+住宿"，花香民宿是正在打造的一些民宿；"花卉+农产品加工"。花卉延伸产品对我们来说是非常着重并且在推进的，包括"花卉+餐饮""花卉+文化产业""花卉+婚庆""花卉+艺术学校""花卉+剧院""花卉+博物馆""花卉+特色街区"，形成视觉上的"花花世界"，形成花卉为主IP旅游区。游客在这里逛花街、逛花市、品花食、赏国花、辨花语、迎花神等。

最后，我给大家隆重推荐一下我们的赛石花卉小镇的龙头，就是无锡九龙湾花彩小镇。这是赛石园林集团在全国已经布局的花彩小镇，无锡九龙湾花彩小镇和拈花湾只有半个小时的车程，我们打造无锡九龙湾花彩小镇占地2200多亩，分成四大园区：花产业、花生态、花生活、花文化。龙湾花圃有很多从国外引进的一些珍惜花种。九龙湾花都是花卉销售、花服务、花产业展示基地，有休闲、有购物、有花卉养生等。还打造了九龙湾花公园，花公园里有花海、有园林、有田园等。还有就是文创商业、亲子游乐、婚纱摄影、自然教育、九龙湾主题酒店、花卉住宿，有小的别墅，有独栋别墅和专门的度假主题酒店。

我们在打造的无锡九龙湾花彩小镇是一个创新的平台，体现出了"产品的创新、业态的创新、理念的创新、基础的创新、模式的创新"。最后热忱地欢迎各位领导和旅游界的朋友们来赛石园林集团以及各个花彩小镇参观指导，谢谢大家！

客运索道——绿色交通，休闲体验

国家客运索道安全监督检验中心高级顾问、中国索道协会副理事长　甄正义

索道是一个现代化的立体轨道交通设施，是交通系统中重要的组成，其特点是具有很强的爬坡能力，非常适合山岳地区的短途运输。它的优点是安全、快捷、节能、环保、低碳。对比六种登山方式（步道、栈道、公路、索道、电梯以及直升机），综合比较下索道是最优的方式选择。

其优势在于，索道有良好爬坡能力，适应山区地形，是非常理性的山地交通工具；索道本身是对原始地形地貌破坏最小的，因为客运架空索道仅有数量有限的支架和山下站房需要扰动原始地形地貌，并且可以根据地形地貌植物进行灵活的设计，进而通过调整支架，使对景区、景观、山体、植被造成的影响最小。此外，还可以满足旅游的需求，我们旅游业经常讲的一句话，"旅宜速、游宜缓"，索道体现了现代旅游的特色。而且还有助于"山上游、山下住"的蜂巢式的旅游模式。

2016年的统计显示，全世界索道条数为22569条，其中索道拥有量排名前五位的国家分别是：法国3449条、奥地利2865条、日本2391条、瑞士2212条、意大利2148条。中国的索道拥有量排在世界第十位，共计925条。大家一看这组数字对比就会感觉到，虽然我们国家国土面积大，山地的景区有多么的丰富，但是跟前面几个国家相比，我们索道的数量是很可怜的一个状态。像瑞士、日本国土面积远远小于我国，可是索道数量却比我们多得多，所以说我国索道的发展滞后于我国旅游的发展。

从我国索道行业的情况来看，国产化索道水平已比较高了，这方面的龙头企业有北京起重运输机械设计研究院、有色冶金设计研究院、四川矿山机械厂等。但是我们现在名山大川乘坐的索道还是依赖于进口，它们是法国的波马公司、奥地利的里多贝马亚公司、意大利的莱特纳公司进行生产制造的。最近由于我国经济的发展，国外的索道制造企业纷纷往中国来，最近就有法国的MND公司、瑞士的BMF公司，它们都看中了我国的市场。

我国索道的发展趋势现在很乐观，我们借助于旅游业的快速发展，借助于滑雪场的快速建设，而且最振奋的是2022年冬奥会的举办，我们的刘延东副总理在申办会上讲了，我们要有3亿人参与冰雪运动，这个消息更进一步促进了索道的发展。所以我们现在每年增加索道在50~70条之间。索道装备制造业也在逐步地壮大，制造的水平

也在快速地提升，国产的脱挂索道相对来讲已是技术含量比较高的索道，国产化完全是民族知识产权的索道已经有37条投入市场，在建的74条，形势很好。

虽然有这么好的形势，但是我们是在磕磕绊绊中进行的，索道的建设始终处在一个争论之中，某些遗产专家把索道妖魔化了，扣上了一个破坏环境、影响景观的大帽子，舆论被误导了，一说到索道就是谈索色变，造成了很不利于索道发展的情况，在很多景区的总体规划中，索道的专项规划是缺失的，所以给后期的建设索道造成了非常大的困扰。我现在的很多精力都花在这个方面，在搞政策性研究，突破这个障碍。

舆论的误导主要是在两方面：第一个是遗产和遗物概念混淆了；第二个是保护，保护遗产和保存遗物存在差异。现在有些观点认为保护遗产实际做的是保存遗物，一个物品、一个坛坛罐罐把它保存好了封存好了就可以了，但是我们的遗产是要发展的。所以，用保存遗物的方式来保护遗产，这个观念是不对的。科学的实践是做到在保护中发展，在发展中保护的原则。所以我们的景区索道的建设，已经有十多年了，就是在这种磕磕绊绊中进行的。魏小安老师也是在我们努力的过程中给我们很大的助力。

我们也做了一些研究，从国家发改委申请了一个政策研究课题"客运索道建设项目的评价"。我们邀请了几位环保界顶级专家学者，来与我们共同研究分析。我带他们走了各大景区，乘坐了国内36条索道，还到国外进行了考察，他们给我们写了一个14万字的研究报告。魏小安老师也在各个场合给我们呼吁，专门写文章对索道进行评价。我非常感谢旅游界的朋友们对我们索道行业的支持。

再有一个误区就是谈索道色变，舆论上，一说索道，就是破坏。所以，前些年，本人也很有罪恶感，好像我在天天搞破坏。后来我自己也在不断地提高认识。实际上在索道建设中，也不断地提升了我们的环保理念。

这几天学习了十九大报告，领会理解了目前我国的主要矛盾，已经转为人民日益增长的美好生活需要和不平衡不充分的发展之间的矛盾。索道发展也处于这个矛盾之中，游客的需求在不断增长，而索道的发展远远滞后。

新时代的情况下，我们昨天也在讨论这个事儿，后来我也加了这一篇，就是进入休闲时代，需要重新认识索道，这是几年前魏小安老师给我提的问题。原来我满脑子认为索道就是交通工具，我注重的就是安全，因为我原是国家索道安检中心的副主任。实际上从我们现在的理念来讲，索道首先是交通工具，但是也是一个体验的工具，是一个观赏的工具，还是一个娱乐的工具，是一个综合型的工具。

索道对我们国家来讲可以说是一个刚性的需求，主要用于山岳型景区和滑雪场，以及城市交通。大家注意到重庆的长江索道已经成为一个热门的景区了，而且很火爆。很可惜我们嘉陵江索道却在前几年被拆除了。我们现在的山岳型景区索道数量不够、运力不足，游客需要排队3~4个小时，游客怨声载道。我们也感到很愧疚，人家来这儿旅游，要排队3~4个小时，这场景太可怕了。现代人需要的是节约时间、节约体力。

索道的滞后发展，严重影响了旅游的质量。这种现象就是黄金周时期泰山、华山、峨眉山排队的情况，让人很痛心，很对不起我们的游客。

到底索道是什么？我们考察了国外的很多索道和国内的很多索道，请专家对我们进行评论。我们用世界上一个环保的典范来谈，澳大利亚凯恩斯索道。凯恩斯热带雨林在 1988 年就被评为世界自然遗产，索道经过了 7 年的科学论证和建设，于 1995 年凯恩斯的索道建设完成并投入运营，自 1995 年投入运营至今已 22 年，实践了索道促进遗产保护的新理念。我们考察了以后很兴奋，它让游客最大限度地接近自然，这个索道获得了澳大利亚的"生态旅游奖"。最振奋的是这条索道获得了"全球绿色奖"，国际环保界的最高奖。

通过我们的考察，我们也提升了我们的理念。国际上现在环保的理念是什么？是全生命周期内要追求人的幸福指数最大化，对环境影响的最小化，这包含着产品和一些活动。我们现在索道建设也在努力构建一个叫作资源节约型、环境友好型的模式。也就是说，索道人在这个新的理念指引下，建设和发展索道。我们也做了这方面工作，对索道的评价体系做了研究，分成了三个阶段，就是索道的规划阶段、建设阶段和运营阶段，并列出了 12 项评价指标。

咱们国内情况大家也可以看一下，黄山索道也是世界自然、文化双遗产，他已经建设了三条索道，最近又策划在东麓建设一条索道，他们的市长就讲，索道塑造了今天的新黄山。

三清山也是如此，在评审世界遗产的时候，已经有两条索道了，国外评审专家来的时候就对索道赞赏有加。他们说，索道的立体交通系统从不同的视角、不同的高度来审视三清山，增加对三清山景观的感受。

这说明并不是自然遗产、文化遗产地不能建索道，是要明确地讲怎么建，把它建得更好。人人都想回归大自然，而索道能把美丽的景色带给人们，帮助人们实现这一愿望，所以人们需要索道。

2014 年，我们组织了全世界第 64 届国际索道安全监管会议，是在西安开的，我们带领 84 位专家到华山西峰大索道，这也是我当年帮助他们建的，确实非常的险峻，连国外的专家都表示很震撼。这个索道我去参加了验收，我们用了 8 天时间验收，2 天的时间都用在了救援装置的验收，这个救援装置的安全性要有切实的保证。

还有一个最长的高山索道也在我们国内，张家界天门山索道，7.5 公里长。大家从照片上可以看到，我们索道的直线距离，只是山路的二十分之一，从这张照片看得出来，我们的索道对山体的保护、对植被的保护是起了很大的作用。大家看这个路，非常惊险，刮风、下雨、下雪，还有塌方、滑坡，来来回回地转，游客的舒适度也非常差。所以这条索道发挥了重要作用，这条索道在最紧张的时候，早上 9 点钟就停止卖票了，所以各大景区都在急切要求增加索道的数量和能力。

  这条索道是去年建成的,广州长隆野生动物园索道。这条索道是三条索道组成一个环形,三角形的,零高差,平着走的。它主要的作用是观赏,用的是玻璃地板,在索道上面看动物,什么狮子、老虎、长颈鹿等,这也是非常好的体验。正好验证索道的观赏性。

  我们强烈建议景区规划部门一定要在山区规划立体交通,不光讲索道,实际上步道、栈道、公路、索道、电梯这五种交通方式大家都已经认识了,应该合理规划,把五种交通方式公平进行评审。国内也有很多的范例可以借鉴学习,比如说刚才说的张家界天门山,有电梯,有索道,有汽车,也有玻璃栈道,这些旅游交通方式组合得非常好。最近我看到了河北承德新建的景区兴隆山,中景信公司开发的,这个理念就非常的超前,他们在景区规划的时候就把索道、电梯、公路、栈道通通考虑规划进去了,这也是我们现在景区规划理念的提升,这是非常好的范例。

  景区内的立体交通怎么打造,我们都接受和理解了我们每天坐的飞机、高铁、高架公路、轻轨。实际上景区的交通同样是这个理念,我们把它立体化了,节约时间、节约空间、节约绿地、节约山体,应该讲的是公平地对待每一种交通工具,进行优化组合。

  现在争论的问题还一直在争论,所以我这次来把这个问题跟大家分享,就是大家怎样认识索道,它是一个环保的交通工具,不是不能建,也不要争论建不建,而是要谈怎么建好,就跟凯恩斯一样,他们经过7年研究论证怎么建,他们的论证不是不能建,而是怎么建好,所以他们花了大价钱,为了安装索道专门买了一架俄罗斯直升机进行安装。我们也想获得大家的支持,争取相关部门的支持。而且,要修改和完善相关的规定和审批规程。

休闲度假让生活更美好

北京巅峰智业旅游文化创意股份有限公司创始人、教授　刘　锋

大家下午好！非常感谢组委会和小安老师的邀请，能够有机会来学习。接下来，我想围绕着休闲度假发展和美好生活需要，来谈一谈我的一些不成熟的想法。

首先我们可以看到，我们进入了一个新的时代，经过将近 40 年的快速的工业化、城镇化，我们从短缺经济时代，进入到过剩时期。现在，我们又面临着迈向美好生活的新时代，当然这也和消费升级、产业升级、经济结构升级是密切关联的。从吃饱穿暖，到住好房、开小车，再到我们吃、玩、乐、游、学，进入以人为本的全面发展时代。现在我们正面临着以美好生活为代表的第四次消费结构的升级。

在这样的一个大背景下，休闲度假的需求不断攀升，一个庞大的中产阶层也在快速崛起，我们国家会拥有世界上最强大的消费能力。所以我们可以来构建一个美好生活需求的金字塔，在这个金字塔里面，休闲度假处在塔尖的位置，健康、教育、环境、生态、绿色、民主、公平、正义、安全等则是构成美好生活的基础和基石。总体来说，休闲度假是美好生活更高状态的一种呈现。

接下来我们可以来看一看度假旅游的本质是什么。西方度假旅游兴起比较早，但也经历了从富人贵族到中产阶层，再到平民大众的过程。现在已经是多元群体的结构，度假类型越来越丰富，需求也越来越多样。所以度假成了一种生活的必需，代表了一种生活的状态。

国际一流的旅游度假地基本都有共性，优质的硬件条件和软件服务，这是成功的必备要素。一流的旅游度假地，由宜人的气候、优美的风光、魅力的文化、多元的娱乐和一流水平的服务等要素构成。而度假旅游的特征，也包括了访问地相对稳定，停留时间较长，身心放松注重享受，多与亲人、朋友同行，大多数消费是中高端消费以及重游率比较高等。休闲度假是由空间和功能组合而成：有近程的、功能相对单一的度假的目的地，也有远程的、功能更加丰富多样的目的地。所以我们可以把近程度假对应为微度假、浅度假，远程度假对应为深度假和全度假等不同特征。不管哪一种类型，度假都是生活的一次转换，对生命的一次发现，和对人生的一次体悟。

所以，休闲度假的核心是能够真正地让心静下来，能够真正地休心、舒心、悦心和养心，这是我们和其他不同类型旅游产品很重要的差异。也就是说，休闲度假是为了怎样能够更好地实现身心的愉悦和精神上的按摩，更好地实现怡然、陶然、跃然、欣然的体验。这方面为我们未来度假旅游的发展，指明了方向和要求。

现在度假旅游实现了新发展，但也面临一些痛点和问题。

痛点一，缺代表作、缺标杆。1992年10月公布了第一批12个国家旅游度假区，但我们说真正意义上的国家旅游度假区只有一家半，也就是亚龙湾和大连金石滩。在2015年又评选出了17个国家旅游度假区，但总体而言还是缺乏大家公认的像巴厘岛、普吉岛这样的综合型度假旅游目的地。

痛点二，缺内容。现在总体而言，还是缺少住头，缺玩头。有白天，缺夜晚。有风景，缺风情。

痛点三，缺生活。我们有很多的目的地，建了大量的旅游建筑设施，但是缺乏真正的生活氛围、生活配套，特别是相关的度假内容。在这一方面，我们的差距也还是比较明显的。

痛点四，缺整合。单体度假酒店、度假项目开始快速涌现，但总体而言，还是缺乏度假旅游目的地，缺乏众多度假内容和项目的整合，也缺乏相关的人才。这是一个很根本的问题。这两天会议，多位大咖们都提到了现在很缺顶级操盘人，操盘人只有这么多，但是我们的美好生活需求又这么旺。这样巨大的一个短板，我们怎么样来补，是我们面临的巨大挑战。

从度假旅游发展的趋势来看，我总结了四大趋势：多元化、集群化、乡村化、生活化。

第一个就是多元化。除了滨海、温泉、山地，我们可以看到现在度假的内容和主题越来越丰富，邮轮、滑雪、湖泊、康养、避暑、避寒度假等都在快速崛起。

第二个是集群化。国内最有代表性的，如长隆度假区、乌镇、古北水镇、拈花湾，还有现在正在建的太湖龙之梦、恒大海花岛和恒大童世界。我们可以看到，现在总的趋势是更好地把多种内容、多种体验来集群化。当然我们也很难判断，像海花岛这样的项目是否真正能够取得成功。但要真正要打造一个度假目的地，还是需要来构建这样的度假产业链条集群。

我把休闲度假区图解为这样四个板块，吸引链、配套链、延展链、运营链。在这里面，我们可以看到，作为一个休闲度假区，它的吸引物可以是温泉、滨海、高尔夫、农庄、山岳、湖泊等传统资源，也可以无中生有，来把三流的资源打造成一流的旅游小镇、旅游街区、文创类街区以及主题公园等核心吸引物。吸引链是最基本、最内核的一项支撑。

同时，度假休闲还不仅仅局限于这些内容，还需要有相关的配套链，所以我们可以看到，各种休闲和服务业态也很关键。这个地方有没有好的酒吧、歌厅、画廊、剧院、康体娱乐的设施，有没有好的露营地、分时度假、民宿、客栈等，也是很重要的支撑。同时，还有相应的延展链，譬如文化创意产业、医疗产业、康养产业、会展产业等内容，也需要关注。另外，还有龙头企业的运营链，也就是说，我不仅要开发建设出来，我还要有优质的能给我带来持续效益的专业经营团队。这对度假旅游也很重要，因为整体需要较长周期的持续性运转。

休闲度假区还需要一系列构建的模型，譬如 1+X+Y+Z，1 就是核心度假的载体，X 就是度假配套设施，Y 就是度假物业地产，Z 就是度假软性服务。这四个方面的内容，都是缺一不可的，而且是需要很好地来聚集和融合，产生 1+1+1＞3 的效应。

我们也可以看到，度假产业功能的体系构建，包括了文化消费、健康养生、生态休闲等一系列的内容。需要有专业的思路和方案来使它达到一个更好的效果。

在这方面，我们可以看到这样的一些图解，时间的缘故我就不展开了。

我认为，作为一个一流的休闲度假地，打造和炼成是需要有多种内容和业态来提供多样化的体验，这是度假地非常重要的一个关键点。所以如何在度假地里真正拥有 12 头理论，有住头、有吃头、有玩头、有买头、有行头、有疗头，以及怎么实现吃吃、喝喝、买买、玩玩，再睡好等一系列内容和要求。

度假旅游的关键是怎样能够让游客过夜，正所谓"无夜态，不度假"，这个"夜"是"夜晚"的"夜"。我们怎么来打造夜景、夜演、夜宴、夜购、夜娱、夜宿，这样包含六个夜的夜光经济，对于我们的度假旅游发展是至关重要的。因为我们可以从这张图上找到答案——夜间是最有价值的消费时段。现在丽江、凤凰、乌镇，夜晚的旅游收益，超过总收益的 65% 以上。过夜游客的消费是一日游的 3 倍。因为现在很多的年轻人，已经成为我们旅游的主流，他们是流行上午睡觉、下午溜达、晚上疯玩，所以这对于我们来说怎么样丰富我们的"夜态"内容，也是至关重要的。

巅峰智业现在和中央电视台的首席灯光师也在合作，已经落地了三类光影秀产品，取得了非常好的效果，如承德的《满秀》，连云港老街的《天海传奇》，确实点亮了这个地方，也点亮夜晚，带来了很好的人气。

第三个就是乡村化。以裸心谷为代表的洋家乐，还有以田园东方和蓝城春风长乐为代表的田园综合体，类似的新型业态都在受到市场的追捧。还有袁家村，将美食和风情结合，也在往休闲度假方向迈进。

第四个是生活化。过去我们第一代旅游是资源导向型，逐步到市场导向型，到形象打造型，再到生活方式导向型。我记忆特别深的就是在越南的下龙湾，那里的游船上，一层可以品尝海鲜，二层就可以躺着吹吹海风，晒晒太阳，看看海景。而我们国内的游船，基本上都是站在甲板上来游山玩水，走马观花。如果有那么一天，我们的旅游也是像这样，是躺着游，那我们就真正地进入到了休闲度假的新阶段。所以，这样的一种方式的改变，实际上也是我们怎么样让度假更好地来生活化，我们也说只有真正好的生活地，它才是好的度假地。

对于度假旅游如何做，我总结了八个要点。

第一是要反城市，去城市化；第二是要轻松化，要确保是低密度、低容积率、低层这样一种低强度的开发；第三是通透性；第四是文化为魂；第五是整体性；第六是重景观；第七是配套齐；第八是要服务优。这八个方面，我们概括起来实际上也就是要天人合一，也就是开发上要以天为本，遵从自然；服务上以人为本，要顺乎人性。

旅游越来越难做，特别是度假旅游，因为周期要更长，投资也要求更大，回收也相对比较慢。所以怎么处理好和旅游地产的关系，是非常重要的一个点。我个人认为，一方面不能说完全贬低旅游地产，也不能够过度依靠地产，还是应该因地制宜，有地方可以结合的，那就去更好地结合，从而打造独立的度假目的地，真正把度假旅游做到极致，真正地用工匠精神、用心用情、慢工出细活地把它打磨好。也只有我们真正地有情怀、有温度，又要接地气，用情怀、情感和情境来打造作品，才能真正地把优质休闲度假目的地打造成功。

我相信，度假会让生活更美好，所以我们在座的各位，在这个层面上，也是幸福的。但在某种程度上，干旅游确实又是一件非常不容易的事儿，特别是你要数十年如一日，坚守和坚持一件事，专注把一件事做到极致，这也是很有挑战性的。所以，我们也愿意和大家一起，来共同前进，共同学习。

民宿是乡村休闲的新供给、新思维、新出路

中国旅游协会民宿客栈与精品酒店分会会长　张晓军

谢谢主持人，主持人刚才谈到两个词，征求了大家的意见，是他的发音准确还是我的发音准确，第一，会议的主办地是丽（lí 二声）水还是丽（lì 四声）水，第二，是民宿（sú 二声）还是民宿（sù 四声）。

特别感谢会议的主办单位给我这次机会让我第二次来到丽水，第二次站到这个讲台上，中午吃饭的时候丽水的农办主任张主任和我讲，说这两天的演讲嘉宾有一个共同点，就是站在这儿第一句话要感谢魏老师，我一想大家都感谢了，我如果再感谢好像落俗套，既然是落俗套我也要说这句话，谢谢小安老师。2005年当我作为晕头转向四处碰壁的创业者，在苦苦寻找企业生存之路的时候，小安老师告诉我说："你不是北师大学地理的吗？你可以做旅游规划。"这样简单的不经意的一句话，应该说奠定了我从事一辈子的企业。后来，小安老师有一次和我说："张晓军，你瞎折腾什么，净干一些好玩而不赚钱的事儿，好玩的事情能干得持久吗？"小安老师两次给我的当头棒喝让我更加清晰也更加明白我应该走一条什么样的路。

一个月前我接到小安老师关于今天下午会议内容安排的时候，实际上既心潮澎湃，又充满了期待，我巴不得早一点来到这里，见到丽水的朋友们，见到在座的各位领导和前辈们，和大家沟通民宿的事情。

年初我站在这个位置参加浙江省工商局和丽水市政府举办的"浙江省民宿创业大会"，接到会议邀请的时候我很疑惑，浙江省民宿不是发展得风生水起、发展得如火如荼了吗？我们作为市场的监管部门为什么还要举办一次创业大会？参加大会我就明白了，原来浙江省在悄悄地进行着民宿的二次创业，在悄悄地进行着民宿的转型升级。就像今天中午张主任告诉我，丽水市农办竟然是全市农家乐和民宿的管理单位、促进机构，而且他们的管理是绿色通道的，他们的促进是强有力的。所以在这样一个地方探讨民宿和乡村休闲的关系，我想可以找到一个非常好的坐标点。

来之前我也在想我怎么讲？讲什么？昨天我的助手和我说，大会现场嘉宾演讲精彩纷呈，表现形式都是视觉的盛宴，我想干脆我就不做PPT了，我就是内容，形式就是我，我凭着一个麦克风、凭着一张脸、凭着满头白发和大家沟通民宿的事情。我也特别开心两天的会议都是各个行业大咖和我们分享，在这样一个顶级的大会上，能够

给民宿这样一个小而美的新生事物留一个演讲的机会，我觉得不仅仅是我个人的荣耀，更是民宿行业的荣幸，感谢中国旅游协会度假分会给民宿分会一个机会。

言归正传，当代民宿台湾登陆到浙江应该有5年时间了，我的本行是旅游规划设计，我记得八九年前在在座的北京市旅游委安主任的关照下，参与了北京市乡村旅游很多基础性工作，比如说"一村一品"。当时安主任和我说，说你要想把北京乡村旅游乃至全国乡村旅游研究透、搞明白，应该到台湾看一看台湾的民宿。所以，"民宿"这两个字是安主任传播给我的。这样一个提醒实际上就给我留下了很深刻的印象，在我十几年的乡村旅游规划生涯中，我们一方面践行着乡村旅游的开发、管理、运营，另外一方面我又在想，能不能通过自己的实际行动做一个心目当中的民宿出来。2014年，我们在北京的北部河北承德做了一个项目叫"唐乡"，因为我的企业叫唐人，我们把唐人打造的乡村再造项目叫作唐乡。这个项目现在回顾来看还是很有前瞻性的，当初我们没有把唐乡界定为乡村旅游产品，而是界定为乡村旅游再造的尝试，十九大提出要振兴乡村，民宿毫无疑问应该在这场新的发展战略中承担主力军的作用。

刚才刘博士的演讲实际上给我留下了特别好的证据，度假要生活化，在座的各位不管是民宿的从业者还是管理者，还是消费者，还是投资者，还是观察者，大家都会达成一个高度共识，民宿的本质就是生活，换句话说，民宿是一种全新的生活方式，为什么这样讲？大家可以一条一条听我分析。

第一，我们中国的社会已经进入了中产阶级崛起的时代，中产阶级对于生活品质的要求和以往完全不一样。随着整个社会发展的进程，有一个关键词必须要把握住，就是"逆城市化"。我记得应该是30年前，我在读大学本科的时候学习世界经济地理，当年我的老师告诉我说，在西方资本主义国家已经开始了"返城市化"，当时我们想不明白，因为我是农村的孩子，我们上学、参军、工作唯一的诉求就是要离开农村，进入城市，由农村户口变成城市户口，为什么外国人开始由城市返回到乡村呢？真的想不明白，但是随着中国社会的发展，现在不仅想明白了，而且我们行动了，逆城市化是不以人的意志为转移的，而承载逆城市化来实现中产阶级对于乡村生活梦想的最好的载体，也是最主要的载体是什么？现在我们能够观察到的实际上就是民宿。

所以，民宿已经成为相当一部分城市精英人群梦寐以求的一种生活方式，通过他们的影响、他们自己的生活方式，已经上升为一种全新的市场消费力量。休闲的本质我想是文化，民宿有没有文化呢？毫无疑问民宿的本质就是文化，民宿的核心更是文化。

我们作为一个消费者去民宿体验的是什么？我们体验的不仅仅是所处的生态环境，更重要的是体验的、消费的是民宿主人的生活方式，生活方式不就是最为鲜活的文化吗？所以这种文化的呈现并不是民宿主人生活方式的简单再现，而是一种再创造。就在浙江的丽水，我观察到的我认为很有特色的民宿，这家民宿我们作为消费者走进去，主人会要求你换上他为你提供的一套服装，这个服装是亚麻的布料精心缝制的，穿起来很舒适，当时我对这个举动是很抗拒的，非常抗拒，我来你这里消费凭什么让我换衣服，但是换上衣服以后我发现，这个民宿主人很聪明，他领悟了自己摸索到了小安老师在10年前告诉我的景区规划的真理，叫作"情景体验设计"，穿上这套衣服不由自主被他俘虏，成为这家民宿场景中的一员，这个太可怕了，换句话说我们真正放开了自己那套生活方式和那张脸上的面具，而成为这个民宿的重要组成部分。假设从休闲体积来讲，休闲包括消费者、生产者、服务者，更包括场地、设施、设备等，一个民宿就是非常好的独具特色的充满了个性魅力的一个乡村休闲独家场所，这样的例子我们可以举很多很多。这个民宿最得意的不是美食，也不是睡眠，也不是清茶，是它的声音，在山野间听到民宿屋檐上悬挂的世界上最好的风铃发出的悦耳之声，我们可以感觉到人生原来可以如此美好。所以，这样个性化的文化是打造如果离开了有生活品位的中产阶级的生活方式的再呈现，我想我们是无法得到的。

　　假如说用时髦的语言来说，每个民宿主、每个民宿都有独创的具有独自知识产权的独有IP，中国的旅游缺的就是独有IP，几十万家民宿主集合在一起完全可以汇成中国旅游自主创新的洪流。

　　第二，从民宿的设施、休闲的设计来看，我个人认为除了追求休闲度假的增量，还要额外关注已有的存量盘活。在乡村休闲设计场地、建筑的盘活方面，我想我们的民宿人可以值得非常自豪的。在众多的社会资本大规模进军乡村独家行业大兴土木做增量的时候，我们民宿人把眼光盯住了即将消失但是维系了中华民族根脉的传统文化，这些文化马上就要消失掉了，我们有相当多的乡土建筑价值被湮没了，只有中产阶级进入乡村，我们才惊讶地发现原来这些我们讨厌的、厌恶的乡土建筑是文化的根脉，更是乡村休闲无法复制、不可多得的休闲设施和场所。所以，民宿人在积极寻找这些空心村，在积极保护、维护、修缮这些传统的乡土建筑，甚至民宿人挖空心思、登峰造极把农民放弃的生产设施也转变为休闲设施。

　　举两个例子：一是安徽省黄山市有一个民宿圈大名鼎鼎的案例叫作"猪栏酒吧"，从酒吧服务内容上、服务手段上没有什么出奇之处，但是它选址是农民废弃的猪圈，我们的民宿人就有这样的眼光、就有这样的智慧，尤其有这样的魄力能够把生产场所，就是过去猪生活的地方变成当代人梦寐以求的时尚之地。二是我的老家北京市平谷区，在北京的燕山存在大量的梨窖，因为燕山产各种各样的梨，不管是门头沟的京白梨还是北京平谷的凌霄梨，农民在秋天把梨摘了放在梨窖里存储一两个月，春节前后销售，价格会更好，但是随着大家对水果消费口味的调整，这些乡土的果品越来越不值钱，很多的梨挂在树上农民不摘，即使是摘了放在梨窖里市场行情也不好，因此现在很多乡村梨窖闲置了、废弃了，我们在想能不能把废弃的生产设施改造为市民的休闲设施，一定会受到消费者大力欢迎。所以民宿对于传统文化的传承以及基于传统文化的自有知识产品的休闲业态的打造，我们民宿人在做的伟大的贡献。

第三，民宿人在实践也在客观上推动中国休闲度假法治文化的完善。大家知道，浙江省的民宿市场准入在全国做得最好，而且浙江经验已经辐射和带动全国其他地区，我特别开心看到北京市出台了《北京市旅游条例》，在所有住宿业态中只提到了民宿，而且对于民宿的阐述有6条之多。

这些经验告诉我们，虽然民宿作为一个新生产物，也许因为行政许可法的原因导致了政府部门不作为、晚作为，但是民宿实践在提醒着、推动着政府部门不断地改善、完善出台和修订已有的以及没有的法律规定。去年年底公安部历史上第一次把民宿纳入到旅馆业的管理范畴中，换句话说，民宿一开始就有了行政许可的依据。除了消防方面，除了浙江省做出了大胆尝试之外，住建部、公安部、国家旅游局出台了《农家乐（民宿）消防实施导则》，包括10月1日开始实施的国家旅游标准化委员会制定的民宿相关标准。

以上这些进步不就是因为我们广大的民宿人在积极地实践、积极地探索，在苦恼、困惑中不断前行的结果吗？当然，我们的民宿也是一种新生力量的体现，5年前我们还把千禧世代当作旅游市场新兴力量来看待的时候，今天谁敢忽视已经37岁的80后呢？谁还不再重视已经踏上社会舞台的90后呢？这样的80后、90后已经成为民宿的主要消费力量。

所以，归结起来民宿是什么？2015年我提出民宿是"小民宿、大世界"。今天，我们再看民宿是什么，民宿是一种深刻的社会运动，在这一场社会运动中不但承担乡村振兴的伟大使命，更加要推动乡村休闲旅游的深刻发展和变革。

再次感谢中国旅游协会休闲度假分会给中国旅游协会民宿客栈精品酒店分会的演讲机会，下个月22日中国旅游协会会在湖北省召开"第三届民宿大会"，恳请小安老师在百忙当中出席我们的大会，诚意邀请在座的所有朋友参与"第三届全国民宿大会"，拥抱民宿，成就未来，谢谢各位！

一流休闲度假目的地的构建

北京第二外国语学院旅游管理学院院长、教授 厉新建

一、十九大之后的旅游业的发展

十九大过后，旅游业应该如何去寻找自己的新坐标？如何去确定未来发展的新目标？在新的时代怎样讲好旅游的故事，又怎样用旅游来讲好中国故事。这是未来所要面临的问题。

这些问题如果分解开来，大概表现在三个方面：

如何在"把人民对美好生活的向往作为奋斗目标"的战略取向和"我国社会主要矛盾已经转化为人民日益增长的美好生活需要和不平衡不充分的发展之间的矛盾"的矛盾转向的大背景中，通过旅游业的改革创新、优化发展，不断满足人民对美好生活的向往，不断满足人的全面发展的需要，是我国旅游业发展所面临的方向性问题。

如何秉承习近平新时代中国特色社会主义思想，发挥旅游业在促进供给侧结构性改革、实施乡村振兴战略、决胜扶贫攻坚、推动区域协调发展、打造全面开放格局；在坚定文化自信、传承红色基因、弘扬优秀传统文化、培育核心价值观；在改善民生水平、优化社会治理、建设健康中国、践行生态文明、构建人类命运共同体等诸多方面的独特作用，是我国旅游业发展所面临的关键性问题。

作为当今世界最大的产业之一，在十九大报告所确定的"新时代、新思想、新目标、新征程"指引下，如何有效发挥旅游在我国社会经济发展过程中的巧实力作用，如何在社会保障持续优化、消费能力持续高涨、品质要求持续提升的情况下，找到新路径、建设新空间、营造新生活、迎接新时代，是我国旅游业发展所面临的现实性问题。

二、休闲度假的几点认识

十九大高度关注人的全面发展，那人怎样才能够全面发展？像亚里士多德所讲的，休闲使人"成为人"，像席勒所说的，"只有当人在游戏的时候他才是完整的人"。当然，亚里士多德还曾经讲过，"只有休闲的人才是幸福的"。人的全面发展，都是追求一个幸福的生活，怎么样才能幸福，休闲度假是必然选择。所以休闲度假的未来一定是充满着美好的，无论是机械革命对人的手脚的解放，信息革命对人的头脑的解放，

和未来新的革命对人的全身心的解放，都会使得休闲度假市场需求蓬勃发展。以下是我对休闲度假的几点认识。

第一个认识：从"景点旅游"向"全域旅游"转变过程中，休闲度假将被重视。在休闲度假方式的发展下，传统意义上的景区旅游、观光旅游在这个大众旅游时代正向全域旅游过渡，而若没有休闲度假的发展就不可能有全域旅游。

第二个认识："休闲度假需求"不等于"休闲度假购买"。人们有休闲度假的需求，不等于人们会去购买休闲度假的产品，这两者之间没有必然的联系。中国有13亿潜在的消费市场，不是说13亿人都真的会去购买。

第三个认识："观光旅游消费离不开景区，休闲度假消费可以不到景区"。观光旅游向休闲度假的变化，不仅仅是人们支付能力变化的结果，同时还需要关注到，在这个市场当中，有休闲度假消费能力的这些人是不是具备了休闲度假的能力，是不是真的能够去体会休闲度假所带来的正面效应。在这个过程当中，怎样进行有效的休闲度假的社会教育和意识的培养，也是下一步休闲度假发展过程中要关注的。

第四个认识："国家级旅游度假区"不等于"国家旅游度假区"。国家旅游度假区主要针对入境旅游市场，是作为市场的重要战略，而国家级旅游度假区侧重质量等级，是作为产品的重要战略。1992年的时候，我们有国家旅游度假区12个，2015年的时候我们有17个国家级旅游度假区。这两者是不等同的。

第五个认识："创建标准"不等于"选择标准"。在重视标准的同时，还要重视标准背后的在线声誉在度假区未来发展中的重要作用。在未来发展过程当中，不仅单单关注标准，还需要关注标准背后的在线声誉对休闲度假、对度假区这种载体和形式所产生的重要影响。

第六个认识："国家级标准"不等于"社会性认识"。我们已经有国家级旅游标准，但国家级的标准不等于社会性的认知，我们怎么向社会群体传递好国家级旅游度假区的这个形象，可能需要通过联盟的组建、智库的培育、论坛的举办、研究的发布，来引领社会对这个国家级标准的认知，从而树立起国家级旅游度假区在这个市场当中金字招牌的形象。

第七个认识："度假的生活化"不等于"度假区定居化"。度假是一种生活方式，是短时的异地生活而不是短时浏览。丰富多元的生活需求衍生出度假区生态圈发展需要。供给者之间要形成配套体系，以共创满足需求。度假区与居民之间形成良好的共享关系（配建），以共生共促发展。度假区的社区化应该是流动的社区和松散的部落，在变化、流动的群体交流互动中，发现生活的乐趣、价值和意义。

第八个认识："扮演好度假需求的培育者而不是扮演收割者"。收割者：度假区满足现实客流多元产品需要；培育者：度假区成为目的地新的吸引力来源。在休闲度假发展的过程当中，怎么去处理好休闲度假的载体，或者提供的这些设施、这些产品，怎么样扮演好一个培育者的角色，而不简单扮演收割者的角色。现在市场当中有很多传统的度假酒店的项目，其实很多都是旅游目的地或休闲度假地的收割者。他们把项目建好了，眼巴巴地望眼欲穿等着游客去消费。但他们本身的存在，能不能给这个休闲度假地带来新的吸引力？能不能成为休闲度假消费的组织者？有没有度假产品的组织能力和度假市场的组织能力？未来度假区的发展，一定需要更多具有客源组织和动员能力的度假项目的出现，这些项目才是一个真正度假地发展过程中所需要依赖的播种者和培育者。

三、一流休闲度假的目的地构建

一流休闲度假目的地的构建可能需要基于三个认识。第一个是生活方式。度假地的建设，一定要从异托邦的角度去构建，就是现实当中的异地的乌托邦。第二个，休闲度假的生活方式是逃离日常生活的生活，遁入生活之外的一种生活。第三个，怎样让消费者能够发一个心愿，找到一个地方去休闲度假。

当然作为休闲度假地来说，本身也是旅游的目的地。以前也有人总结，作为一个一流的旅游目的地需要具备八个因素，分别找到 A 打头的八个 A，Awareness、Attractions、Availability or Distribution、Accessibility、Activities、Assurance、Appreciation、Action，即认知、吸引物、营销和集散、通达便利等，这些也是未来打造一流的休闲度假目的地时需要遵循的。除了这些之外，大致还需要考虑八个方面。

第一个方面是一流的形象。也就是说，休闲度假地是不是拥有一流的休闲度假地的形象，形象可能不是一个简单的口号，而是一个诱惑或者说一个理由。你要给潜在的消费者一个充分的理由，能够激发消费的冲动。怎么样让这些形象能够有逼格感，有标签感，有反差感。怎么能够撩人心魄，怎么能够直击人心。形象背后同时也需要有故事，如果一个没有故事的形象，可能很难带动想象。不能带动想象的形象，就是冰冷无感的文字和徒然的声嘶力竭。只有让消费者有感觉的形象，才是在这个市场当中具有号召力的形象。只有具有号召力的形象，才能够为一流休闲度假地的发展奠定一个好基础。

第二个方面是一流的生态。这包括自然生态，包括人文生态，我们讲一个旅游目的地，有风景、有风物，这是自然的。同时我们也还需要有风情、有风俗，风情和风俗是人文的社会的形态。生态也好、环境也好，它是休闲度假发展的本底，是背景，是平台。而所需要打造的休闲度假产品，是前景是内容。资源是最大的 IP 没有错，若没有好的生态，这个地方是不可能打造出一流的休闲度假产品。

第三个方面是一流的产品。当然在市场当中，会有很多不错的产品呈现在我们面前，但是这些产品都是现在时的。一流的休闲度假地的产品，还需要自发的涌现机制，不是说现在市场当中有一流的产品就可以了，我们还需要让这个市场能够源源不断地涌现出新的一流的产品来。所以在这个过程当中，怎么样来设计出一流商品涌现的机制。我们怎样除了关注老天爷、老祖宗的这些东西之外，再去发掘老百姓手里面的东西。就像刚刚讲到的人文生态一样，文化可以表现在物上，但文化更多地可能表现在人的身上，是人来传承来呈现这个地方的文化。那作为休闲度假地来说，最重要的人就是当地老百姓，所以怎样通过共享机制的平台，怎么样通过企业的创新，让老百姓手里所拥有的旧的资源，进入到产品的新的循环当中去，来体现出或者挖掘出他内在的新的价值。旧的资源，新的价值，永远是休闲度假地一流产品营造的过程当中应该去关注的。当然并不能说一个产品营销过程当中眉毛胡子一把抓，我们也需要在丰满的同时可能需要有骨感，我们需要有度假场所，有休闲的廊道、有公共的空间和广泛的挖掘。

第四个方面是一流的标准。标准本身当然是向市场发出重要的一个信号的机制。发出信号机制的过程当中，本地居民和外来游客之间关系怎么来协调、中国和国际之间的关系怎么来协调。在一流标准打造的过程当中，一定需要去关注的。既有自主研发的标准，比如全国休闲标准化技术委员会已经研发出了20多个相应的标准。也可以引入国外的标准或者境外的标准，但是很多滨海度假地其实没有把国际上知名的标准引入进来。另外，在目的地发展的过程当中，还需要考虑休闲度假相关的综合标准化怎么推进的问题。

第五个方面是一流的品牌。没有一流的休闲度假品牌，没有一流的休闲度假企业，就不能构建一流的市场。一流的企业、一流的视野、一流的创意才能打造一流的品牌，带来一流的吸引力。在这个过程当中怎么做服务，怎么做品位，怎么做责任，怎么强调人性的尺度来做好服务，怎么从文化积淀的角度来做好品位，怎么从社会担当的角度在社会上扮演好企业公民的角色。在品牌打造的过程当中，有很多地方都会有匠心独运的想法。我们要具有工匠精神，但是工匠精神一定要把背后的故事能够传递给市场，我们用心良苦，一定要让市场能够了解到，不能简单地把竹篱笆和青苔这个产品简单地呈现给消费者，让消费者自己去寻找这个产品背后的匠人精神，而是要告诉消费者，竹篱笆怎么扎出来的，青苔怎么种出来的。我们要主动去讲述这个品牌背后的故事，这样这个品牌才是能够直击人心的品牌，才是能够触动人内心深处的品牌。

第六个方面是一流的游客。如果说没有一流的游客的话，这些度假地是不可能真正地成为一流的度假地的。这里面需要关注到，在生产向生活转型的过程当中，虽然货币贫困在缓解，但是时间的贫困，休闲的贫困，有效时间的贫困和优质休闲的贫困，是不是得到了缓解。我们的游客、我们的消费者是不是要去引导，他们的休闲能力是不是需要去培养，他们的休闲选择是不是需要我们去给他以更多的帮助，让他能够在短时间内，能够成为一个一流的游客，从而来助力目的地供给的优化。

第七个方面是一流的融合。旅游是一种生活方式。既然是一种生活方式怎么样从生活圈向生态圈去转变，怎样从生态型、群落化的方式去打造一个共生、进化的一个基础。没有完整产业链整合的目的地一定不是一个便利的、成熟的、能够持久的目的地。

第八个方面是一流的生活。作为休闲度假来说本身是生活，当然一流的休闲度假目的地要能够呈现出一流的生活。我们在一流生活的呈现过程当中，就需要去反思或者去思考，我们休闲度假和我们之前的旅游，或者和我们以前所讲的旅行之间有什么关系，他们的侧重点在哪里？旅行可能重在体验路上，旅游可能会强调震撼力的景观，惊鸿一瞥。但是休闲度假强调的是身心的停驻。我们怎么样让生活的世界和旅游的世界能够在异域空间进行完美的结合。如果说你不能够进行这样的整合的时候，休闲度假是不是真的能够成为人们像生活一样去休闲度假？只有在生活世界和休闲度假的世界完美地融合在一起的时候，让休闲度假本身真正地成为一种生活的时候，休闲度假地才是一流的。我们一流的休闲度假才能够成为一流的全域旅游度假地。

如果说把这"八个一流"稍微梳理一下，不严格对应的话，分别可以对应Standard、Product、Ecology、Convergence、Image、Awareness、Life、Holiday，首字母拼接一下就是SPECIAL Holiday。简单地说，一流的休闲度假地就是能给消费者提供一个非常特别的假期（Special Holiday）的地方。

生态旅游：诗意的栖居

台湾东吴大学教授　诺木汗

非常感谢大会给我这次机会来分享一下我对生态旅游的想法，各位午安。

我演讲的题目叫作《诗意的栖居》，这是魏小安给我出的题目，是一个命题作文，我开始想这个题目时觉得很棘手，但是后来发现生态旅游和诗意的栖居是很有关系的。

我主要讲四个方面：第一，生态旅游与诗意的栖居；第二，给大家举例说明生态旅游的形态；第三，呼吁一下中国的生态旅游需要供给侧重大改革；第四，生态旅游诗意栖居的内容拓展。

一、生态旅游与诗意的栖居

生态旅游包括广义和狭义的定义。广义是自然旅游、乡村旅游、养生旅游都可以纳入其中。国际上有一些定义，国际生态旅游协会（TIES）对生态旅游的界定是"有责任心的造访自然的旅游活动"，换个通俗说法就是"旅游留下的只是脚印而不是垃圾"。此外，还要保护自然生态，维护在地居民的权益。中国有一些景区谋求发展就把老百姓迁出去，在国际上来讲大部分的生态旅游的业者不这样做，而要维护在地居民的生存和就业权利。要在生态环境中倾听自然、了解自然，需要理解和教育。需要培育一流的有环保意识的消费者，而这样的消费者在生态旅游领域怎样养成，实际上需要教育。

IUCN即国际自然保护联盟是联合国的一个机构，现在要申请世界文化遗产都要通过这个机构，现任主席是中国人叫章新胜（原国家旅游局的副局长），这个国际组织对生态旅游的定义是"享受和理解自然以及与之相伴的文化、承担环保责任、降低游客冲击度和维护当地人权益"，与国际生态旅游协会的定义差不多，是目前的国际共识。

"诗意的栖居"这个概念最早是由德国浪漫派诗人荷尔德林在19世纪初期时的诗作中提出的。当时的德国社会随着资本主义工业化的快速发展，社会秩序开始礼崩乐坏，拜金主义盛行。诗人呼唤自然本真的人性与神性，实现"人，在大地上诗意地栖居"。

荷尔德林的诗作一开始很少被世人所知，直到德国哲学家海德格尔的反复称赞才留名于世。海德格尔是20世纪西方最重要的思想家（也有人认为，他和萨特是20世

纪西方哲学右翼和左翼最具代表性的思想家），他认为诗是人类自己和世界的关系的最纯粹的表达，荷尔德林的诗体现了对人的存在的哲学性把握，人要能体认个体生命盲目地生存和自觉地对人生的把握间的区别，才能了解生命的意义。

梭罗是一个美国作家，他将自己在湖畔林中自然简朴的生活及感受写入《瓦尔登湖》（亦称《湖滨散记》）一书，被认为是"诗意的栖居"的实践者。他认为自然界是生命的存在，与人类息息相通，他呼唤爱护自然，是环境保护主义的先驱者。"湖是风景中最有表情的姿容，是大地的眼睛"，这是他书中的一句很有魅力的话。

从上述对荷尔德林、海德格尔和梭罗就"诗意的栖居"的解读，也可以看作是三个思想的层次：第一，回归自然是对物质至上的一种批判；第二，自觉地审视，为什么到自然当中去，要在大自然中才能感受和思索人生的意义；第三，践行与自然和谐相处，作为一种生活方式。

从这个意义上来讲，诗意的栖居和生态旅游是完全吻合的，实际上在追求生命和精神的统一，人应该简化生活、腾出时间、深入自然，才可以有更深入的思考，产生出对人生意义的把握。

就全世界来讲，之所以推动生态旅游是因为要在短期内逃离城市的生存状态，中国更有很切实的理由如大城市的拥挤、雾霾等环境因素等。生态旅游和这一届大会也有非常好的呼应，就是因为生态旅游的核心点是休闲的，它是一种对美好生活的追求，同时也是一种从容的态度。

中国的生态环境大家都很了解，现代化的历程常常以生态环境破坏为代价，这也是为什么最近几年习主席开始强调"绿水青山就是金山银山"。如果与国际相比，中国生态环境需要加强保护，中国生态旅游正在蓄势待发。

二、生态旅游的个性举例

我是很资深的旅游者，生态旅游是我30多年前一开始从事旅游的时候就首先进入的领域。我曾经在讲乡村旅游的时候使用过这个例子，就是奥地利的农庄与乡居。农民房子一半住着农民一家人，另外一半是民宿，照片中洗干净的被单就晒晾在民宿门口前的晾衣架上，是非常质朴生活的形态。照片中还可以看到乡村的景色，像一个大公园。在我所住房间的阳台上往外看去，可以看到乡村的景色，远处是山，近一点是湖，然后就是树林、草地，非常洁净。因为是农庄，可以闻到非常新鲜的空气中有一点点牛粪的味道，但是没有苍蝇，非常的乡土生态。

从照片中民宿房间内的陈设看，已经达到相当舒适的住宿程度。楼下的餐厅一角，气氛很温馨。我住过很多家民宿，有的是带厨房的，都很简洁便利。这张照片是傍晚阳台外的景色，那天下着小雨，不断有闪电划过天际。白天也很漂亮，民宿的窗户外都挂满灿烂的鲜花，非常美。

生态乐游，可以是生态农业体验，可以去喂牛，也可以骑马。这张照片的左下角是马厩，右上角是小朋友在学习骑马。走进离村子很近的小镇，居民的房子也是这样，非常民族化、个性化、很美丽。游人可以乘马车，很生态的代步工具，马车有各种各样，有好一点的，也有比较简单的，很受游客欢迎。你也可以买到农民的有机蔬菜，移动菜摊是一个车子，很漂亮，还有灯光和雨遮。国外一些发达国家的有机农产品已经变成非常标准化的一种食品提供。

从农舍往背后的山上走有长长的步道可以登山。我们现在去农家乐常常到那边吃点饭，打打麻将、打打扑克就完了，真正的生态旅游要进入自然。这张图是在半山腰，村庄渐远，但是村前的湖可以看得很清楚。走到山顶，眼前的湖就在脚下，远处的湖也可以看到，陡峭的山地，夏天可以登山，冬天可以滑雪，这是非常适宜生态旅游的乡村环境。不光能够爬爬山，还可以进行徒步的山地穿越，右边的照片列出三个选择，步行的路线可以从几十公里到更远，最长有200多公里，要走好几天。除了长度之外，路的挑战程度也可供选择，可以比较陡峭，可以比较平缓，距离、挑战度、时间多少等，还有一个穿越旅程的评分，打几个星，越多越受欢迎，这都是非常鲜活的例子。

大峡谷漂流也是生态旅游，非常好玩。美国科罗拉多大峡谷的漂流可以漂161公里，路途很长，通常是7天，有机动的，不用游客划船，有一些是要游客划船的。年龄有最低限制（儿童要7岁以上，有家人陪同），一个星期的漂流费用1000多美元，价格不算便宜，但是你参加了之后，一辈子不会忘记，非常棒。照片中可以看到漂流的情况，有很多小孩子参加。可以看到非常美的景色，是通过别的方式看不到的贴近自然的感受。有的地方还可以骑马，晚上可以睡在大河旁边，还有很生态化的厕所、床，自然中的栖居，但是不会有危险或者是不便。

三、供给侧结构性改革

现在中国能够让大家休闲度假的地方，空间的开放度非常不够，比如说现在的困境之一是"游之困"，有限区域，少量经典，单一道路，人满为患，很多酒店都是朝圣路线，直上直下，没处去、没得玩，要怎样解决？要尽可能把林地、山地、草地的空间开放，应该让国民走进自然、让游客深入自然。

美国的黄石公园在全世界非常著名，也名列联合国世界自然文化遗产，里面主要是靠营地来接纳游客，最多的时候每天可以容纳15000人在公园内居住。我本人去时就是自驾游，进去以后，把车停在营地，有的地方开车去玩，有的地方徒步，我在里面住了一个礼拜，非常多的地方可以去。有很多家庭夏天带着孩子在里面住两个礼拜，甚至住一个暑假。黄石公园中的硬路面公路就有580多公里，不是固化的土路作为徒步路径有1700多公里。对比之下，国内最著名的景区都是几十公里园内道路，没有空间可以自驾游或徒步客进入，游客待不住。

从黄石公园的交通图可以看出园区内主干道公路和步道的分布，有很详尽的徒步路径与路线的地图。可以在园中钓鱼、溯溪，背个背包就可以走。

所以，全域旅游就应该做得尽可能的全域开放，景区应该有更多的进出口，园区里要有更多的交通道路，来分散人流。自驾公路要与游客步道结合，露营地、汽车营地结合。森林公园要有林相管理，小灌木要清理使林中空气流通，林子要能够进得去，待得住。呼吁国家将资源空间对国民更加开放，用大空间容纳分解巨量人流，做到有处去和有的玩、用生态旅游吸引游客，做到待下来、不想走。

四、诗意栖居生态旅游的内容拓展：生态建筑与生态食品

新加坡把生态概念引入建筑设计和房屋改善，非常棒，可以节约70%的建筑能源（如取暖、空调、水的再循环利用等）。新加坡全国获绿色建筑标志认证的建筑已达1/3，发展目标是2030年80%建筑为绿色建筑。为此要求2025年绿色建筑专业人士（建筑师、工程师、设施经理及项目经理等）要达到25000名（目前已有16000名）。

绿色建筑在世界各国有各种绿色标准，有的是绿色建筑，有的是绿色园林。照片中显示的是美国加州的绿色停车场（Santa Monica, CA），顶层是太阳能，透光性、温湿度、能源消耗都在设计时有很充分的考虑，实用美观经济，我们在中国推动生态旅游中有关建筑的部分可以借鉴。

现在大家谈食品色变，因为我们吃的不是健康的有机食品，而是有毒的无机食品，我们喝假酒、假矿泉水以及高农药成分的水果和茶叶等。因此要有绿色、有机的标准提出来并进行推广。

美国提出可持续食品理念，包括吃有机食物、少吃传统的肉类与奶类、避免加工类食物、吃当地种植的食物、减少食品包装和厨余回收等。这些都是中国生态旅游可以借鉴的。照片中日本的抹茶，也是获得有机证书的产品，从栽种、采摘到加工都符合绿色标准，安全健康，不光是作为茶可以喝，也可以作为特殊的加工原料，做糕点和冰激凌等，用途很广泛，而中国的茶基本上只是喝的。生态概念还可以进一步延伸，可以包括生态建筑、生态设施、生态食品、生态用品、生态教育等。最后能够做到生态旅游，绿色产品；概念入脑、体验走心。

生态旅游是一种短暂的诗意的栖居的方式，可以是山中、林中、洞中、月下、树下、花下、湖上、江上、海上，或草原、沙漠、极地等。生态旅游追求的是生活质量的内容，而不是生活标准的高低。

中国古代的文人对生态旅游诗意栖居也有很多想法，陶渊明的《闲情赋》中就提到"栖木兰之遗露，翳青松之余阴"，李白的诗《山中问答》更是做出这样的歌咏："问余何意栖碧山，笑而不答心自闲。桃花流水窅然去，别有天地非人间。"

生态之美，旅途领略，心有猛虎，细嗅蔷薇。谢谢各位！

一流自驾目的地的自我修养

全国休闲标准化技术委员会副秘书长　付　磊

为什么选择这样一个题目——《一流自驾目的地的自我修养》？因为其他领域的专家都太多了，只有这个领域，虽然市场很热，但是研究的人并不多，所以比较容易出成绩。这两年不光是我个人，还有我们的休闲标委会，包括规划院，一起在研究自驾游目的地。

今天讲三个层面的内容，第一是自驾游，第二是露营地，第三是目的地。这三个概念在操作上还是有差别的，有重叠的地方，我们一般会把自驾游和露营地搁在一起，目的地属于近年来刚刚新出来的一个概念。

一、自驾游

首先做一个概念性的界定，自驾游就是"以个人和团体自己驾驶机动车为主要交通方式的旅游休闲活动"。关键是自己驾驶机动车，还有相关的一些概念，比如旅居车、露营地，是近十几年才在中国出现的。在欧美等车轮上的国家，早就出现了。在中国，如果不是把机动车而是车辆作为旅行的交通工具，那么历史是比较早的。周穆王驾八骏之车去会见西王母，这是大家知道最早的关于自驾游的故事。人类发明了车，首先是因为发明了轮子，这是一个非常巨大的突破，它缩短了人们对于距离的感受。我发现，轮子上的民族，往往都是征服他人的民族。比如说在早期西班牙人去了南美，把玛雅文明基本消灭了，玛雅文明创造了非常灿烂的文化，但是这个民族没有发明轮子，这是很奇怪的现象。我们近代的历史也很清楚，车轮上的民族走得快，心理和视野就比没有轮子上的民族更宽更远。

我们历史上，自己驾车出去玩也不是新鲜事儿。有很多的古诗名句，我列了几个，比如"向晚意不适，驱车登古原。夕阳无限好，只是近黄昏"。诗词大意是我傍晚心情郁闷的时候，就驾车出去玩了。只不过当时的车都是马拉的。现在意义上的自驾车旅游就是开的机动车，就是汽油、柴油或者电力驱动的。在咱们国家，20世纪90年代家用汽车进入中国，老三样"桑塔纳、捷达、富康"。21世纪之初汽车普及，汽车开始进入日常生活。自驾游的发展跟一个国家进入轮子时代关系是紧密相关的。一个国家如果从一个步行或者慢悠悠的交通方式进入车轮时代，就必然会走出去。我们"一带

一路"倡议的提出,也是跟我们交通通达的能力,例如高铁、轮船、飞机、汽车是相关的。所以,自驾游在这个时代出现,并且越来越热,也是有很强的时代背景的。

自驾游在当代中国至今经历了三个阶段。第一个阶段是20世纪90年代到世纪末,从无到有。只有在几个一线城市才会有些比较富裕的家庭拥有汽车。最早的汽车俱乐部,是1995年在北京成立的。第二个阶段是"十五"开端到"十二五"末,从小到大。"十五"规划首次提出鼓励汽车加入家庭。随着我们国产汽车的崛起,价格越来越便宜,公路越来越多,人们自驾游就越来越多。这是一个基础的生产力所决定的。第三个阶段就是讲究品质集约发展的阶段,从多到好,从大到强。也就是"十三五"这个阶段。

新阶段有若干标志和特征。首先是关于自驾游出台了很多规划、标准和行业组织。现在全国几乎每个省区市都成立了自驾游的行业协会。其次是出现了很多新业态、新产品、新品牌。这几年关于自驾游集结的IP层出不穷。今年10月份阿拉善的英雄会,上百万人,十几万辆车,在短短两个礼拜就集结起来了,这是一个非常令人震撼的IP。最后是很多地方把自驾游目的地作为自己发展旅游的定位。我们今天讨论的休闲度假,问题是你是什么样的休闲、什么样的度假。面临的最直接的一个问题,我怎么过来?现在很多地方非常欢迎自驾游消费者,但是基础设施和公共服务并没有为此做好准备。这些方面的特征,在2016年就已经成型了,所以进入到提质增效集约发展的阶段。

2016年中国自驾游总人数25.8亿人次,占整个旅游市场的比重约60%。各个省稍微有点差别,但就算是低的也都在五成以上。从这几年的数据看,比重一直在增长。

二、露营地

露营地和自驾游有交叉的地方,但并不是一个完全等同的概念。平时自己开车出去玩,我相信大家主要还是住在酒店里面,或者是民宿、农家乐。只有极少数人住露营地。当然,露营地的供给数量现在也是不够,你想去住也住不了。

露营的形态不是在今天才出现的,我们祖先就是在野地里住。实际上人类露营的时间,包括在野地里住,在洞里,或者在窝棚里的时间,要远远长于我们住在城镇、乡村或者小区的时间。所以露营并不是简单地玩,而是人的本能的回归。在农耕民族,中国以及东亚,在露营方面的基因不是很强。游牧民族就习惯露营生活。现在的蒙古族,很多还处于一种露营的生活状态。

中国现代意义上的旅居车,最早的是1986年当时叫京旅旅游汽车公司引入的40辆房车,主要用于外宾接待,后来并入到首都汽车公司。大部分人对旅居车或者房车的印象,都是1999年的贺岁电影《不见不散》,葛优开的那种房车。中国人突然发现,这种生活方式还是挺有意思的。旅居车和露营地真正的发端是从2001年开始的,最早的房车是中天生产的,最早的营地也是中天建设的。

全世界露营地的数量是比较多的，大约有 5.5 万多个。当然具体分类标准有差别，但这个数量已经很大了。尤其是近 20 年，我们到欧洲或者美国、日本这些国家去旅行的时候，发现他们新建的酒店几乎是没有的，但是新建的露营地层出不穷。这说明他们旅游和休闲度假的方式，发生了根本的改变。

2013 年是露营地发展的一个重要年份，数量出现了跃升。为什么从 2013 年开始，我国的自驾游包括露营会进入到一个井喷阶段，这就是刚刚说的，咱们已经踏上车轮子了，无数的汽车、无数的品牌，已经供大于求了，大家需要一个新的突破口去消化这些产能。所以，国务院就把自驾游、露营地作为一个很强的消费领域来支持。

我粗略梳理了一下住宿业态的变化过程，从 80 年代开始，涉外酒店、星级酒店、度假村、商务酒店、主题酒店、度假酒店、奢华酒店、民宿客栈、短租房、露营地，这是一个旅游住宿形态的基本演进过程。最近刚公布的《国民经济行业分类》，把露营地列入特殊住宿行业。中国目前以及可预见的未来最不缺的就是房子，还有大量的房地产转向度假公寓、短租房。整个住宿业过剩是肯定可以预见到的。在这种情况下，营地肯定不能是一种住宿业形态，否则就没有存在的价值，因为已经很多过剩了。有一次我听魏小安老师出差回来讲，营地看着很好玩，住一天还可以，最终还是星级酒店住得踏实和舒服。这是因为我们从小没有养成露营的习惯。美国的数据统计，常态露营人口占到总人口的 15%。我们的常态露营人口比重几乎可以忽略。所谓常态露营人口，就是一个月不出去扎几次营就浑身痒痒的人口。我们一年扎一次营就浑身痒痒，其实是没有形成露营的习惯。我们的孩子，比如 00 后，从小就在野外住帐篷，出去自驾游、长途旅行，他对住宿形态或者露营生活的追求，与我们是完全不一样的。所以说露营的前景是远大的，未来会更美好。

我们来总结一下，露营地不能仅仅是自驾游的一个住宿环节，而是一种文化和生活，是一种目的。所以在制定露营地标准、做露营地课题研究的时候，也是这么一个界定。露营地的价值在于它所在的垄断性的区位和所融入的环境，而不是靠我的房车有多贵。值钱的是环境。露营是一种可持续的生活状态，而不是说我在那儿住两天就走了。

关于露营地，相关部委发布了不少支持文件。这些文件前后有一些矛盾。比如在露营地属性方面，在国家旅游局联合多个部委发布的 241 号文件，把露营地原则纳入到景区序列登记管理。但在新发布的国民经济行业分类里面，露营地又是特殊住宿业。在实践经营中也发现了这个问题，露营地经营开业之后，必须开住宿业的发票，要是开景区的发票是报销不了的。可以看出，露营地的生存面临政策环境的纠结期。这个困难是很短期的，包括对露营地的用地性质，之前就是按照旅馆用地来供给，现在分类指导也做了一些调整。

三、目的地

目的地这是更大的一个范围。为什么需要自驾游的目的地？除了车保有量、自驾游群体的增长之外，大家对自驾游的规律认识，现在还不是很到位。大家说旅游形态的趋势，是从大巴、观光组转向散客，这是对的。我们组团游一定是大巴拉的，没有问题。但是我们的散客是怎么来的呢？一部分是坐高铁来的，但大部分人是自己开车过来的。人是车拉过来的，我们不能只盯着人不盯着车。

举个简单的例子，有100个人，如果是团队游的话那就是两个大巴，两辆就可以拉100个人，100个行李箱，需要一个领队、一个酒店、一个餐厅、一个商店、一条线路，就可以完成这个行程。如果是自驾游的话，100人，就是30辆车，30个后备厢，需要多家酒店、多个餐厅、多个商店、多条线路。从团队大巴到散客自驾车，这种旅游形态的变化，是从线性的消费、线性的旅游，转向为云消费、云服务、全域游。这是市场的变化。我们搞研究的或者旅游部门或者政府管理者，很少自己开车出去玩。在节假日，旅游工作人员都是在接待，旅游局或景区的管理者出不去，所以不知道自驾游是个什么情况。

大众自驾游的特点是规模大、井喷式、多元化，对基础设施、公共服务和产品线路的需求是很大的。这个怎么衔接？比如说丽水，如果接待一个100辆车的车队，我相信如果进到市区里面，城市交通干道就瘫痪了，100辆车拉出来大概四五百米，两个红绿灯之间的距离也就是三四百米，信号灯都调不过来。这种自驾游大规模出现，你怎么去解决他。一些郊区的露营地或者其他接待设施可以分流，但是更多是要依靠基础设施和公共服务。在目的地建设中，需要专门针对自驾游提供服务设施。例如游客集散中心，不少地方在游客集散中心上花了很多钱，但是利用率低，呈闲置状态。城市的游客集散中心，一开始设计的服务对象都是团队客的，大巴停进来，然后发出去。其实团队是不需要集散中心的，他们有领队、有导游，不需要集散中心，也不需要公共服务。只有散客、自驾车才需要集散中心和公共服务，而你的集散中心又没有为这些人准备，他们来了找不到自己需要的，你想服务的人家又不需要。这是我们面临的问题，浪费了投资和资源。

现在已经出现了一批标准，有中国旅游车船协会制定的《自驾游目的地的基础设施和公共服务规范》，还有露营地、自驾游领队的标准，希望大家能够采用。自驾游目的地，就是能够成规模吸引和接待自驾游客抵达，并停留一段时间开展休闲旅游活动的区域。简单来说，自驾游目的地有三个组成部分。一是基础设施，包括道路、停车场、加油站，集散中心、露营地、驿站、驻车观景台、环境卫生还有标志标识。道路、风景，驻车观景台和驿站就组成了风景道。风景道上单是有好风景还不行，风景好了容易出车祸，大家看风景就不能集中精力开车。所以风景道上一定要有驿站，要可以安全地驻车、放心地观景。二是公共服务，包括规划、产业政策、统计调查、标准化、咨询、救援、公共信息等。三是市场服务要素，例如汽车俱乐部、自驾游保险、汽车旅馆等。这些设施和服务加在一起，构成比较完整的自驾游目的地。

　　《诗经》中有一篇《车攻》，"我车既攻，我马既同，四牡庞庞，驾言徂东。"这反映的是周王驾车出去打猎的场景。自驾游并不是一个很新鲜的事情，从古代就有。只不过那个时候能驾得起车的，都是皇亲贵族，老百姓没有这个能力和资格。现在我们老百姓人人都有车了，意味着大众自驾游的时代到来了。我希望有更多的城市、更多的乡村，成为自驾车游客喜欢和追寻的优秀目的地！

发布篇

标准，让休闲更加美好
——《休闲主体功能区服务质量规范》发布

全国休闲标准化技术委员会主任 张灵光

尊敬的各位嘉宾、各位朋友：

休闲作为一种生命状态，从人类诞生以来就已存在！

休闲作为一种生活方式，是现代社会不可或缺的组成！

休闲作为一种产业模式，是工业化后期和后工业化时代最重要的特征！

标准化，是提升休闲品质的重要保障！

全国休闲标准化技术委员会（SAC/TC 498）于2009年经国家标准化管理委员会批准成立，是中国也是世界上首个从事休闲领域标准化的技术工作组织。

截止到2017年10月，全国休闲标准化技术委员会共完成3个国家质检公益性课题；组织制定国家标准23项，其中20项已经正式颁布。

2017年10月14日，也就是世界标准日期间，国家质检总局和国家标准委正式颁布了由全国休闲标准化技术委员会归口管理的国家标准《休闲主体功能区服务质量规范（GB/T 34409-2017）》。

休闲主体功能区，是指生态环境良好、休闲资源富集、服务设施完备、休闲业态丰富，具有较大的空间范围，边界清晰，以休闲消费和服务为主导功能的国土空间。

休闲主体功能区是一个休闲空间综合体、一个休闲业态聚集区。本标准深刻体现了综合标准化的理念，在休闲标准综合体的基础上形成，因此，本标准涵盖了各类休闲空间和业态，对各类环境的质量指标和各类业态的服务质量要求也进行了全面引用。

标准对规划的制定、审批、相关规划衔接、利益相关者成果共享、环境影响研究和资源保护、产业发展融合提出了指导性要求。

标准对区位交通、风景道、慢行绿道、停车场、公共交通等提出建设性要求。

标准对休闲空间与设施，包括公共休闲空间分类、中央休闲区、度假社区、旅游度假区、休闲乡村、休闲小镇、休闲露营地、旅游景区、社区休闲、休闲公园、休闲商业区、文化创意园区、文化场馆、运动场馆、健康养生场所、住宿设施、餐饮设施、娱乐设施等应该和适宜存在的各类休闲空间、场所和设施提出了规范性要求。

标准对节事活动、电力电信、给排水、标识和咨询、安全管理、卫生管理、智慧管理和服务、服务质量管理、休闲教育与培训等提出了基础性要求。

标准还对城乡休闲服务一体化提出了引导性要求。

以休闲为主体功能的国土资源聚集区，具备优良的休闲环境，聚集丰富的休闲业态，服务国民大众的休闲生活，顺应我国经济社会发展趋势，符合全面建成小康社会的目标要求，是建设生态文明的有益实践。

美丽中国，普遍有闲！《休闲主体功能区服务质量规范》国家标准，理念先进，生逢其时。欢迎各地方、各部门采用和实施本标准，假以时日，必有大益！谢谢大家！

《中国休闲度假发展报告》数据发布

携程旅行网高级副总裁　汤　澜

各位嘉宾：

　　大家好！

　　我用几分钟时间讲一讲和休闲度假分会一起合作的《2017年旅游中国休闲度假指数》。为什么携程能够和度假分会做这样一个数据？主要因为携程的规模在休闲度假领域做到了中国最大。一个月的酒店预订数或者机票预订数在千万以上，一秒钟十几间客房已经预订掉了，二十几张机票预订掉了，作为旅游度假来说，基本上一秒钟三个目的地已经预订掉了。所以基于这样一个规模，我们和休闲度假分会一起制作了休闲旅游度假的指数。

　　在发布指数之前，我先讲几个趋势（如图1所示），对于当前中国旅游来说，最关键的趋势是从观光旅游转入到休闲度假旅游。上周我在苏州不经意碰到一个上海人，我也不认识他，他在一个面馆，我问你是怎样到苏州来旅游的，他说纯粹是为了吃。他说就看你们携程榜单，不选星级榜单，只选风味榜单，这就是休闲度假、体验式旅游。

> - **全球化趋势**：2017年，携程服务度假游客到达全球132个国家（地区），1118个目的地城市
> - **无景点旅游**：以酒店为中心，融入当地人生活区域
> - **平台化移动化时代**：一站式购买与服务、70%APP预订、即时决策
> - **非标准个性化服务**：民宿、当地向导、私人定制业务倍数增长
> - **地面成为主战场**：一半以上消费发生在目的地
> - **从行前到行中服务**：携程自由行微领队服务超千万人次

图1　中国旅游趋势

　　最终指数到底是多少？今年是第一次和休闲度假分会发布这样一个指数（如图2所示），以区别于观光旅游与散客自由行、自驾、私人定制等内容。对比观光旅游，2017年的数字是60%，也就是说一半以上已经是从观光旅游向休闲旅游、度假旅游转变。这是2017年的数字，我相信第二年指数、第三年指数还会向上发展。

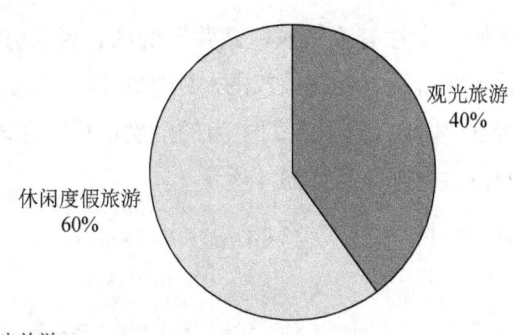

观光旅游：跟团观光旅游
休闲度假旅游：散客自由行、自驾、邮轮、私家团、私人定制

图 2　中国休闲度假旅游指数

除了大的指数之外，分享一下通过携程大数据得到的关于休闲度假其他指数。从APP热搜来说海岛、美食、自然探索、户外探索等这些都是休闲属性（如表1所示）。自由行占62%，但是半自助、游人私家团，尤其是定制旅游，携程定制旅游成2倍、3倍、4倍增长，旅游方式当中飞机占59%，高铁、大巴也占不少份额（如图3所示）。

表 1　APP 热搜关键词

序号	关键词	指数
1	海岛	100
2	美食	96
3	自然探索	95
4	户外运动	95
5	家庭亲子	90
6	五星酒店	81
7	避寒/避暑	79
8	城市休闲	78
9	度假体验	71
10	疗休养	70

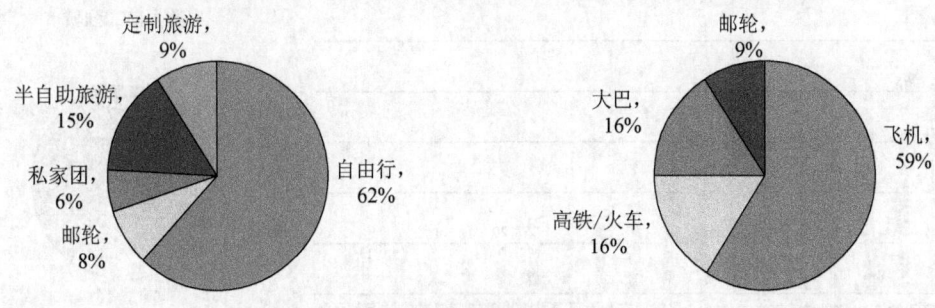

图 3　休闲旅游方式及交通方式

到底谁去旅游？女性有决策权，做营销的话，男女分别占57%和43%，女性在休闲旅游当中还是有非常强大的决策权的。刚才说到80后，我们仔细想一想，80年出生的到现在也已经37岁了，这是我们主力的消费群体，基本上19~45岁的占60%以上，家庭游、亲子游占主导部分（如图4所示）。

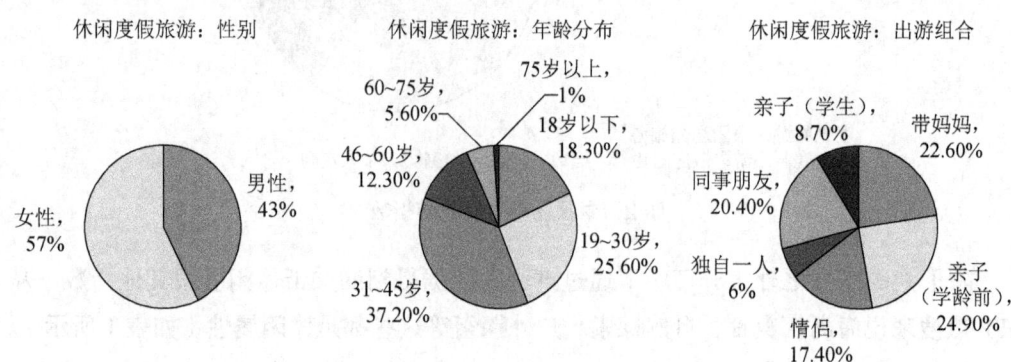

图4 休闲度假游（性别、年龄分布、出游组合）

消费金额逐渐扩大，国内休闲游达到2000元（平均）人均消费，国外达到6000元（如图5所示）。在整个城市当中，在出发城市当中，上海、北京、天津、广州、杭州、成都、南京、深圳是重点出发城市，主要集中在华东，华东占八个城市，华北占四个城市（如图6所示）。

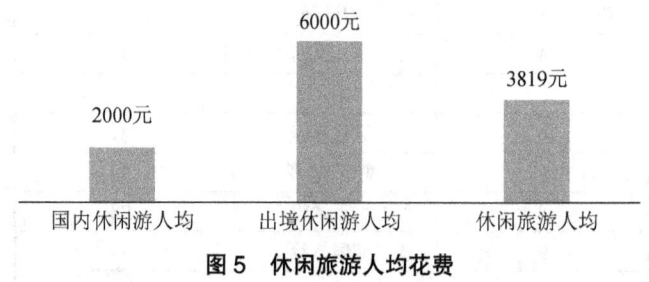

图5 休闲旅游人均花费

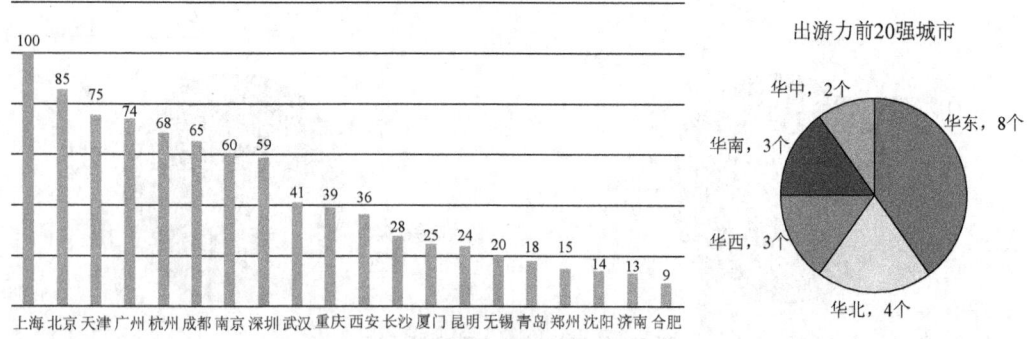

图6 中国城市休闲度假"出游力"指数

从出发城市消费力来说,主要集中在北京、上海一线城市(如图7所示)。当然乌鲁木齐也好、沈阳也好、长春也好,因为它们还是比较偏远,出去主要消费还是在飞机票上,这些城市消费还是比较高的,但是主要还是北京、上海,可以看出二三线城市消费能力在慢慢赶超上来。

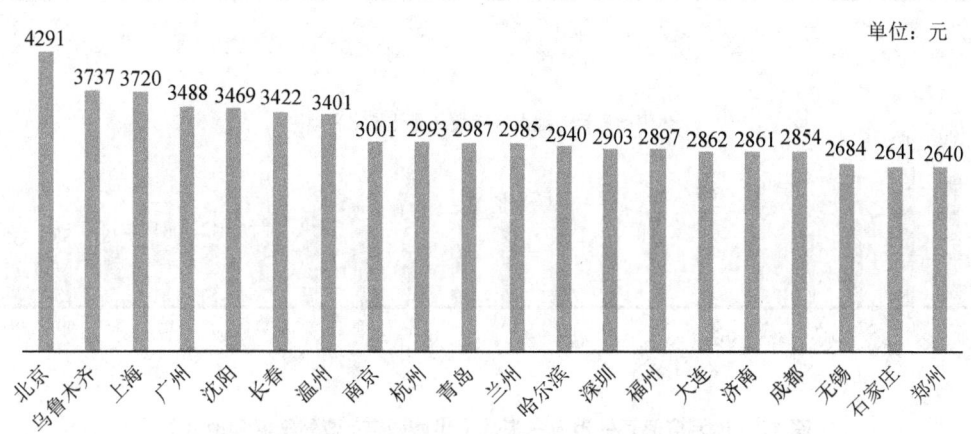

图7 休闲旅游消费力榜单:人均消费前20的出发城市

从休闲度假目的地来说,在线预订人数来看,三亚、厦门、上海、北京、广州、成都还是热门城市(如图8所示)。

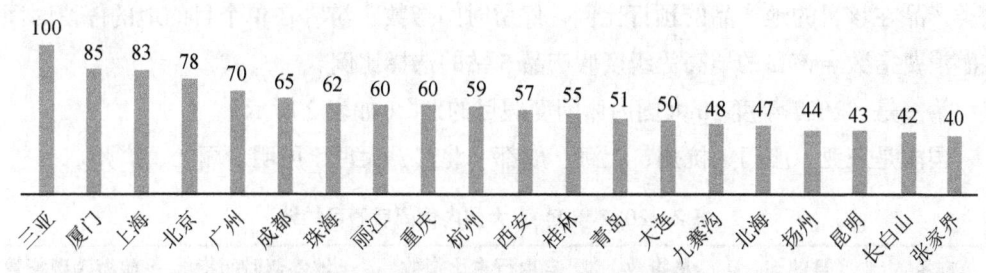

图8 休闲度假目的地人气指数(国内城市)

海南、浙江、福建、广东、上海、云南也是重点目的地(如图9所示)。

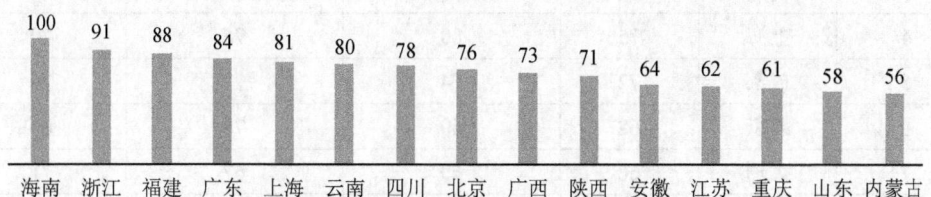

图9 休闲度假目的地人气指数(国内省市)

出境城市是曼谷、新加坡、香港、普吉岛(如图10所示)。

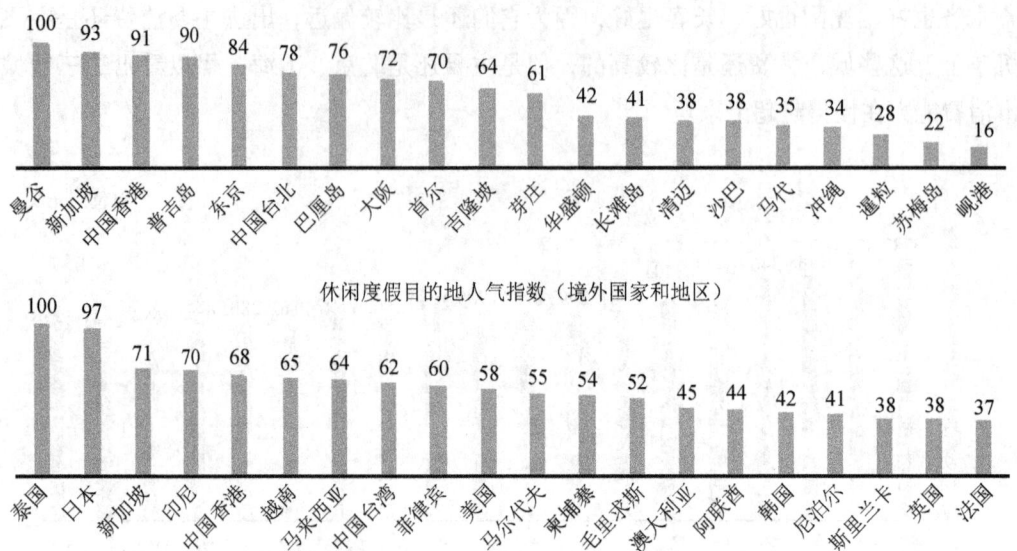

图 10　休闲度假目的地人气指数（出境城市/境外国家和地区）

我们根据目的地休闲度假指数、自由行指数、停留时间指数、旅游消费指数四个指标，列出年度目的地休闲度假指数排行榜。其中，目的地休闲度假指数＝（度假自由行指数＋目的地停留时间指数＋旅游消费指数）/3，自由行指数＝自由行、自驾、邮轮类产品在该目的地产品的预订比例，停留时间指数＝游客在单个目的地的停留时间，旅游消费指数＝该目的地高等级度假产品 5 钻的选择比例。

第一是"2017 年度 10 大国内休闲度假目的地"（如表 2 所示）。

国内是三亚、厦门、杭州、上海、成都、北京、大理、昆明、丽江、广州。

表 2　2017 年度 10 大国内休闲度假目的地

排名	目的地	总指数	自由行占比指数	一地停留时间指数	旅游消费指数
1	三亚	92	95	94	87
2	厦门	86	90	81	87
3	杭州	80	90	76	74
4	上海	75	80	75	70
5	成都	72	74	72	70
6	北京	68	60	78	66
7	大理	66	60	67	71
8	昆明	60	60	61	59
9	丽江	58	58	59	57
10	广州	55	57	60	48

第二是"2017年度十大境外休闲度假目的地"（如表3所示）。

国外是马尔代夫、夏威夷、大溪地，都是海岛旅游。如果说到休闲度假，去国外主要还是海岛旅游。

表3　2017年度十大境外休闲度假目的地

排名	目的地	总指数	自由行占比指数	一地停留时间指数	旅游消费指数
1	马尔代夫	97	100	98	93
2	夏威夷	93	90	97	92
3	大溪地	91	93	92	90
4	毛里求斯	88	90	88	86
5	斐济	86	87	87	84
6	塞舌尔	83	81	87	81
7	巴厘岛	80	80	83	77
8	长滩岛	77	78	80	73
9	沙巴	74	75	76	71
10	普吉岛	72	66	70	80
11	中国台湾	70	60	78	72
12	迪拜	69	57	82	68
13	中国香港	66	70	62	66
14	巴黎	65	60	70	65
15	伊斯坦布尔	60	58	64	58

今天由于时间关系，我简单把报告里的中国旅游休闲指数向大家简短地汇报一下，希望和中国休闲度假分会，包括在座的各位，开创休闲旅游度假的新时代，谢谢大家！

《中国休闲度假发展报告》核心观点发布

中国旅游协会休闲度假分会副秘书长、
北京联合大学中国旅游经济与政策研究中心主任　曾博伟

感谢各位嘉宾，我们这个报告内容很多，一共5万多字，我大概做了一个归纳，归纳了当前休闲度假产业发展的10大特征。

第一，休闲时间更加充裕。当前休闲分成三个部分：小闲，一天当中8小时之外有三分之一时间；中闲，双休日以后每周有三分之一所有时间；大闲，一年国民法定休假日达到115天。这三个三分之一，构成了整个休闲时间的基本本体。

第二，发展基础更加夯实。一是中国进入到工业化的中后期，整个产业结构从一二三产变成了三二一结构，第三产业在国民经济中的比重明显增加；二是中国步入中上等国家行列，可以预计2049年中国应该可以成为中等收入接近高收群体；三是纺锤体社会阶级结构基本形成；四是大交通格局的深刻变化；五是制度环境不断完善。

第三，战略结合更加紧密。刚才几位领导致辞当中已经提到，我们休闲度假是符合时代发展的方向，符合小康社会的要求，也符合未来两个一百年中建设中国社会主义现代化的要求，所以这种战略的结合也和我们休闲度假产业提供了很重要的契机。

第四，休闲市场的全面勃兴。2016年麦肯锡专门做过一个调查，2012年中国居民消费发生了一个根本性的变化，从过去对于产品类、物质类消费转向对服务类消费，休闲、娱乐、旅行成为最大增长点，带薪休假落实率已经达到50%，老年、中年、青少年休闲市场都有全面发展。

第五，休闲业态群雄并起。旅游产业占GDP比重超过4.33%，文化产业达到了4.14%，体育产业接近2万亿，餐饮产业占消费市场11.1%，休闲产业占国民经济80万亿比重中，我们应该可以占到百分之十几，甚至百分之二十。

第六，度假产品百花齐放。我罗列了11种产品，比如说旅游度假区，最早国家12个旅游度假区到现在2015年17个国家级旅游度假区，包括大量省级度假区。乡村旅游有25亿人次大市场。山地度假，以丽水为代表的山地度假产品快速发展。湖泊度假，中国湖泊大大小小包括人工湖超过10万个，发展空间很大。户外运动陈总已经讲到了，户外运动也是未来休闲度假发展的重要领域。温泉度假，全国发现的温泉3700多处，每年接待游客超过1亿人次。汽车露营地全球超过1000个，主题公园超过3000个，旅游演艺遍地开花。城市中央休闲区成为休闲度假城市的标配，全球邮轮旅游市场超过 2470 万人次，还有很多度假产品都在快速发展。

第七，标准引导作用突出。目前整个休闲度假领域标准超过 20 项，这些标准正在引领各个地方，包括各个休闲度假企业的持续健康发展。

第八，发展的过程当中也有很多值得我们关注的一些误区，主要有几个方面：休闲空间还不是很充足，城市休闲空间很少，乡村休闲空间严重不足，度假产品非常短缺，整个休闲度假产品的精细度不够，投资泡沫已经出现，这个过程当中需要理性投资、科学投资。

第九，产业发展方向更加明朗清晰。未来向结构优化、企业强化、消费细化三个方面转变，推动产业发展来讲应该有几大措施，要强化软开发、减少硬建设、开拓大市场、实施大推进、促进大转型、完善休闲度假发展的体制机制。

第十，发展前景无比广阔。未来劳动力大量释放，在 5 年之内到 2020 年，按照国民旅游休闲纲要要求，带薪休假将得到全面落实，10 年以后 4 天工作制完全可能实现，甚至预计 2049 年，3 天的工作制也不是痴人说梦，随着人工智能的发展，大数据、大智慧、大教育、大健康、大生态、大休闲、大服务，才是未来最有希望的发展领域。今天，在座的都是和休闲度假紧密相关的领导、开发商、企业者，我们非常有幸赶上这样一个伟大的休闲度假时代，让我们能够投身到时代当中，在时代发展当中找到更多的机遇，在无比广阔的休闲度假产业中找到自己的发展空间。

谢谢大家！

授课篇

敢为天下闲

中国旅游协会休闲度假分会秘书长、世界旅游城市联合会首席专家　魏小安

我们这次会议强度非常之大，信息爆炸、经验丰富，在这样的情况之下，大家能够坚持下来，我从内心里表示感谢。从中我看到了三点：一是求知若渴；二是求经若渴，这里的经就是很多人的经验之谈；三是求贤若渴，这几天不止一个人在找我推荐人才，实际上我们现在最缺的也就是人才。

本来我构想这个会是四个时光：第一个是漫谈时光，但我们不是漫谈，是高强度的谈；第二个是潇洒时光，我发现没怎么实现；第三个是享受时光，会前、会后有可能享受时光，尤其是在丽水休闲一把；第四个是慵懒时光，喝喝酒，睡睡懒觉。结果我只发现了高频的聚谈时间，我们之所以下决心这么安排，就是要让大家不虚此行，尤其是很多较远的地方过来的，辛辛苦苦来一趟，让大家觉得不虚此行就可以了。经验性的东西这两天大家听了很多，这么多行业大咖介绍自己的情况，分析自己的做法，理论性的东西刚才也在讲。我最后讲一点思想，因为一个产业的高度，最终取决于思想的高度，一个企业的广度，取决于这个企业的思想的广度，我今天的题目就叫《敢为天下闲》。

导言：美好生活

为何要敢？敢为天下先，这句话只有在中国的语言里有，中国传统文化要求均质化，"枪打出头鸟""出头的椽子先烂"，都耳熟能详。但若是没有敢为人先，何来社会进步？反过来说，敢为天下闲，也是如此。游手好闲自古以来就是贬义词，与闲有关的批评也成为意识形态的主流，直至今天，虽然可以堂堂正正地倡导休闲，但是主流意识形态仍然在倡导奉献乃至牺牲。这一点我是不赞成的，若没有敢为人闲，何来美好生活？十九大报告指出：中国特色社会主义进入新时代，我国社会主要矛盾已经转化为人民日益增长的美好生活需要和不平衡不充分的发展之间的矛盾。我们要落实十九大精神，就得有敢为人闲，没有闲就没有美好生活，就是这个逻辑。美好生活，一曰美，二曰好。大家都追求好日子，种植业保障生存，制造业缓解短缺，服务业提供便利，但这都是"日子"，但若没有休闲度假就没有"好"，所以，美好生活休闲度假打头。但是从现在来看，我们多年的惯性，思维惯性也好，意识形态的惯性也好，

包括治理的需要也好，都有这么一个问题。战争时期革命年代的意识形态不能对应和平时期建设年代，需要转换。电视上宣传的英雄模范，一定是不把自己当人，无论如何艰难困苦，即使发烧起不来了，还要工作，而且还不能把家当家，爹娘不行了，老婆孩子不行了，不管不顾。我们到底在宣传什么？我们的目的到底是什么？如果我们宣传的都是这样的英雄模范，就意味着我们都不要做人，更不能追求美好生活。所以这是矛盾的，但是这种矛盾往往大家意识不到，按我的看法，老百姓想踏踏实实过好日子，这比什么都重要，这也是十九大精神的核心，美好生活的需要。这些根本问题如果不调整，不要说产业能不能发展，根本就是我们的治理目的能不能实现的问题。

把时间花在美好的事物上，才是有质量的生活。所谓美好，曰美文、美境、美景、美人、美食、美术、美乐，等等，这是美的对象；从容欣赏，慢慢享受，这是美的过程。所以，集中起来就是一个美的意思，我们要把美扩大，覆盖到休闲的全领域，延伸到休闲的全过程，这样才可能进入到一个新的高度，达到一个新的意境。如同费孝通先生所言："各美其美，美人之美；美美与共，天下大同。"

一、关于休闲

1. 什么是休闲

休闲，一是闲暇时间，二是对应方式。"休"就是对"闲"的消费方式。从民生角度，生产力的发展和社会的进步，最终是创造了更多的闲暇时间和多样化的方式。闲是可自由支配的时间，休是消磨自由时间的方式，休闲是对自由时间的多样化安排。"休"和"闲"加在一起，反映出一种社会文明和进步，原来我们没有这个概念。

从时间维度上，有小闲，日常休闲，八小时之外的闲暇是一天中的三分之一；有中闲，大周末是一周中的三分之一；有大闲，法定假日和带薪假期是一年中的三分之一。在约定俗成的语境中，小闲为休闲，中闲为旅游，大闲为度假。

在空间维度上：家庭休闲：休闲空间的基础。社区休闲：休闲空间的放大。城市休闲体系：休闲空间的延伸。环城市休闲游憩带：休闲空间拓展。乡村休闲：休闲空间的发散。异地休闲：休闲空间的辐射。网络休闲：新型空间的突破。最后是互为空间，形成完整的网络体系。至少从思维的发散性来说，关于休闲我们要从时间和空间两个维度上来理解。

2. 休闲的意义

休闲追求的本质，成为人。现在人作为一个自然的存在，或者作为一种社会的存在，我们生存的意义何在？我们所接触到的，包括我们从小所接触的教育，都是一种异化的表现。比如孩子们从小时候接受的就是所谓的成功教育，一直到今天，从家长到学生，大家强调的都是成功，那我再问一句，成功的意义何在？所以更重要的是休闲的追求，是成为人的过程，这是本质的体现，也需要一种环境的创造。从个人而言，休闲是自我实现的重要选择，休闲是自我实现的重要条件，休闲是自我实现的升华。我们可以发现一种现象，有的人在机构里面，或者在某单位，好像不显山不露水，但是在休闲的场所，他可能变成一个领袖级的人物，这就是人的两面性，这样的人越在单位里沉默，在另一面表现得反而越充分，当然我们希望的是在哪方面都有自己的表现。从社会而言，休闲是家庭和谐的重要方式，休闲是社会和谐的推动力量，休闲是大同世界的终极形式。所以要讲未来，我认为未来我们把休闲做好了，世界大同了。最终是要摆脱工作，摆脱世俗，摆脱自我。

浪漫的心态，创造的状态。适意，随意，快意，诗意。所以我才提出我们要研究诗意的生活，不仅是在我们的日常生活里，更重要的是在我们的休闲生活里。一般来说休闲有两种方式，积极休闲和消极休闲。积极休闲就是通过旅游休闲、文化休闲、体育休闲等各种方式来进行，这既是劳动力再生产的过程，也是社会资源再分配的过程。城市生活三分之一的时间处于闲暇状态，就意味着城市资源的相当一部分要通过休闲进行重新分配，而分配的过程本身，就是在推动休闲度假业的发展。消极休闲就是喝大酒、睡懒觉、打麻将之类，这是我们中国人比较习惯的休闲方式。从某种意义上说，消极休闲会对整个社会产生一定的消极影响。所以我们要避免消极休闲，去倡导积极休闲。积极休闲必须要有一定的条件才能实现。从古人造字的角度来说，休闲的休是一个人靠在树上，闲是门中有月，所以发展积极休闲就要有一定的意境和环境。美国人在休闲方面是最狂热的，全世界好玩的都是美国人创造出来的，欧洲人休闲是比较优雅的，中国人休闲是比较慵懒的，实际上这和我们从小没有接受过休闲教育，也没有休闲的地方有直接关系。我们需要创造一种高境界的休闲氛围，人人是演员，创造角色；个个是观众，融入其中；处处是场景，烘托感觉；时时是情节，未可预期。这就是一种比较理想化的休闲环境、休闲氛围。

3. 关于休闲产业

休闲产业：满足人们对闲暇时间的多样化安排并促进最佳配置的供给体系。休闲的核心要素：时间、方式、活动。休闲的内在追求：心态、体验、自由。产业的三个支柱：旅游、文化、体育。影响的三个方面：社会、经济、文化。

休闲产业有这么几个特质。

一是休闲资源无限制，差异吸引，什么叫作休闲资源？只要形成差异性就是资源。二是休闲行为无框架，合法底线。对于文明旅游我是赞同的，但是强调得过分，我觉得就不行了，理由很简单，比如有时候就想撒欢、撒野，讲文明能行吗？只要不违法就可以。三是休闲体验无穷尽，古今中外。昨天谈到迪士尼，我认同这句话，迪士尼这样的模式我们永远在模仿，但是超越不了，60多年的文化积累，在美国那种自由自在的文化氛围中形成了这样一个格局，我们短期内学点皮毛而已，但是它的制度、它的管理，包括那种尽善尽美的追求我们现在都达不到。四是休闲消费无止境，兴高采烈。小闲花小钱,中闲花中钱,大闲花大钱,钱多少都不多,可是多少照样可以休闲。五是休闲产业无边界,全面覆盖。六是休闲发展无约束,创意为王。

根本是要契合人性,才有文化性,才有商业性。如果违背了人性,项目必败。比如说 1992 年在广东的番禺有一个飞龙游乐园,一个老板养蛇,脑洞大开,就搞了一个飞龙游乐园,进去之后大玻璃房子,里边都是蛇,三个小姐穿着比基尼和蛇在一起,我当时头发根都炸起来了。后来我就跟那个老板说,这个事不要这么干,这样肯定不行,果然没超过半年关门了。这叫创意吗?这不叫创意,这种东西就是在击穿人的心理底线,也在击穿人的审美底线。

二、未来的休闲

1. 加速度发展

人类社会以加速度发展,在全球一体化背景之下,变化日新月异,形成了大生活。

一是技术加速度,人类历史,新石器时代上万年,青铜时代四千年,铁器时代两千年,蒸汽机时代四百年,内燃机时代一百多年,计算机时代六十年,互联网时代三十年,科学技术以加速度发展。未来的科技,鸿沟减弱,平等与个性,系统与组合,机器人的大量应用,解放了人类的脑力与体力。

二是社会加速度,全球一体化,信息网络化,交通立体化,社会扁平化。以后工业化视角,挖掘前工业化资源,利用工业化成果,创造超工业化产品,对应变化中的市场。我们已经习惯人与机器共存的时代,如果离开机器,我们现在无法想象怎么生活。今后则是人与人工智能共存的时代,这是一个根本性的变化,这种变化怎么估计都不过分。20 年以前我们能想到今天吗?10 年以前我们能想到今天吗?那时候我们都想不到,同样一个道理,我们现在想未来 10 年、20 年是怎么样?放开了想。超越时代看未来,超越旅游说休闲,超越项目论生活。

2. 闲暇的增长

中国的假日制度变化,1994 年实行双休制,2009 年增加假日,形成黄金周,2012 年继续增加,形成小长假。现在我们的法定假日与全世界其他国家相比,基本上属于中上等的水平,觉得不错了,但是我们看到的未来是大量劳动力释放。人工智能现在进入第三波,已经开始社会化,所以我们的生活里人工智能的痕迹会越来越重,很自然大把的劳动力就会被挤压出来,可是我们新增的就业岗位和就业的人都不能同步,那怎么办?没有别的招,一个人的活三个人干,但是不能三个人同时在岗位上,所以形成的结果只有一个,对应之策也只能是闲暇时间不断地增加。一是带薪休假全面落实,二是四日工作制乃至四小时工作制都会成为可能。我预计 5 年之后,带薪休假全面落实,到那个时候国务院会派督导组,就像现在督导环保一样,督导督察各地带薪休假的落实。什么原因?就业压力太大,就是这个原因。现在督察环境等于给休闲的

发展进行了一次供给侧改革，环境越来越好了，大家越来越想玩，觉得休闲越来越舒服。第二就是四日工作制10年之后有可能实现，那就意味着我们每周都有一个小长假，20年之后很可能每周四日工作，每天工作四个小时，这是什么概念？一周168小时，只有16小时的工作时间，工作岗位和工作时间的珍惜程度将大大提升，这是工作和生活的革命性变化。我们这代人过去了，在座的年轻人会碰上，你们的孩子将来必然是这样的，在那个时候我们对孩子的教育应该是什么教育？还是革命加拼命的教育吗？要好好培养孩子的休闲技能，让孩子能好玩、玩好，这是根本性的，这样我们的孩子们才能真正成长为人。

3.社会的变化

一是好吃懒做图舒服。骂一个人好吃懒做，是很严重的批评。其实，好吃懒做是人的天性，没有人天生就勤快，只是因为有了社会评价，才变成了毛病，刻苦耐劳才变成了社会的主流价值观。但是从社会生活来看，好吃懒做恰恰是进步的动力，因为好吃懒做，大家绞尽脑汁研究如何吃得好，如何少干活，天性推动了社会的进步。

好吃是农业社会的主要追求，自古民以食为天，先是吃饱，再是吃好。所以孔老夫子两千年以前就提出"食不厌精，脍不厌细"，至今仍然是吃货们的指导思想。但是在技术条件局限之下，好吃之徒不能不勤快，扩大食材的范围，丰富食材的做法，所以勤快就演变成为一种道德。懒做是工业化时代的主要追求，三次工业革命，从根本上解放了人类。机械革命延长了人类的四肢，动力革命增长了人类的力量，交通革命开阔了人类的出行距离，电子革命改变了人类的大脑，信息革命扩大了人类的视野。即使在中国，短短三十年之内，重体力劳动基本淘汰，社会生产力以几何级数增长。发明的动力就是人要少做，方便食品大行其道，傻瓜系列层出不穷，好吃加上懒做，成为真正的可能。勤快已经从根本上失去了社会意义，创造正在形成真正的社会主流。图舒服，是服务业增长的原动力，也是服务品质提升的根本。机械化解决了人类的重体力劳动，机器人将解决人类的重复性劳动。下一步，机器人必然大行其道，甚至进入家庭。创造性劳动和情感性劳动自然成为主流，在这个过渡阶段，是对一个国家治理体系的最终考验。城乡过渡在中国正艰难进行，老一代与新一代的过渡更加艰难，美国正在进行，中国即将来临。

二是好玩玩好求快活。人类解放出来的体力和时间如何打发呢？这就形成了后工业化社会的主要追求，好玩玩好。休闲生活开始大行其道，精神生活的花样越来越多，多元化、多样化成为常态，移动终端成为须臾不可离手的重要工具。美人香草是屈子的譬喻和寄托，其实就是对人生美好的追求，无论是好吃懒做图舒服还是好玩玩好求快活，几千年一以贯之，老百姓的生活是实实在在的，完全不必戴什么大帽子。休闲开拓了新领域。

三是娱乐刺激追极限。闲极生事，人类在不断挑战自我。娱乐至死成为新的社会现象，各种深度体验方式不断产生，VR和AR迅速成为新潮流。极限运动大行其道，翼装飞行等新的极限挑战不断产生。就连玻璃栈道都成为山岳型景区的标配。

再进一步，人工智能的社会化，不断创造新的休闲体验，形成沉浸式融合式的深度感受，也形成美好生活的超越性。现在一系列这样的产品开始产生，在某一个领域，只要有一个产品产生，就会迅速培育出一个产业。比如说现在飞行大行其道，我最近看到一个项目，跳伞，5000块钱一次，另外动力伞、滑翔伞，一直到水上飞机各类项目。我认识几个开飞机的，他们说你要是玩过飞机，什么玩都不在话下。这样的一个过程将来会产生很多疯狂的休闲行为，现在已经见怪不怪了，将来还会有什么我不知道。而且中国人应该说错过了地理大发现的时代，我们在中古时期有很多探险家，比如像张骞出西域、法显和尚出西域等，一直到郑和下西洋，但是几百年中我们中国没有探险家，只出了一个徐霞客。可是现在中国人的探险精神大大增强了，比如说有一个航海家叫郭川，我跟他接触过，他是单人单船无动力无补给走五大洋，有压缩干粮，有压缩蔬菜，在海洋中捞点鱼，这一圈就走过来了。我问他觉得最困难的是什么？最困难的就是寂寞，200多天一个人在海上漂。但是中国人这方面的形象就起来了，这是我们民族的新的精神，这种精神代表民族的未来。但是大众不可能这样，所以大众的沉浸式、融合式的深度感受，也会大行其道。

四是共享休闲成主流。各类共享设施的发展，代表了未来的社会潮流，共享经济的核心就是让闲置资源充分流动。闲置设施、闲置空间、闲置时间、闲置人才、闲置精力，一切都在流动，也都在流动中充分利用，充分增值。从历史上看，休闲是文化之源，游戏是知识之根，形成巨大的包容性和创造性。我曾经读过一本书叫作《休闲：文化的起源》，这本书不厚，我看了感到震动，这是一个德国的哲学家在1948年写的，1948年正是德国战后重建的时候，开始恢复时期，陷入比较疯狂的建设时期和发展时期。在那个时候，这个德国的哲学家非常理性地写了这么一本书，其中有一句话，工作至上的伦理必然导致专制，看完这句话之后把我镇住了，因为我们从小接受的教育就是工作至上，然而它的结果是必然导致专制，仔细想一下有道理，所以可以反过来说这句话，休闲的伦理必然导致自由。

4. 就业的变化

未来四种劳动：创造性劳动，情感性劳动，休闲性劳动，服务性劳动。这四种劳动可以长期持续，因为机器人再怎么样，毕竟替代不了人。我们一开始看到机器人会觉得新鲜，但是时间长了你会发现，机器人毕竟是机器人，怎么也替代不了人和人这种直接的交往，所以这四种劳动必然是我们将来的主要劳动方式。七个主要的就业领域：大数据，大智慧，大教育，大健康，大生态，大休闲，大服务。这要求将来休闲产业的发展，一定要容纳这七个大，才能谋求真正的发展。更普遍的方式可能是在闲中干，在干中闲。一天4小时工作，一周工作4天，能让你闲得发疯，那时候谁还有工作时间,还有工作岗位,大家会非常羡慕,那时候社会潮流一定是这样的潮流。更多的就是这种方式,就是融在一起,很可能在干,也可能在闲。一个国家,尤其是我们这么大的国家,必须以制造业、以实体经济作为主体,这是毫无疑问的,但是就有一点,越是科技型的发展,越是未来型的发展,越排挤劳动力。我最近在山东看了一个航空工业园,实际上就是一个铝材加工园区,5平方公里,600亿投资,加工的铝材已经纳入了空客和波音的产业供应链,技术非常先进,这台设备5万吨的挤压机,全世界就我们一台,那个15000吨的压力机,全世界只有3个,都是这样的,600亿的投资,只有2000人就业,其中1200人是专家,专家里800个外国专家,产值很多,利润也不错,也是当地GDP的支柱和财政的支柱,可就是一条,容纳不了几个人就业。我们的实体经济,一定会往这方向发展,要不然在国际上没有竞争力。美国人有一句话,一个人的休闲,就是另一个人的就业,美国不像我们这么重视GDP,它大体上有个统计概念,就是休闲产业在美国已经占到了GDP总量的25%。所以,普遍有闲的社会,全面休闲的生活,这是我们将来的新常态。这样的一个新常态,对于我们来说也是很追求的,但是我们现在不能,现在还得奋斗,我们这两天开会,大家紧紧张张在讨论一堆闲话,上千忙人集中在一起,在讨论闲事,要说起来,这是一种悖论,但是没有办法,这就是我们现在的状况。我希望我们将来真可以这么从从容容开一个漫谈时光、潇洒时光、享受时光、慵懒时光的会。这样的会我开过,有一次讨论一个给国务院的报告,六个部门开座谈会,我建议到北戴河去开,在北戴河的沙滩上,凉棚之下,一人一张躺椅,一堆小吃,扎啤,所有人都愣了,这是6个部门开会,我来组织这个会,我说咱们这个会就这么开,最后文件顺利通过,在休闲中的这种创新,包括这种和谐的关系、和谐的气氛,确实好,所以我希望我们将来所有的创造都在休闲中。休闲最终创造了一种新的生活方式,随着我国国民人均可自由支配收入的不断增加,可自由支配的时间越来越多,休闲将越来越成为人们消费的要素,成为人们不可缺少的新生活方式。这就使得休闲的市场需求始终会处于不断膨胀的过程中,休闲业就必然是一个不断创造增量的过程,这样一种新的生活方式也会产生一系列新的作用。

三、现实的困惑

1. 休闲消费

消费发展的综合。从一般的消费发展阶段看,在求温饱的时期,主要解决"吃、穿、用"的问题,这个阶段就是我们求温饱的时期,早就过去了。在进入小康时期之后,形成新的概念,"住、行、游",这是我们现在正在处于升级中的阶段。住是房地产市场的培育,行是交通体系的培育和汽车产业的完善,把游字加上去,是旅游发展的根本定位,意味着旅游成为小康生活的基本要素,是小康社会的发展目标之一。我们很多官员的观念真是不如老百姓,1995年的时候,22年以前,成都郊区的农民描述什么叫小康生活，"吃有肉、住有楼，还有余钱去旅游"，这话说得很有见地。跟着我到重庆，重庆市民也有几句话描述小康，"吃吃麻辣烫，打打小麻将，看看歪录像"，重庆市民的境界就比成都的农民要差一个层次。到中等发达时期，就是更多的精神消费追求，是"文、体、美"的概念，这是休闲消费普遍化的时期，就是习总书记十九大讲的这几个发展阶段。到发达时期，就是"多、新、奇"的个性化消费时代。

一是时间消费。我们现在的困惑就在这里，时间消费我们有供给制度，中国的假日制度变化。但是我的时间谁做主？实际上严格来说，我们现在最大的问题就是对时间消费大家还没有准确的判断，黄金周是法定假日调整，带薪休假是国民福利制度。我谈了几年，认为应该取消黄金周，因为有黄金周，给很多人造成了一个口实，说我们带薪休假已经落实了。如果说黄金周取消，然后严格督导带薪休假的落实，我们的生活品质就会好一点。而且现在造成需求和供给的不对称，资源配置不合理，如果不把波峰、波谷熨平，海量的假日需求就无法满足。当年在国家旅游局，一开始讨论黄金周的时候，一个领导提出来八个字，安全、秩序、质量、效益。后来我说有不同意见，黄金周期间安全第一、秩序第二，休谈质量，这时候谈质量绝不可能，更不要谈效益，黄金周的旅游消费，无非就是把平时应该花的钱集中到一起，这叫效益吗？不叫效益，我们算过黄金周的成本吗？没有算过，但是领导都不同意，认为还要说这八个字，但是到现在为止，我也没有看到黄金周的质量和效益。二是金钱消费。钱要花在点上，花到地方。大众消费基础，中产消费主体，年轻人消费主导。三是品质消费、便利、个性、精致、性价比。四是文化消费、时尚、传统、融合性追求。休闲消费就是这四个方面，现在正在向品质和文化消费这个角度提升，这是全面的感受。

从体验的角度来说，休闲行为分成六类：一是眼界型，大众观光；二是家常型，民俗休闲；三是享受型，各类度假，所以度假的一个基础要求就是能不能有享受，没有享受少谈度假；四是撒欢型，主题乐园；五是撒野型，户外运动；六是自虐型，特种旅游。前两类现在已经大众化、普遍化了，第三类现在正在迅猛前进，第四类也是如此，第五类现在已经变成了相当一部分人的追求，第六类永远是少数人。比如攀登珠穆朗玛峰，我见了一个登珠峰的老板，问他成就感强吗？他说从登珠峰的第一步开始我就后悔了，但是怎么也得咬牙登上去，他登了三次珠峰，第一次走到8700米，向导说你不能再走了，要再走可能就下不来了，到了大本营哇哇大哭；第二次从南坡登上去；第三次终于从北坡登上去。但是有一点，登完了世界几大峰，眼前没有任何困难的事情，实际上是挑战自我，这是属于自虐型的。而且这种极限，不是只要有体能、有技能、有意志就可以，有一个重要的条件就是有钱，一套装备120万，后勤保障再雇向导也是120万。但是综合起来这是一个全面的感受，所以每一类都有每一类的要求，把这个要点抓住，我们的事情就好做了。

现在的问题第一需求膨胀，全面渗透，迭代不断。第二是细化不足，难以适应。

只有偏执狂才能生存，死磕才能创新，我们现在最大的差距在这里。第三就是各类产品相互替代，各类产品，难以定型。你觉得这个东西刚刚做好，其他的产品来了，或者新的东西又出来了，又得调整，现在严格地说我们真正定型的产品并不多，像迪士尼这样五六十年也在不断变化，但是总体而言基本定型了，我们这样的东西现在还少。第四就是高端消费产生，但是中国的高端消费迅速转变成炫耀性的消费。总体来看，我们叫成长中但不成熟的休闲消费，四个缺乏：一是缺乏时间积累，很多东西没有时间积累是出不来的，中国人在休闲消费里最有时间积累的也是最发达的就是打麻将，到了江苏，江苏人不打麻将，江苏掼蛋，叫作饭前不掼蛋，等于没吃饭，还专门搞了一个掼蛋博物馆，可是世界麻将大赛中国人的麻将反倒拿不到冠军，为什么？缺乏科学性，我们都是经验型积累。二是缺乏世代积淀，西方一句话，三代才能出贵族，我们中国有一句相似的话，叫三辈子做官学会吃和穿，这是需要世代积淀的，我们有这个积淀过程吗？好不容易有一点财富积累，一场仗打起来毁掉了，好不容易有一点东西，闹革命统统推倒。我们第一代革命者基本都是老红军老八路，让他讲文化怎么可能？让他讲休闲更不可能。第二代是建设者，完全没有休闲的概念。到第三代多少有点休闲概念了，但是没有休闲技能。只有到了第四代又有休闲技能，又有休闲的文化，又有休闲的意识，这才可以。三是缺乏技能积累，所以我们专门做了一个休闲教育导引的国家标准，就是希望能够纳入到孩子的教育，如果每个孩子从小都有休闲技能，将来生活品质就会好。四是缺乏休闲文化，历史上我们休闲文化比较发达，但是近代基本都毁掉了，所以我们需要从头积累休闲文化，从头培养休闲氛围，这样才能把这个事情做好。

在休闲发展的过程中，文化的追求越来越突出，越来越形成品牌，因为文化的追求可以说是休闲发展的本质，也是一种永恒的追求。可以归纳为四句话：文化是休闲之基、特色是休闲之魂、环境是休闲之根、质量是休闲之本。文化是休闲之基，也是休闲的本质。文化的表现是特色，所以特色是休闲之魂，没有特色的东西很难长久立下来。

2. 供给缺陷

一是城市休闲空间严重不足，疯狂的城市化挤占了一切，很多城市都发生了一个现象，跳广场舞的老大妈和当地的居民干仗，什么原因？两边都没有错，错在哪儿？错在城市没有休闲空间，所以得增加城市休闲空间，满足日常休闲需求，这成为城市竞争力的重要组成部分。我现在看一个城市不看别的，就看休闲空间足不足，很遗憾，我们能有比较充分的休闲空间的地方不多。短缺必然升值，增加城市休闲空间，满足日常休闲需求，成为城市竞争力的重要组成部分。

二是度假产品结构性短缺，高端度假需求严重外溢。东南亚已经成为国人的主要度假地，并迅速扑向世界。我前年到大溪地，去的时候还没有直达航班，3个航班24

小时才到，我以为那个地方应该是世外桃源，见不到中国人，结果一到了酒店门口，一个中国人就出来了，餐厅中国菜单都有了，仔细看一下，1/3中国人，那么远天远地的地方，价格那么贵，都有这么多中国人，中国人消费能力越来越高。

三是滨海度假资源不足，水平低，价格高。全世界度假主体都是滨海度假，中国虽然有1.8万公里的海岸线，但是中国的海岸真正能形成一流度假地的没有，只有三亚那么一个，剩下都不行，能够成为国人度假的地方，不超过10处。但中国人不能都跑国外度假去，所以很自然，山地度假、湖泊度假、乡村度假就形成主流。度假格局基本形成，度假产品体系尚待完善。缺乏国际竞争力，资源不足，产品不高，价格不低，需求外溢。国内同质化严重，多数是大众产品，对应周边市场。

四是自然环境不足，雾霾严重，市场条件好，自然环境差。户外产品不足，难以适应市场。技术的进步必将缩小生产所需要的物理空间，污染的治理将增加我们的生活空间。扩大休闲空间，发展度假空间，中国人的休闲度假需求主要还是靠我们自己解决。我们可以把全世界当成我们的度假地，但是说到底我们这个产业支撑还是要靠我们自己。现在我发明了一个词，叫城市难民，雾霾产生了气候难民，交通拥堵产生了交通难民，所以越是大城市越不幸福。去年12月，北京有一次长达10天左右的雾霾，非常严重，很多妈妈带着孩子都出去了，跑到承德、张家口，看着北京的雾霾散了再回来，我当时就说，休闲地能不能成为城市新难民的逃难之地、避难之所？他们那种行为就是难民行为，只不过是阶段性的难民行为而已。所以这个问题我觉得是我们现在很严重的一个问题。

新的发展需求，一是全球消费，中国对于世界的购买力；二是全值消费，追求价值的旅游者，旅游者的价值；三是全程消费，消费链、服务链、产业链、利益链、价值链；四是全域消费，点、线、面、域、境；五是全家消费，合家出行，一人代表一家的购买力；六是全年消费，不拘时间，只要够酷。

3. 现实的生长

这几年市场主体持续发力，形成现实的蓬勃生长。政府主导形成热点，投资跟进形成热流，市场呼应形成热潮。为什么大家都看好旅游，都要在旅游的领域投资？旅游是一个巨大的领域，在这个领域投哪个行业？投什么方向？投什么项目？但是，一个蓬勃成长的行业，见不到多少健康的企业，这个行业、这个产业能叫健康吗？包括原来传统的淡季、平季、旺季，冷点、热点、温点都在转化之中，现在一说淡季不淡，平季转旺，旺季更旺，冷点不冷，温点转热，热点更热。所有人都有点脑子发热，从政府到投资商，包括消费者。在不能说信息不对称，这个时代早就过去了，现在是我们这种集中性的休假制度，造成消费者无可奈何，所以为什么呼吁取消黄金周，品质太低了，太影响我们的生活了。但是没有办法，而且由于我们的休闲度假产品不足，所以大家习惯还是要跑到景区去，如果有一批一流的休闲度假产品，为什么还要去景区？那是观光者在做的事情。

从新兴的角度来说，不同的休闲风格和方式，欧洲人喜欢静，讲究文化休闲；美国人好动，讲究户外运动；日本人追求世界遗产，形成攀比性的观光传统；中国人将集大成，什么都玩，什么方式都有。从供给角度看，有一个很独特的中国现象，一个成功的项目，突出了一个人物，形成了一种模式，开创了一片发展。一类是项目模式：比如说山岳旅游之黎志，古镇旅游之陈向宏，湘西旅游之叶文智，旅游演艺之黄巧灵，灵山文化之吴国平，等等。再一类是集团模式：首旅集团之段强，华侨城之任克雷，开元集团之陈妙林，等等。这个现象有共同点，一是创造模式，二是坚守多年，三是个人痕迹突出。实际上还有一点，耐得住寂寞，陈向宏做乌镇，用了6年时间，这6年领导专家都不让进入现场，就是一个理由，现场不安全，坚守了6年做了一个精品，没有这种精神怎么可能？包括首旅集团、华侨城，都是国有企业，可是这样的集团化的发展有很强的个人痕迹，段强在首旅集团19年了，任克雷在华侨城也将近20年。这种现象，我相信会越来越多，这个行业是需要有代表作的，没有代表作，你在这个行业是立不起来的，创造代表作，现在的条件比当年的条件好了不知道多少倍。

4. 短板制约

一是结构优化：结构问题是经济发展始终存在的问题，国民经济如此，各行各业如此，旅游行业更是如此。我们老是说现在的主要矛盾是旅游的供给总量跟不上需求，错，错在结构，现在有些供给已经过剩，有些供给基本平衡，有些产品供不应求。所以在结构问题上如果不下功夫，将来的发展仍然存在比较大的问题。三去一补一降，在旅游领域的表现，一是市场结构，二是产业结构，三是区域结构。平衡而充分的要求，平衡就是结构。这是中国旅游发展现在最大的问题，但是这个问题被我们表面的市场繁荣掩盖住了。

二是消费细化。消费是增长的动能，细化是消费的追求，个性是消费的变化。从马斯洛五层次论到郑也夫三点论：舒适、牛气、刺激。休闲需求不断变化，休闲产品花样百出，大水漫灌式的投资方式过去，漫天撒网的市场方式也已经过去，精耕细作是方向。

三是企业强化。企业是行业的根基，这是最大的短板。消费细化是需求的前景，也是发展的新动能，这也是我们的短板，结构优化是根本性的问题。经营分散，力量薄弱，效益差，是中国旅游企业多年以来的痼疾。小不是问题，服务性企业应当服务居民，传统企业中，一部分大而不强，多数勉强维持。新型旅游企业后来居上，有些形成了巨无霸。跨界企业成为新现象，也预示着新趋势。

结构优化、消费细化和企业强化，这三个问题才是真正中国旅游发展的短板，缺少健康的企业，难说中国旅游发展健康。说我们的质量现在有点问题，市场秩序不好，这都不是问题，或者说是阶段性问题。现在威胁国家最大的是金融秩序、安全生产，都不要说交通秩序了，旅游怎么动不动秩序就不好了呢？各行各业比较，旅游的秩序是好的。如果说我们质量不好，比起30年前、20年前，甚至10年前，我们的旅游质量上了一个又一个大台阶，所以跟历史上相比，我们现在的质量是最好的，和国际上相比，我们质量中等偏上，也不能说差。日本的质量、瑞士的质量我们现在比不了，剩下那些国家，包括美国、英国，包括俄罗斯的质量，我们的质量都比它们好，怎么动不动就旅游质量不好呢？我们不能妄自尊大，也不能妄自菲薄，但是根本的是我说的这三类问题。

在休闲领域，这三个问题还没有完全凸显，但是正在形成，如果这个时候，我们有了相应的认识，我们这个事情至少可以少走一些弯路。15年以前，我还动员投资商，旅游很好，你们为什么不投？他们说三个原因：第一个原因是旅游这潭水太深，我们进不去；第二个原因，关系太复杂，我们看不懂；第三个原因有这么多短平快的事可以做，为什么要投旅游？现在不同了。那个时候碰到一个四五亿的投资项目我会很高兴，旅游总算有大项目了，现在我天天接触投资商，一个标准的语言模式是要了10平方公里，初步考虑投资30亿，如果不行的话再追加20亿。实际上误区很多，第一是10平方公里，一个所谓的成片区域的经营权拿到手了，就是多少平方公里，问题是建设用地能有多少？能有1000亩地已经很好了，那拿1000亩说话，别动不动几十平方公里，需要三五十亿那么高的投资吗？要是忽悠政府可以，要是不忽悠政府，能忽悠谁？忽悠自己吗？尤其是最近我碰到几个大项目，我看不懂。因为如果用一般的逻辑解释不了，用商业逻辑来解释一个项目，这是最正常的，第二就是用政府逻辑来解释一个项目，这也能说得过去，如果这两个逻辑都说不通，一定有背后的逻辑。比如多年以前我看到一个台湾人投资的项目，我说这个项目看不懂，后来一分析明白了，原来是台湾黑社会洗钱的项目，如果面上的逻辑看不懂，背后的逻辑也看不懂，那只有一个结论，疯狂的逻辑。各级政府和旅游主管部门应当把精力更多地放到产业素质和企业发展方面，培育健康的成长环境，引导健康的市场竞争，形成顶天立地和铺天盖地相结合的产业格局。比如民宿就是这个概念，我高度认同，可是在短短两年之内，全国的民宿发展到4万多家，我们就算一家10间客房，4万家就是40万间客房，中国的酒店行业40年时间到现在，160万间客房，在两年之内1/4的市场起来了，只能感叹现在国力太强了。

四、发展的希望

1. 转变社会观念

人人都有休闲的权利，人人都应该享受休闲的生活，这是根本的观念，所以要超越，就要达到这种满意。全民休闲就是完全满足个性化，想玩这个就玩这个，想玩那个就玩那个，不需要规范，不需要政策和文件，玩还需要这些东西吗？但是需要指导。

休闲是旅游的蓝海，几千年来，我们一直在说家园，在追求家园。当今社会，工业化发展，城市化膨胀，只能有家不可能有园。休闲就在构造新园，空间分离，质量提高，公共园林，休闲生活。大园弥补小家，质量弥补距离，这就是我们下一步的发展路径。有一次我见到一个市长，这个市长直截了当地说，抓旅游我赞同，100%地抓，为什么？因为旅游是外来的消费。可是抓休闲我不抓，因为这是市场内生的需求，这对我们的GDP没有帮助。这代表了很多人的看法。

实际上说到底，我们真正的休闲要超越经济目标，超越平庸的日常生活，超越紧张的工作状态，超越所谓的成功追求。最根本的是超越城市，创建和经营未来城市，一切为了人的需求，引领发展潮流。山水画，田园诗，民俗风，文化歌，生活曲，梦幻情。山水城市、田园城市、生态城市、森林城市、文化城市、创造城市、数字城市、休闲城市、情感城市、邻里城市、立体城市、幸福城市。一是新观念：工作为了生活，生活重在休闲，休闲提升质量，所以需要大生活、大休闲、大产业。二是新定位：休闲改变人类生活，休闲提高生活质量，休闲促进和谐发展。三是新功能。满足休闲需求是城市的基本功能之一，是城市发展质量提高的重要内容，是市民生活质量的必要组成部分。城市休闲以人为本，休闲引人，休闲动人，休闲怡人，休闲养人。休闲创造快乐，休闲创造就业，休闲创造价值。休闲，让城市更美好。

2. 狠抓新兴领域

第一，度假发展。资源不足，逐步调整；产品不足，需求外溢。

第二，温泉发展。资源较多，发展迅猛。全国现在勘明的大概有5000多处温泉，已经形成了3000多处温泉产品，基本上每个县都有，所以这不能叫短缺资源。周边市场，大众产品，同质化强，竞争激烈，消费喜新厌旧，逐大弃小。所以刚开业温泉度假村火爆一阵，半年之后没戏了，需要研究可持续发展。

第三，营地发展。势头猛，扩张快，政策重视，模式探索。

第四，户外运动，山地运动，水上运动，低空运动，将大行其道。两个原因：第一个原因，我们几千年农耕社会，几乎没有户外运动的传统，这和游牧民族完全不同；第二多年的独生子女制度，家里就一个孩子，怎么能让户外运动？现在学校组织春游、秋游都不敢组织，万一出事怎么办？但是现在"二胎"放开了，实际上生育应该完全放开，岂止二胎？我们多年的计划生育制度，培育了一个强大的既得利益集团，从政府一直到具体的工作人员，在里边都有既得利益，但是现在这种计划生育已经严重影响了我们民族的长远发展，包括影响我们户外运动的发展。

第五，九古挖掘。古城古镇古村庄，古道古关古街区，古渡古树古庄园。明天我们在松阳要开一次九古论坛，是我们的第三次会议，第一次会叫三古论坛，第二次会叫六古论坛，这次叫九古论坛，第四次叫全古论坛。这一块资源稀缺，所以我们要珍视。

第六，主题酒店，精品酒店，高端民宿。

第七，文化休闲，城市度假。比如我在北京东城、西城都谈过，你们有这么好的资源没有做起来。尤其是扬州，我就是在扬州形成的这个概念。

第八，旅游综合体，包括城市型和目的地型。这些年以万达为代表的城市旅游综合体发展得比较火，但是到现在为止，城市型的综合体基本没有做成，一个原因就是重资产，而且资产量太大了，财务成本都算不过来，这笔账到底怎么算？

第九，特色小镇，旅游推进。住建部、发改委和财政部三大部委联合发文，指出到2020年将培育1000个产业特色小镇，我的结论，将来有800个都得是旅游小镇或者是休闲度假小镇。产业特色小镇，这个说法本身就不准确、不科学，小镇不是聚集产业的，产业一定要靠城市或者工业园区来聚集，小镇怎么聚集产业？但是消费聚集太重要了，消费聚集就是休闲度假、文化运动等。

第十，智能旅游，大云平移。现在最新的词叫大数据、人工智能、云计算、物联网，再就是移动互联网，叫大、智、云、物、移，这是最新的。

归纳下来这十个新业态，这是我们下一步的发展方向，我们要真正投资，往这上面研究。四个方面的追求，一是时尚，求酷。二是文化，求古。三是健康，求养。四是效率，求便利。构成各类新兴领域，形成新的发展。

3. 提升休闲品质

第一是休闲方式多元化，选项越来越丰富。一是电视方式，也是消磨时间的主体方式，虚假取代了真实，极端进入了日常。二是网络娱乐方式，作为娱乐工具和休闲方式的互联网，竞赛、欣赏、交际、微信成为主体。三是室内娱乐方式，益智、运动、社群。四是城市休闲方式，享受、观赏、消遣。五是户外运动方式，锻炼、体验、互动。六是异地休闲方式，观光体验、度假享受、复合感受。

第二是空间范围的扩大，这也是中国最大的短板。城市几无插针之地，也由此产生了一系列的冲突，而城市的休闲空间，成为判断一个城市生活品质的重要指标。现在的城市生活，第一空间是家庭场所，蜗居；第二空间是工作场所，拥挤；第三空间是休闲场所，短缺；第四空间是第二居所，少数；第五空间是网络天地，无限。所以产生了各类社会现象，大把的人有点空闲，就延伸到滨海、乡村和山地，这几乎成为一种刚性需求。

第三是水平，既包括设备设施的水平，也包括服务的水平。现在，交通条件已经全面改善，不成为制约因素，水平的要求则大大提高。精细化、生活化、特色化成为普遍追求，观光可以急匆匆过去，但是在一个地方发呆，什么细节都在眼中。

第四是内容，对应日常工作的繁忙，希望有机会发呆发傻，对内容的追求自然上升，丰富性，多元化，内容为王的时代来临。

在休闲质量提升的过程中，时间空间化，空间时间化。时间并没有消失，固化在空间之中。空间展示了时间的变动，体现在城市的方方面面。时空变幻，在时间上是连续的，在空间上是继起的，在理念上是传承的，在文化上是提升的。而个人的休闲生活，希望是诗意起点，散文布局，小说过程，戏剧结果。如果心中有诗意，何处无诗歌？如果胸中有远方，哪里不是远方？心境即欣境。得闲空，有闲心，用闲钱，做闲事，养闲趣，育闲情，闲里滋味深；携美人，赏美景，处美境，得美文，品美食，闻美乐，美中日月长。所以我们要达到五看、五可、五个度、五个力。五看：想看、可看、好看、耐看、回头看。五可：可进入、可停留、可欣赏、可享受、可回味。五个度：差异度、文化度、舒适度、方便度、幸福度。五个力：视觉震撼力、历史穿透力、文化吸引力、生活沁润力、快乐激荡力。这四个五要达到了，我们这个休闲度假的目的地就达到了最高水平。

4. 休闲重在创新

观光产品是一种目标性的产品，天然异质化。但休闲有很大程度的同质化，构造了一种过程性的产品。到一个地方休闲，追求的不是这个地方有多少异质，多少特色，在这个过程中很舒服。但是越如此，越要求创新。强化异质，就需要创新；扬长避短，也要强化创新。任何事情都有长有短，不可能一个事情只有长没有短，这就意味着在休闲产品的发展过程中，一定要把创新放在第一位。

第一，一是从市场上，要研究消费者行为的变化。休闲产品和观光产品最大的区别从急到缓，观光是急匆匆的，休闲产品一定是缓。二是从走到停，观光是一个走的过程，休闲一定是一个停留的过程。三是从被动到主动的过程，观光性产品主要是看，现在是主动的体验、参与休闲性的产品。消费者的行为变化就要求生产者、供应者随之变化。稀奇古怪创名气，倒行逆施谋思路，吹毛求疵抠细节。比如去一个景区，走马观花，可是要在这个地方发呆、发傻，一个小时过去了，什么细节都在我眼里，什么毛病都逃不过去，这样需要生活品质化，休闲艺术化。

第二，思路创新。一是社会理念变化，我们原来说，不会休息就不会工作，现在的理念，工作是为了休闲，这一定意义上也是生活的目标，就是提高我们的生活质量。二是开发观念的变化，从生产者主导到消费者主导。从观光产品来说主要是依托资源，有什么样的资源做什么样的产品，休闲产品不同，从生产者主导到消费者主导。三是从粗放型到精细化。所以观念的创新意味着一系列都要跟着走，同质化产品，要形成异质化，树立主题，多元化发展。

第三，空间模式创新。观光产品一般都有围墙，小地方有小围墙，大地方有大围墙，而休闲产品一定是开放式的。包括各类城市的休闲产品都是这样，所以是从围墙式到开放式。还有就是从单一到复合，休闲产品上午仍然可以观光，下午从容，晚间达到高峰，这也是空间模式的创新，从单一到多功能。内容决定功能，功能决定结构，结构决定外观。

第四，时间模式的创新，从有限的时间利用基本上可以达到全天的时间利用。

第五,城市中央休闲区。如果一个城市没有中央休闲区,会觉得这个城市没有味道。现在很多地方还在追求能不能搞印象系列,应该适可而止,一个印象节目解决的无非就是几千人的夜生活问题,但一个城市中央区可以解决几万人,这也涉及时间的充分利用。延长全年经营时间,塑造新形象:五彩缤纷玩。延长客人停留时间,深化产品,丰富内容:观光农业、娱乐林业、寻访文化业。形成产品:春花,百花深处山谷香;夏树,清清溪水绿意长,秋叶,五色斑斓山川美;冬玩,温泉民俗乐陶陶。形成四时产品:清晨练,上午游,下午养,晚上乐。

第六,渠道创新,从休闲的角度来说,渠道性创新包括两个方面,一是传统渠道与新兴渠道的全面整合,二是团队与散客综合运作。

第七,综合性的创新。不能强调休闲度假就排斥观光,观光是永恒的,而且是主体。因为消费者一代一代成长,新的消费者第一个追求一定是观光,对于成熟的消费者来说观光不重要了,休闲度假就很重要。所以这里不是非此即彼的关系,而是综合性的创新关系。简单来说,就是观光出人气,度假出财气,特色出名气,休闲出品位,文化出品牌。

结束语:发展正未有穷期

2017首届中国休闲度假大会,顺应时势,满足需求,推动发展。形成需求供给的对接平台,发展经验的交流平台,新思想的碰撞平台,全行业的展示平台,大产业的推动平台,丽水市的宣传平台。这是我们一开始构想的几个目标,现在来看有的目标达到了,有的目标还没有达到,所以还需要不断地完善。首届不可能完善,众人拾柴火焰高,机会带来机会,条件创造条件,步步高。我们的想法,这个会今年是首届,每年一届要办下去。明年的想法是三个板块,第一个板块中国休闲度假博览会,这才达到需求和供给的对接平台。第二个板块还是围绕峰会,当然峰会可能不是这种方式,可能会把峰会细化,形成若干专题,做哪一行的、对哪个专题感兴趣,专门去听。第三块就是要搞一个当地市民的休闲节,明年的想法是按照这三个板块来做。好玩玩好,这是始终的追求,如果一个事情我们谋划的时候,都不觉得好玩,怎么可能让客人玩好?如果我们自己都不兴奋,怎么能让客人兴奋?所以在这个过程中,首先我们自己要会玩,然后我们自己要好玩,最后大家在一起,我们把这个事情玩好。再一次感谢大家,能够这么辛苦地在这里坐了两天,尤其是很多人是从很远的地方跑过来的,这很不容易。在座的很多人我都很熟悉,有很多都是二三十年的老朋友,我是会议的倡议者、组织者,但是这两天下来,我都觉得要坐下来好好听一听,所以我希望大家不虚此行,也希望我们明年再见。

报告篇

满足新时代人民日益增长的美好生活需要

中国休闲度假产业发展报告

报告主持人：魏小安教授

报告执笔人：郝赪博士　诺木汗教授

2017 年 10 月 28 日

概 述

改革开放30多年来,中国经济持续高速增长,工业化和城市化快速推进,中国现已成为世界第二大经济体,进入工业化发展的中后期,步入中上等收入国家行列。与此同时,随着工时制度和国家法定节假日制度的不断调整,国民享有的闲暇时间的不断增多,国民的休闲需求随之日渐增长。近年来,国民的休闲需求全面释放,旅游、度假、健身、娱乐等成为人们休闲消费的热点。作为有着近14亿人口的世界第一人口大国,中国的休闲度假需求具有海量特征,为休闲度假产业的发展既提供了巨大的市场空间,也提出了严峻的挑战。中国休闲度假产业正迎来发展的黄金时期,休闲相关产业蓬勃发展,度假产品不断丰富并形成体系。但也存在着一些突出问题,如结构性问题,投资泡沫化、休闲度假产品贫乏、海量游客的管理与疏导问题等。这些问题的本质正如习主席在中共十九大开幕词中所指出,"中国特色社会主义进入新时代,我国社会主要矛盾已经转化为人民日益增长的美好生活需要和不平衡、不充分的发展之间的矛盾"。因此,休闲度假产业需要通过供给侧结构性改革、企业强化、管理活化、产品细化等一系列举措进行优化调整,以更好地满足国民的休闲度假需求。展望未来,休闲度假产业发展前景无限广阔。从社会生活角度来看,老百姓都想过好日子,种植业保障生存,制造业缓解短缺,服务业提供便利,但这些只是"日子",而"好"则要靠休闲度假。美好生活一是美,二是好,且日益增长,所以,休闲度假在好日子里面要打头,且不断发展。

第一部分　产业发展背景

一、中国已进入普遍有闲时代

我国各项建设事业取得举世瞩目的巨大成就，与此同时，随着科学技术的日益进步，全要素生产率的不断提高，以及工时制度的相应调整，国民所拥有的闲暇时间也越来越多。闲暇时间的结构总体上可分为三类：第一类是小闲，即八小时之外的闲暇，占一天的1/3。第二类是中闲，1995年，我国开始实行每周五天工作制，周末休息两天，周末闲暇占一周的将近1/3。第三类是大闲，1999年国务院公布修订后的《全国年节及纪念日放假办法》，决定增加国民法定休假日，并开始实施"黄金周"长假制度。2007年国务院又对国家法定节假日进行调整，将清明、端午、中秋三个传统节日增设为国家法定节假日。目前，一年内中国公民的法定休假日长达115天，占到了一年的近1/3。对于一些特殊群体而言，其拥有的闲暇时间更是远超过一般人群，如退休老人、学龄前儿童等。目前中国人普遍可享有的闲暇时间远多于历史上任何一个时期，我们已进入普遍有闲时代，休闲即是对于闲暇时间的多样化安排。与此相对应，国民的休闲需求充分发展，休闲消费持续增长，休闲生活不断丰富就成为衡量国民生活品质的重要标志。

二、我国进入工业化中后期

2012年我国第三产业和第二产业增加值占国内生产总值（GDP）的比重首次持平，均为45.3%[①]。2013年第三产业增加值占GDP的比重为46.7%，第二产业的比重下降为44%，第三产业增加值比重首次超过第二产业。2015年第三产业增加值占GDP的比重首次突破50%，达到50.2%，占据了国民经济的半壁江山（见图1）。这是一个根本性的转折，意味着我国的产业结构由原来的第二产业统领的"二、三、一"变成了由第三产业主导的"三、二、一"，标志着我国进入工业化中后期。2016年，第三产业增加值占GDP的比重为51.6%，比上年提高1.4个百分点。2017年上半年，第三产业增加值占国内生产总值的比重为54.1%，第三产业对国民经济的主导性进一步增强。根据国际上的经验，一个国家进入工业化中后期以后，国民的旅游、休闲消费需求将全面

---

① 本文的数据来源，除特别注明之外，皆来自国家统计局发布的统计数据，如年鉴或统计公报。

释放,迎来一个快速增长期。

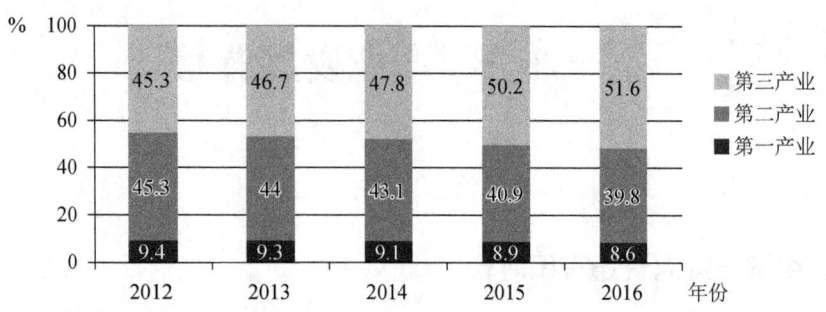

图 1　2012—2016 年三次产业增加值占国内生产总值比重

三、我国步入中上等收入国家行列

世界银行按照人均国民总收入(人均 GNI,与人均 GDP 大致相当)对世界各国经济发展水平进行分组。按照世界银行 2011 年公布的收入分组标准,人均 GNI 低于 1025 美元为低收入国家,在 1026~4035 美元之间为中等偏下收入国家,在 4036~12475 美元之间为中等偏上收入国家,高于 12476 美元为高收入国家。2010 年,我国 GDP 为 397 983 亿元,按照当年人口和平均汇率计算,人均 GDP 超过 4200 美元。按照世界银行的收入分组标准,中国 2010 年已步入中等偏上收入国家行列。此后,我国人均 GDP 逐年大幅攀升,2016 年首次超过 8000 美元,比 2010 年几乎翻了一番,已稳居中上等收入国家行列。与此相应,国民对生活品质的追求也进入提升阶段,这为休闲度假等产业发展提供了广阔的市场空间。

四、中产阶层兴起壮大

中产阶层是随着改革开放的持续推进而出现并不断壮大的一个新阶层,党的"十六大"明确提出了扩大中等收入者阶层、建设小康社会的奋斗目标。从国家政策角度而言,可将中产阶层称为"中等收入者阶层";从社会分层研究角度而言,可将中产阶层称为"中间阶层"。概而言之,中产阶层可界定为当今中国社会在收入、职业等方面处于中间水平的阶层或群体。对于中产阶层的规模,迄今尚无统一的认定。2002 年,国家统计局城市调查总队以经济收入为主要划分标准,调查认为中国中产阶层的人数约为 3000 万人左右。2010 年,中国社会科学院出版的《当代中国社会结构》一书认为,中国中产阶层的规模约为总人口的 23% 左右,并展望十年后我国中产阶层的规模比例将达到 35%,成为社会的主导阶层。考虑到 2010 年后中国国民收入的稳定增长,结合以上观点,可以认为当今中国的中产阶层的规模占总人口(2016 年底为 13.8 亿)的比例应该在 25% 以上,人数应不少于 3.5 亿人。就消费特征而言,中产阶层具备较强的超前消费意识，休闲消费非常活跃，并且偏爱自由行和休闲度假等生活方式。

五、大交通格局深刻变化

近年来，随着经济持续快速发展，我国交通设施建设也突飞猛进，以高速公路、高速铁路、民用航空为骨干的四通八达的便捷交通体系已基本形成，这为旅游休闲产业的发展奠定了良好的基础。截至 2016 年末，中国公路总里程 469.63 万公里，其中高速公路里程 13.1 万公里，比上年增加 1.96 万公里。全国铁路营业里程达到 12.4 万公里，其中高铁营业里程超过 2.2 万公里，占全球高铁营业里程的 65%。2017 年上半年中国高铁日均开行动车组已达 4000 列左右，日发送旅客 460 万人次，高铁已成为改变中国城市群分布，延伸都市圈辐射范围的关键力量，并带动铁路超越公路成为国民出行的主要选择（见图 2）。2016 年年底民航运输方面，民用运输机场数量达到 227 个（2017 年 9 月底数字，2011 年底为 178 个）。2016 年全国民航完成旅客运输量 4.88 亿人次，其中，国内航线完成旅客运输量 4.36 亿人次，国际航线完成旅客运输量 5162.0 万人次。

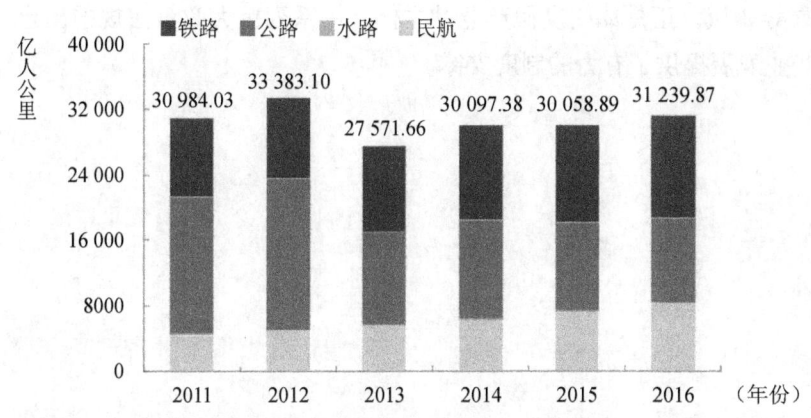

图 2　2011—2016 年全社会旅客周转量

交通格局和运力的深刻变化为旅游休闲产业带来了历史性发展机遇，以 2015 年 12 月 26 日全线贯通的京广高铁为例，这条贯穿中国南北的高铁营业里程 2298 公里，北京至广州最快只需 7 个多小时，沿线上众多的旅游城市及名胜古迹使这条全球最长的高铁变成了一条黄金旅游线路。京广高铁串联环渤海地区、中原地区、武汉城市群和珠三角地区，涵盖 6 省市、28 个城市，影响人口近 4 亿。此外，小交通格局也在不断完善，乡村公路形成生态路、文化路、景观路的发展态势，绿道大面积推进。

六、制度环境不断优化

进入 21 世纪以来，国家对旅游休闲业发展越来越重视，相继出台了一系列重大政策及法规，以促进相关产业发展，回应人民群众关切。2001年，《国务院关于进一步加快旅游业发展的通知》发布。2007年，国务院《政府工作报告》首次将休闲纳入经济社会发展的工作部署，提出"积极培育休闲消费热点"。2009年，《国务院关于加快发展旅游业的意见》发布，明确提出要"积极发展休闲度假旅游，引导城市周边休闲度假带建设""制定国民旅游休闲纲要""落实带薪休假制度"等。2013年，国务院办公厅印发《国民旅游休闲纲要（2013—2020年）》，明确了"以满足人民群众日益增长的旅游休闲需求为出发点和落脚点"，"促进旅游休闲产业健康发展"的基本方针，从国家战略层面确立了旅游休闲发展的战略高度。2013年10月，《中华人民共和国旅游法》正式施行。2014年，《国务院关于促进旅游业改革发展的若干意见》发布。2015年，国务院办公厅印发《关于进一步促进旅游投资和消费的若干意见》。2016年，中央一号文件提出，要"大力发展休闲农业和乡村旅游"。2016年10月，国务院发布《"健康中国2030"规划纲要》，提出要支持"健康医疗旅游"等新业态。2016年11月，国务院办公厅印发《关于进一步扩大旅游文化体育健康养老教育培训等领域消费的意见》，指出要"着力推进幸福产业服务消费提质扩容"，幸福产业所涵盖的旅游、文化、体育、健康等领域，正是休闲度假产业的主体。一系列重大政策法规的出台，为旅游休闲度假产业发展提供了有力的制度支撑。

第二部分 产业需求侧分析

一、需求开启：中国进入休闲度假时代

（一）国民生活时间分配向度假休闲倾斜

随着经济发展和社会进步，国民的生活方式也在变迁中，居民生活时间的分配结构就反映了这一变化。随着周休二日制度的建立和法定假日的增加，居民的工作时间不断减少，个人可自由支配的时间日趋增加。

中国国民拥有的法定假日天数1994年为82天，1995年实行双休制度后增加为111天，1999年增加了3天法定假日到114天，形成了"五一""十一"黄金周假期。2008年，"五一"黄金周被取消，中秋、端午和清明被定为法定假日，全年法定假日天数增至115天。

在带薪休假方面，2007年12月16日，我国正式公布了《职工带薪休假条例》，规定职工累计工作已满1年不满10年的，年休假5天；已满10年不满20年的，年休假10天；已满20年的，年休假15天。这标志着带薪休假制度在我国进入了一个新阶段。2013年《国民旅游休闲纲要（2013—2020年）》提出到2020年，职工带薪休假制度基本得到落实。2015年人社部调查显示，我国带薪休假落实率达到50%。

工作时间的大幅减少和假日及休假时间的增加为国民休闲度假热潮的来临提供了制度的保障。

（二）国民休闲活动与消费支出显著增加

拥有了越来越多的休假日数和可支配收入，居民的休闲活动频次和休闲消费支出就会相应增加。2016年，全国居民人均食品烟酒消费支出占消费支出的比重为30.1%，食品消费支出比重（恩格尔系数）继续下降。根据联合国标准，当恩格尔系数大于60%时，属于绝对贫困生活水平；50%~60%之间属于温饱水平；40%~50%时进入小康水平；30%~40%属于富裕水平，30%以下达到极富裕水平。从我国恩格尔系数的走势来看，城镇居民的消费结构在1996—2000年由小康型转向富裕型；农村居民的消费结构转型则滞后10年左右，在2012年转入富裕型，中国人的消费支出结构即将迈入恩格尔系数的最后门槛。根据国家统计局近几年的全国家庭收入与支出的抽样调查（见图3），城市居民消费支出中与休闲度假有关的消费（如交通通信、教育文化娱乐等）的年度增长率均显著高于可支配收入、食品、衣着和居住等类的消费，显示出休

闲度假类的消费支出已成为城镇居民的刚性需求。

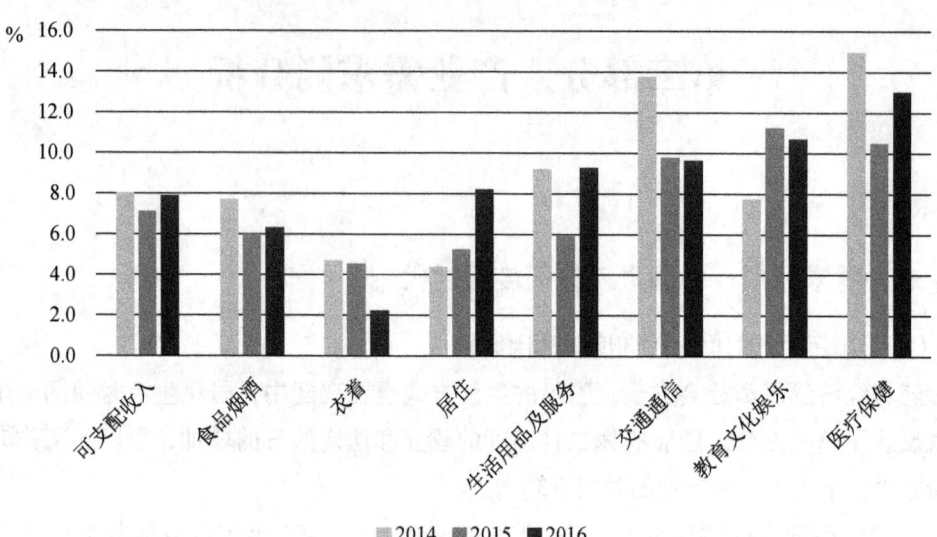

图3　中国城镇居民消费类型的年度变化（2014—2016）

根据一项基于1996—2016年多个年份北京市居民生活时间分配的抽样调查数据的研究报告（王琪延等），北京市居民2016年休闲活动频次比1996年增加21.6天。其中，公益活动增加最多，为11.7天；其次是兴趣娱乐活动和旅行游玩，分别增加9.6天和9.4天，显示出市民的休闲时间和活动的显著增加（见表1）。

表1　1996—2016年北京市居民休闲活动频次

单位：天

休闲活动项目	1996年	2016年	增减
体育锻炼	38.0	38.4	0.4
兴趣娱乐活动	27.8	37.4	9.6
学习研究	71.6	62.1	-9.5
公益活动	15.8	27.5	11.7
旅行游玩	13.1	22.5	9.4

"2016年麦肯锡中国消费者调查"（调查访谈了来自44座城市的10 000名18~65岁中国消费者）的结果也支持上述结论（见图4），2012年以来中国城市居民的消费重点已从产品类转向服务类，休闲娱乐与旅行成为居民消费最大的增长点。

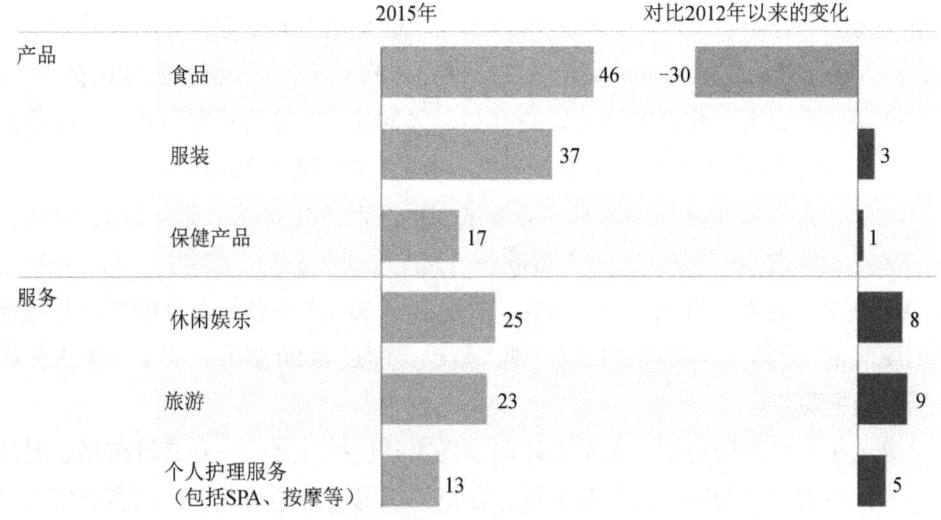

图 4　中国城镇居民消费类型的转型（2012—2015）

资料来源：麦肯锡 2016 年中国消费者调查报告。

从最新发布的 2017 年上半年中国城乡居民消费支出的调查统计（国家统计局 2017 年 9 月发布）来看，全国城乡居民人均食品烟酒、衣着、居住、生活用品及服务的消费支出增长率分别为 5.6%、2.4%、8.3% 和 6.5%，而与休闲度假相关的交通通信、教育文化娱乐、医疗保健和其他类的消费支出增长率则分别为 9.6%、10.0%、11.9% 和 11.9%。乡村居民的休闲支出也在显著增加，中国城乡居民的休闲度假需求已开始整体释放。

二、各类人群休闲市场划分

我国是世界上人口最多的国家，休闲消费市场潜力巨大，但各类人群的消费特点存在着明显差异，因而所对应的休闲市场也不尽相同，具体可分为四类。

（一）老年人休闲市场

截至 2016 年底，中国 60 岁以上的老年人口已达 2.22 亿，约占总人口的 16.1%，我国已成为世界上老龄人口最多的国家。对老年人而言，休闲娱乐活动直接影响到其晚年生活和生命质量。老年人休闲市场正在成为休闲市场的重要组成部分，业界应予以高度关注。

根据老年人的身体状况和心理特征，国外老年学生命阶段模型将 55 岁以上的老年人分成四种类型：①身体健康的享乐主义者，约占老年人口的 18%。这类老年人发生疾病、丧偶的概念很低，且经济上比较富有，因此在消费行为上也就最有可能接近年轻人，喜欢旅游、娱乐，追求人生的享受。②身体健康的遁世主义者，约占老年人口的 36%。这类老年人经历过失去亲人、工作等变故，因而无论在心理上还是社会行为上都变得极为退缩，虽然身体健康，却很少与外界联系，过着一种似乎与世隔绝的隐居生活。③多病外出者，约占老年人口的29%。这类老年人尽管身体状况较差，疾病缠身，但开朗乐观，对生活充满热情，在条件允许的情况下，乐意参加休闲健身活动。④身体虚弱的幽居者，约占老年人口的17%。这类老年人身体状况很差，难以参加户外活动，但仍然关心外界情况，会通过广播、电视、网络等获取信息。

中国老年人口集中在60~69岁，尚未进入重度老龄化阶段。截至2015年底，中国60~69岁人口占60岁以上老年人口的56.1%，数量在1.2亿人左右；70~79岁占比30%，80岁及以上人口占比仅为13.9%。假设中国60~69岁老年人口中可以并愿意从事休闲度假的比例为该年龄组的2/3，则人数也会超过8000多万，应是老年人休闲度假市场中的主要力量。

对应老年人的不同类型，老年人休闲市场主要包括三类。一是旅游市场。退休后的老年人，有着充足的闲暇时间和金钱，在身体状况良好的情况下，很多老年人都愿意外出旅游。在选择旅游目的地时，他们通常会选择自然风光优美的景区或历史名胜地。二是文化娱乐市场。老年人通过电视、广播、网络、报纸等各种媒体收看收听各类节目，获取各种社会资讯，即使足不出户，也能及时了解掌握各种动态信息，既充实了晚年生活，又保持了与外界的沟通。三是休闲健身市场。随着年龄的增长，老年人的身体机能在不断下降，因此老年人希望参加一些健身活动以增强体质，提高生命质量。在选择健身活动时，他们往往喜欢群体性、娱乐性较强的活动形式，这样既能达到强身健体的目的，又能与老伙伴进行交流。

（二）中年人休闲市场

中年人群体是休闲市场的一支重要力量。相对于年轻人而言，经过多年的积累，中年人多数拥有一份稳定的工作和可观的收入，而且随着职位的提升和经验的增加，也会有更多的闲暇时间可自主支配，因此在休闲消费方面的影响力值得高度重视。根据中国最近一次人口普查（2010）的资料，30~59岁年龄组占总人口比例为45.4%。以此估算，2017年中国中年人口（30~59岁）的数量在6.2亿人左右，如果其中1/2进入休闲度假市场，则有3.1亿人，在中国休闲度假市场中可谓举足轻重。尽管中国在2013年已达人口红利的拐点，老年人口在未来呈增加趋势，但考虑到国民休闲需求的释放仍处于成长期，未来中国的中年休闲人口数量还会持续增加，3亿~4亿人的休闲市场需求是可以期待的。根据中国旅游协会和我国最大的在线休闲度假旅游平台携程旅游联合发布的"2017年中国休闲度假指数和排行榜"，消费能力强、体力充沛的31~45岁在休闲度假人群中的比例最高，达37.2%，也部分印证了这一点。

基于收入等级的不同，中年人可划分为贫困阶层、中下阶层、中间阶层、中上阶层、富裕阶层等层级。总体而言，在休闲活动安排上，富裕阶层的中年人一般把大部分闲暇时间用于休闲度假、学习或健身方面，中下阶层和贫困阶层的中年人由于受收入和教育水平等影响，往往选择看电视、打麻将等较低层次的休闲娱乐活动。中年人休闲市场在休闲方式和休闲产品的选择上呈现出很大的差异性。

（三）青少年休闲市场

青少年休闲市场有广阔的发展前景，这和青少年这一人群的特性密切相关。青少年思想开放前卫，越来越追求个性、追求自我，热衷时尚潮流，具有超前的消费意识。无论是处于求学期的大中学生，还是朝九晚五的上班族，由于学业或工作的较大压力，他们更渴望通过休闲旅游等活动得到身心的放松。且现在的青少年多数属于独生子女，是家庭的中心，对于其在物质生活方面的要求，家长总会尽量予以满足或提供较大支持，因此相当数量的青少年在经济上较少受到约束，有足够的经济来源进行休闲消费。

根据中国2010人口普查的资料，5~29岁年龄组占总人口比例为35.6%[①]。考虑到中国已进入老龄化社会的人口趋势，目前青少年人口占总人口的比例应低于这一比例。以33%~35%的比例估算，中国青少年的人口数量应在4.7亿人左右。如果有超过六成的青年人参与度假休闲，这一消费人群的数量就会达2.8亿人。根据《2017年中国休闲旅游绿皮书》的数据，休闲旅游人群中19~30岁的年轻人占比高达25.6%，是休闲旅游的第二主力军。

青少年的休闲消费主要集中在三类产品上：一是旅游产品。旅游对于青少年有很强的吸引力，通过旅游既能够开阔眼界、增长见识，又能够结交朋友、锻炼身体，因此无论是独自出游还是结伴旅游，或是集体出游，青少年对旅游活动总是充满热情。二是体育健身产品。这类产品既包括一般的健身娱乐项目，如球类运动、舞蹈、游泳等，也包括比较前卫的项目，如野外拓展、极限挑战等。三是文化娱乐产品。无论是电影、网络游戏，还是歌舞场、音乐会，在青少年中均有数量可观的热衷参与者。

（四）女性休闲市场

女性休闲市场是指以女性为目标消费群体，专门适应女性休闲消费特点的休闲消费市场。随着我国女性社会地位的日益提高和自我意识的不断增强，越来越多的女性在追求工作上有所成就的同时，也希望并乐意在工作之余进行一些休闲娱乐活动以提高生活的幸福感和愉悦度。因此女性休闲市场在整个休闲市场中的重要性在逐渐凸显。

根据2010年人口普查的资料，女性人口在总人口所占的比例随年龄分组而显著不同。0~13岁年龄组（即目前7~20岁）的性别比（女性=100）为115以上，男性显著多于女性；14~70岁组的性别比会逐渐下降到100~104之间，直到70岁以上组降到100以下。中国人口的性别结构使得女性在青少年组和中年组的休闲人口中会少于男性，特别是在青少年年龄组（5~29岁）。有趣的是，根据"2017年中国休闲度假指数和排行榜"，女性成为休闲旅游主力。在参与携程自由行、邮轮、当地玩乐、私家团、

[①] 因可以参加的休闲度假活动和范围有限，此处略去0~4岁儿童年龄组的人口的休闲市场分析。

定制游等休闲度假产品的游客中 57% 是女性，这是值得休闲度假产业关注的现象。

具体而言，女性休闲市场可细分为三类。一是青年女性休闲市场。青年女性往往参加工作已有一段时间，即已有一定的财富积累，且往往未婚或已婚而无子女。此外，这类群体思想比较前卫，喜欢追求生活的个性化和时尚化。因此青年女性就成为女性休闲市场中的消费主力军。二是中年女性休闲市场。中年女性往往已婚且育有子女，随着经济基础的巩固和家庭的稳定，这类群体也有足够的资本进行休闲消费。但与青年女性不同之处在于，中年女性在进行消费选择时更多受家庭因素的影响，如长时间的休闲度假一般会选择孩子和丈夫同时放假之时。三是老年女性休闲市场。老年女性休闲市场属于老年休闲市场，因此在内容上与前面提到的老年休闲市场有众多相似之处。但相对于男性而言，老年女性在群体性要求上更明显一些，她们更喜欢将健身和娱乐、结交朋友联系在一起。

三、近年来城乡居民休闲发展特征

中国旅游研究院最新发布的《中国休闲发展年度报告（2016—2017）》显示，近年来我国城乡居民休闲呈现出休闲空间不断扩大、休闲活动日趋丰富的发展态势。

（一）城乡居民休闲空间不断扩大

从休闲空间来看，城乡居民的户外休闲比重均不断增加，休闲空间范围不断扩大，远距离（离家10公里以上）休闲进入快速增长期。2012年我国城镇居民工作日、周末和节假日的户外休闲比重分别为53%、65.7%和70.3%，到2017年相应比重分别增至59.4%、77.9%和82.8%，越来越多的城镇居民在闲暇时间走出家门，享受更为丰富多彩的户外休闲活动（见图5）。2012年我国城镇居民工作日、周末和节假日离家10公里以上休闲比重分别为4%、9.4%和22.5%，到2017年相应比重分别上升为4.8%、12.1%和34.7%，旅游和郊野游憩成为越来越多城镇居民的重要休闲方式（见图6）。

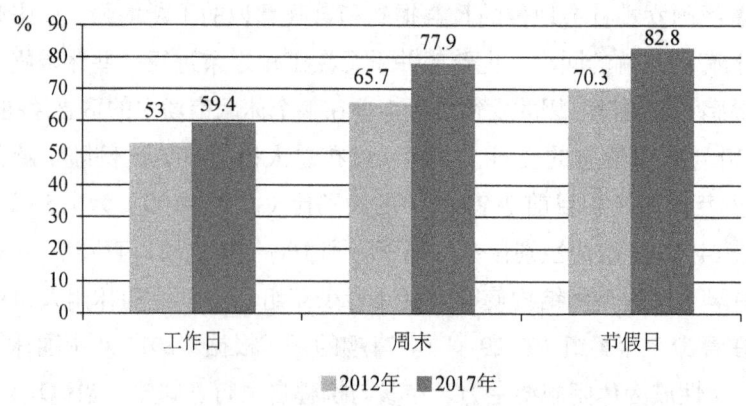

图 5　城镇居民户外休闲比重变化

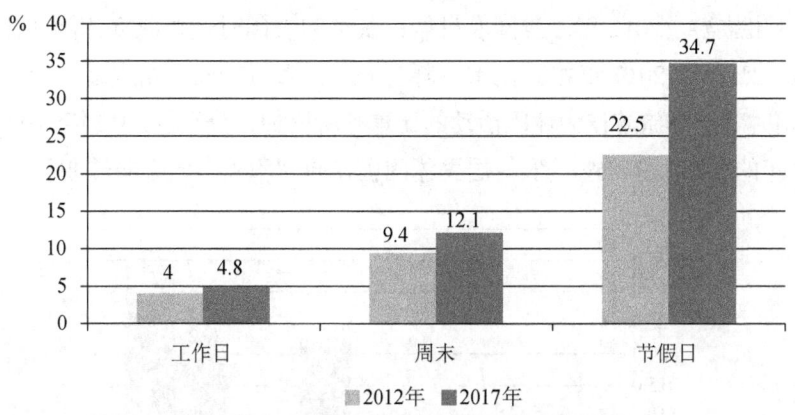

图6 城镇居民远距离休闲比重变化

根据"2017年中国休闲度假指数和排行榜",携程旅游自由行、私家团、半自助游、门票玩乐和一日游等休闲度假旅游产品预订数据显示：2016年携程服务以休闲度假为目标的游客2800万人次,而截止到2017年10月的数据显示,预计2017年这一人次接近4000万,全年同比去年增长70%左右。携程数据显示休闲度假旅游占比已经超过传统观光旅游,占比达到六成。

与城镇居民相比,农村居民的休闲空间仍然主要集中在家庭内部,不过近年来居家休闲的比重持续降低,远距离休闲增长迅速。农忙时节农村居民离家10公里以上休闲比重由2012年的0.9%提高到2017年的2.7%,农闲时节的相应比重提高到7.9%,农村居民的户外休闲意识不断增强。

(二)城乡居民休闲活动日趋丰富

从休闲消费选择来看,近年来我国城乡居民休闲意识不断增强、休闲需求持续释放,休闲活动"积极化"趋势明显。2012—2017年,我国城镇居民外出旅游比重持续增加,家庭休闲比重不断降低,工作日文化娱乐、体育健身、餐饮购物等比重相对稳定。2012年我国城镇居民在工作日、周末和节假日选择旅游的比重分别为1.1%、4.3%和20.2%,到2017年相应比重已达到8.3%、21.9%和34.3%(见图7),在周末和节假日到异地旅游这种休闲方式成为增长最大的休闲活动。2012年我国城镇居民在工作日、周末和节假日选择看电视、上网、闲聊等家庭休闲活动的比重分别为51.1%、38.8%和33.3%,到2017年相应比重分别下降为41.2%、22.5%和26%(见图8)。休闲活动选择受闲暇时间影响较大,如文化娱乐是2017年城镇居民工作日和周末休闲的主要选择,而节假日外出旅游休闲的城镇居民比重跃居同期首位。总体而言,城镇居民的休闲活动正在从"静态"向"动态"转变,走出家门的休闲活动所带来的消费、养生、健康、文化、社交、教育等经济社会功能也在不断增强。

农村居民休闲虽仍以家庭休闲为主,但其支配性地位有所松动,越来越多的农村居民选择外出旅游。2012年，我国农村居民农忙和农闲时选择家庭休闲的比重分别为73.7%和68.2%，到2017年相应比重下降为69.4%和63.5%；相应地，同期农村居民农忙和农闲时节选择旅游作为休闲活动的比重有所增加，分别从2012年的0.9%和1.4%增至2017年的2.3%和8.6%。农村居民休闲也在向"积极"的方向转变。

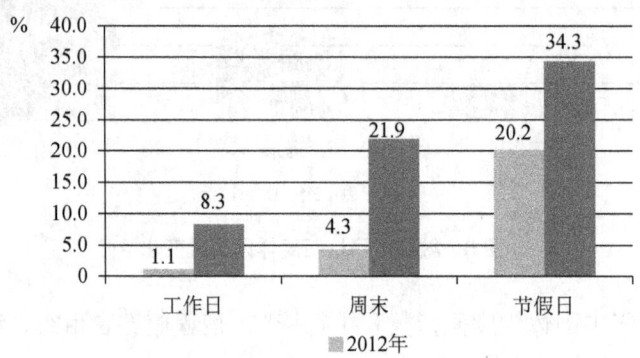

图7　城镇居民外出旅游比重变化

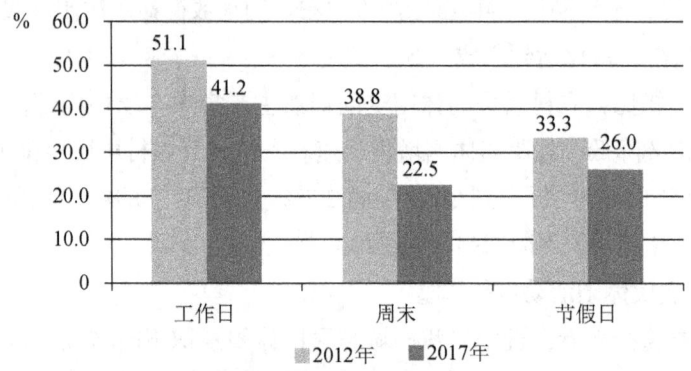

图8　城镇居民家庭休闲活动比重变化

（三）居民休闲选择差异明显

居民休闲空间和休闲活动选择或多或少受性别、年龄、收入、学历、家庭结构等因素影响，呈现出一定差异性。以婚姻状况为例，已婚城镇居民较未婚人士在工作日的休闲半径相对较小，而周末的休闲半径较大。由于已婚人士受家庭因素制约较大，工作日闲暇时间可能要处理家庭事务及照顾老人孩子，休闲半径在3公里以外的比例最低，为20.8%；而在周末等时间宽裕的情况下，已婚人士带着家人到离家较远的地方休闲放松、愉悦身心的需求更大。调查数据显示，已婚城镇居民周末休闲半径在3公里以外的比例与其余婚姻状况人士相比最高，为37.3%（见表2）。此外，不同性别的城乡居民对休闲活动有着不同的选择特性，如女性的餐饮购物、外出旅游需求明显高于男性，而对于文化娱乐、体育健身等类型的休闲活动，男性需求高于女性，这种差异反映了男性与女性休闲偏好的不同。

表2 不同婚姻状况城镇居民工作日和周末的休闲半径

	休闲半径	未婚	已婚	离异	丧偶
工作日	3公里以内	77.3%	79.2%	66.0%	73.7%
	3公里以外	22.7%	20.8%	34.0%	26.3%
周末	3公里以内	66.7%	62.7%	71.0%	72.7%
	3公里以外	33.3%	37.3%	29.0%	27.3%

四、不同区域居民休闲度假需求分析

由于我国多样化的地理气候条件和经济文化发展的不平衡，不同区域居民的休闲度假活动也呈现出明显的地区差异。总体而言，东部地区居民的休闲度假消费最为旺盛，中部次之，西部尚处于起步阶段，东、中、西三大区域之间呈阶梯状发展格局。

（一）区域旅游依然保持"东强西弱"格局

东部地区潜在出游力占绝对优势。中国旅游研究院发布的《中国国内旅游发展年度报告2017》显示，2016年，客源地潜在出游力在东中西三大区域之间依然表现为"7∶2∶1"的三级阶梯状分布，即我国的客源市场有近70%源自东部地区，20%源自中部地区，10%源自西部地区。全国31个省（区、市）划分为5种潜在出游力类型。①出游力极强地区：上海、北京、广东、江苏、浙江、山东、天津；②出游力强地区：福建、河北、湖南、辽宁、湖北、河南；③出游力较强地区：重庆、四川、安徽、陕西、黑龙江、山西；④出游力一般地区：吉林、内蒙古、江西、海南、云南、广西、贵州；⑤出游力弱地区：新疆、甘肃、宁夏、青海、西藏。出游力极强地区和出游力强地区中，大多数省市都位于东部地区。

从经济区间的旅游互动来看，东部三大经济区之间的南北双向旅游客流量依然保持较强优势。2016年环渤海经济区流向珠三角经济区和长三角经济区、长三角经济区流向珠三角经济区和环渤海经济区、珠三角经济区流向长三角经济区和环渤海经济区、三大经济区流向成渝地区、成渝地区流向三大经济区的旅游客流是国内旅游客流的主体。

（二）休闲度假最大客源地的排名

哪些城市或地区贡献了最多的休闲旅游消费客群？根据"2017年中国休闲度假指数和排行榜"的休闲旅游"出游力"排行榜（携程旅游等联合发布），出游人数排名前20的城市是：上海、北京、天津、广州、杭州、成都、南京、深圳、武汉、重庆、西安、长沙、厦门、昆明、无锡、青岛、郑州、沈阳、济南、合肥（见图9）。

东南沿海经济最发达的城市和京津地区休闲旅游的出游力最强，其次是爱玩会要的西部成都、重庆以及老牌北方工业城市。以区域来划分，前二十名城市中华东地区占8个，华北地区占4个，华西地区占3个，华南占3个、华中占2个。

图9　休闲度假最大客源地榜单

（三）休闲旅游人均消费和消费力的前20城市排名

根据"2017年中国休闲度假指数和排行榜"（见图10），2017年上半年中国休闲旅游人均消费达到3819元，其中出境游人均消费近6000元，国内游人均消费超2000元，人均消费比2016年同比增长近10%左右。

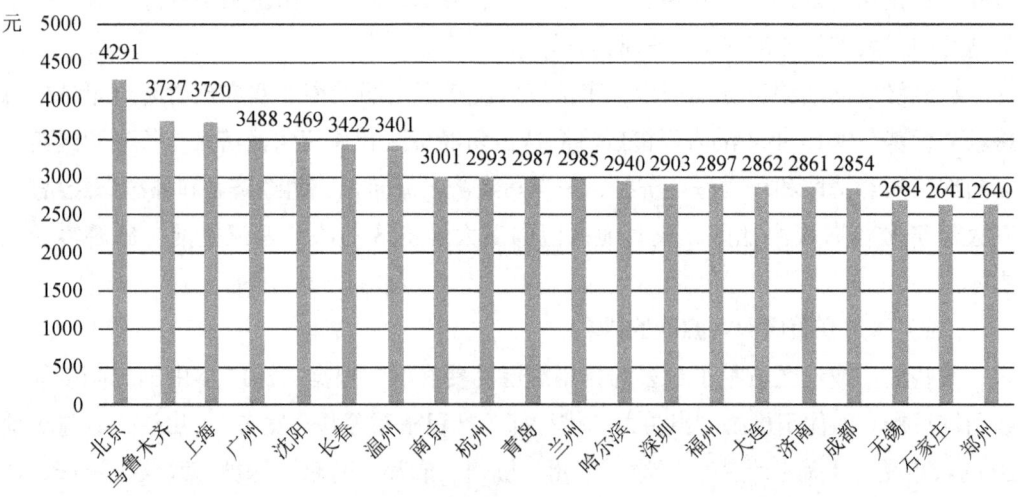

图10　休闲旅游消费力榜单：人均消费前20的出发城市

（四）休闲旅游目的地选择的区域差异

中国东西南北各区域的气候差异很大，居民对休闲度假目的地的选择受气候与季节因素的影响很大（见表3）。根据携程自由行、半自助、私家团产品2016年和2017上半年的预订数据，三亚与昆明是各地区目的地选择的最主要共同选项，三亚的冬暖与昆明的夏凉的气候吸引力是显然的。相比其他地区，华南地区的冬天气候最为温和，三亚的吸引力就相应下降。携程根据APP关键词搜索频次，发布了2017年休闲旅游十大关键词和指数为海岛（100）、美食（96）、自然探索、户外（95）、家庭亲子（90）、五星酒店（81）、避寒/避暑（79）、城市休闲（78）、深度体验（71）、医疗休养（70），也揭示出中国休闲消费者的主要消费倾向。

表3 休闲旅游目的地的区域性特征

区域	国内游	出境游
华北	三亚	日本
	厦门	泰国
	昆明	美国
华东	三亚	泰国
	杭州	日本
	厦门	新加坡
华西	九寨沟	泰国
	昆明	新加坡
	三亚	中国香港
华南	桂林	中国香港
	惠州	泰国
	昆明	越南
华中	宜昌	泰国
	三亚	越南
	昆明	马来西亚

五、国民海外休闲度假发展状况

近年来，中国公民出境旅游热情有增无减，旅游花费不断攀升，成为世界旅游市场上的一支生力军。这一方面体现了中国经济的发展成就，另一方面也体现了海量的休闲度假需求的海外释放，因此，通过对国民出境旅游发展状况的分析大体上可以揭示国民海外休闲度假的发展态势与特征。

（一）出境旅游市场规模与增长情况

中国旅游研究院发布的《中国出境旅游发展年度报告2017》显示，2016年我国出境旅游市场继续保持增长势头，全年出境旅游人数达到1.22亿人次，出境旅游花费

1098亿美元，同比增长4.3%与5.07%（见图11）。出游季节性变化明显，高峰集中。7、8月和春节依然是出游旺季。

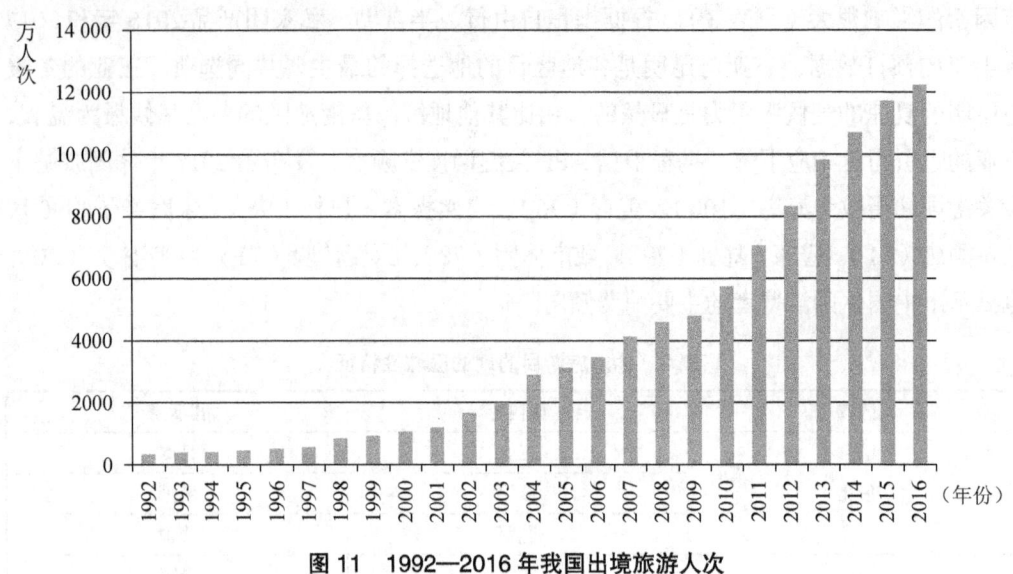

图11　1992—2016年我国出境旅游人次

（二）出境旅游花费规模与增长情况

近年来中国人出境旅游花费保持增长势头。2014年我国出境旅游花费896亿美元，2015年达1045亿美元，增长16.58%，2016年达1098亿美元，增速减缓，但依然保持增长。在世界经济普遍不景气，许多国家游客购买支出削减的背景下，中国出境游客的购买力显得格外突出。根据携程2017年前六个月的出境自由行、跟团游服务人数和消费的数百万规模统计，哪些中国城市市民的境外游平均花费最高？排在前三甲的城市为苏州、北京和上海，然后是贵阳、沈阳、西安、长春、大连、青岛和温州（见图12），这些城市大多居于北方，冬春的气候严峻，市民有更强的动机到温暖的东南亚度假休闲，从人均花费的金额也可得出类似的判断。

TOP1	苏州	7123元
TOP2	北京	6778元
TOP3	上海	6760元
TOP4	贵阳	6299元
TOP5	沈阳	6211元
TOP6	西安	5981元
TOP7	长春	5896元
TOP8	大连	5806元
TOP9	青岛	5666元
TOP10	温州	5665元

图12　2017年上半年出境游人均消费最高城市排名

（三）出国旅游市场和赴港澳台市场规模与增长情况

2015年我国出国旅游市场规模持续增长，出国游客数量达到4198.38万人次，比2014年增长21.64%。尽管世界经济大环境尚未根本好转，但是中国游客的出国旅游热情不减。这充分体现出中国人休闲度假的旺盛需求与需求的外溢。从出国旅游人数的月度数据来看，高峰期主要集中在春节期间和7、8月，下半年的出国旅游人次从整体上看较上半年规模更大。

2015年内地（大陆）赴港澳台旅游人数达到8587.86万人次，比2014年增长18.47%。尽管风波不断，香港接待大陆游客全年下降了4.3%，但仍是最主要的目的地，2015年香港接待大陆游客占赴港澳台人数总和的52.01%。2015年澳门接待大陆游客人数增长17.1%，增幅在港澳台三地排名第一；台湾接待大陆游客人数也增长了5.1%。

（四）主要出境目的地与份额

2016年我国出境旅游依然以近程目的地为主，港澳台是最主要的目的地。2015年内地赴港澳台游客为8587.86万人次，占我国出境游总人数的73.28%（见图13）。

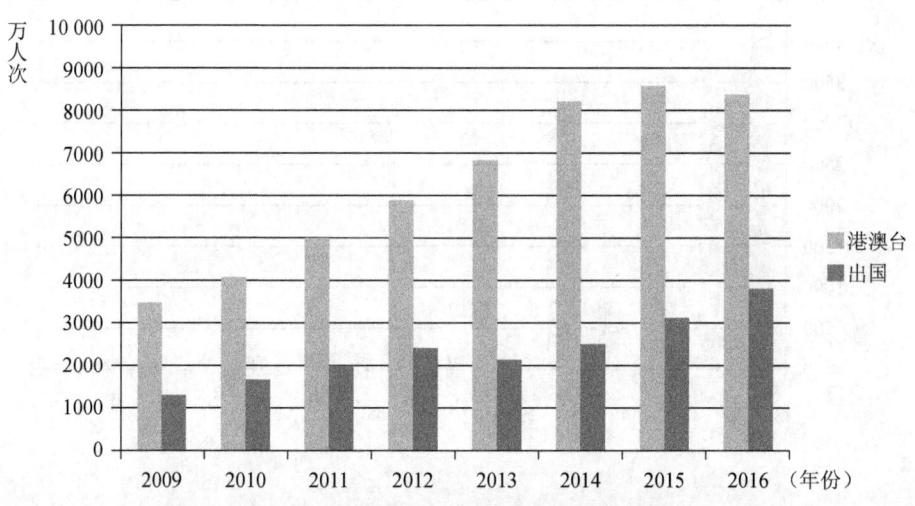

图13　2009—2016年我国出国旅游人次与赴港澳台旅游人次

此外，2015年我国游客赴不含港澳台的其他亚洲国家或地区旅游达到3077.64万人次，继续在洲际目的地上占据首位，所占比例为73.3%，之后依次为欧洲（11.5%）、美洲（8.2%）、大洋洲（3.6%）、非洲（2.7%）和其他地区（0.7%）（见图14）。赴欧洲游客增长迅猛，同比增长23.8%。赴非洲游客人次大幅减少，同比减少61.8%。赴大洋洲游客增速略有下降，由2014年的13.8%降为2015年的12.4%。

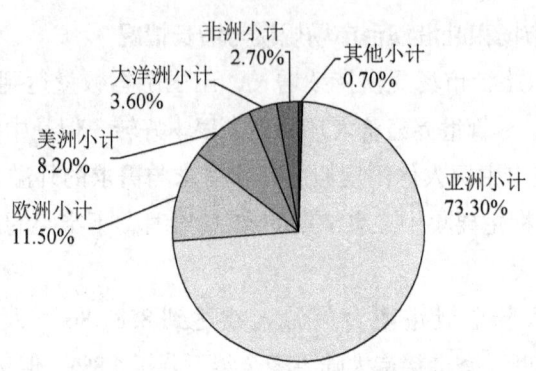

图14 2015年我国出境游洲际市场份额

越走越远的中国游客开始更多地走出国门。在出国旅游目的地中，泰国、韩国、日本、越南、美国、新加坡、俄罗斯、澳大利亚、印度尼西亚、马来西亚是前十位目的地（见图15）。

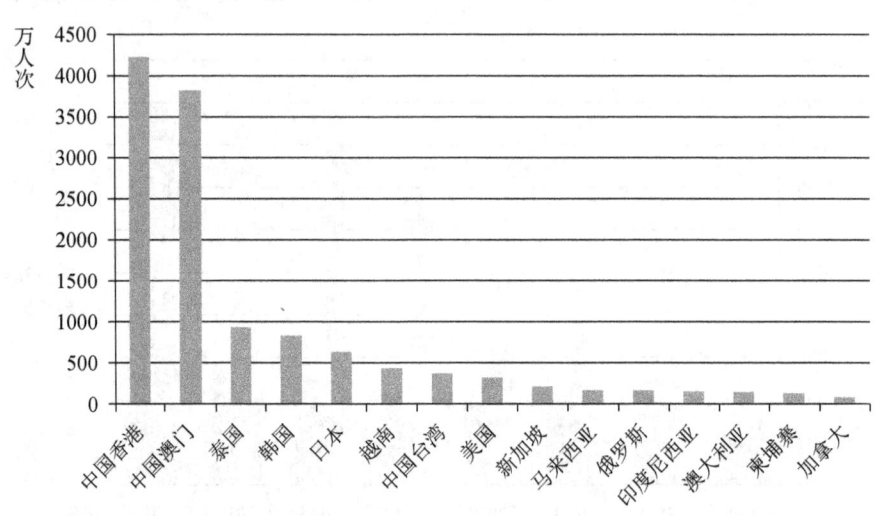

图15 2016年我国主要出境旅游目的地游客数据排名（前15位）

（五）目的地休闲旅游指数排行

自由行等休闲旅游模式在一个目的地中的占比可以很好地反映一个目的地的休闲化程度。

根据携程自由行、当地玩乐、当地向导、定制旅游、主题游等出境业务的预订人数，2017最受中国游客欢迎的20大休闲旅游目的地国家（地区）分别是泰国、日本、新加坡、印度尼西亚、越南、马来西亚、菲律宾、美国、马尔代夫、柬埔寨、毛里求斯、澳大利亚、阿联酋、尼泊尔、斯里兰卡、英国、法国、意大利、斐济、加拿大，其中50%的游客集中在东南亚地区，特别是海岛。成为中国游客休闲旅游后花园。

表4　休闲旅游出境国家人气20强及人均消费

单位：元

序号	国家	人均消费	序号	国家	人均消费
1	泰国	4600	11	毛里求斯	12 550
2	日本	6523	12	澳大利亚	13 996
3	新加坡	5300	13	阿联酋	8060
4	印度尼西亚	6428	14	尼泊尔	5213
5	越南	4012	15	斯里兰卡	9863
6	马来西亚	4326	16	英国	12 354
7	菲律宾	4412	17	法国	12 784
8	美国	10 667	18	意大利	11 854
9	马尔代夫	12 833	19	斐济	7899
10	柬埔寨	4125	20	加拿大	16 423

境外休闲旅游指数最高的目的地：马尔代夫。

根据携程自由行度假产品游客量的占比，海外休闲度假指数最高的目的地分别是马尔代夫（97）、中国香港（86）、马来西亚（80）、斐济（75）、韩国（72）、日本（68）、泰国（66）、新加坡（60）、菲律宾（58）、毛里求斯（55）。其中，马尔代夫是最典型的休闲旅游目的地，游客平均在一个岛上停留的时间达到行程时间的70%以上，花费大量的时间享受酒店的休闲娱乐设施。

第三部分　产业供给侧分析

一、近年休闲相关产业发展状况

（一）国内旅游发展概况

1. 国内旅游市场继续高速增长

2016年，在国内经济增长持续放缓的背景下，国内旅游市场依然保持了超过GDP增速的较快速度增长，无论是旅游人数还是旅游收入均创历史新高。中国旅游研究院发布的《中国国内旅游发展年度报告2017》显示，2016年国内旅游人数44.4亿人次，比上年增长11.0%；国内旅游收入3.9万亿元，比上年增长14.0%。从国内旅游市场多年发展趋势来看，游客接待量从2011年的26.41亿人次增长到2016年的44.4亿人次，旅游收入从2011年的1.93万亿元增长到2016年的3.9万亿元（见图16、图17）。总体来看，我国国内旅游市场规模长期保持在12%左右的增速，旅游收入保持在15%左右的增速。

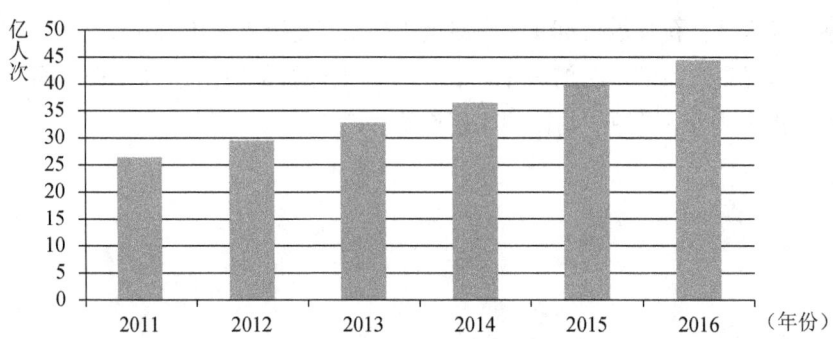

图16　2011—2016年国内旅游人数

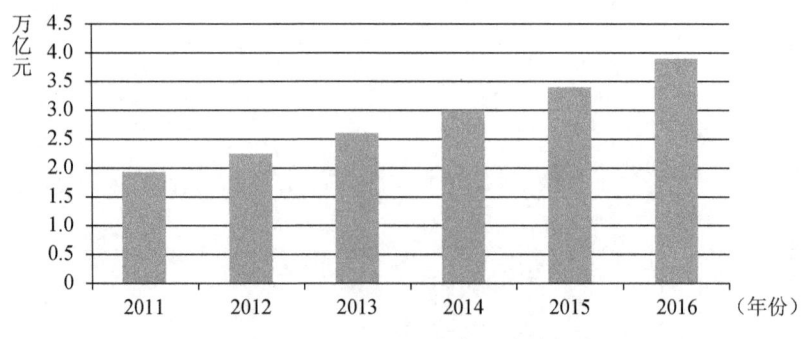

图17　2011—2016年国内旅游收入

2. 家庭休闲度假成为市场主流

国内旅游抽样调查结果显示，2016年，城镇居民游客中以家庭休闲度假及娱乐为旅游目的的人数最多，所占比例高达48.3%，其次是探亲访友，占27.2%，再次是观光游览，占13.9%，商务出差、健康疗养及其他旅游目的的游客所占比例均低于10%，分别为8.1%、1.4%、1.1%（见图18）。

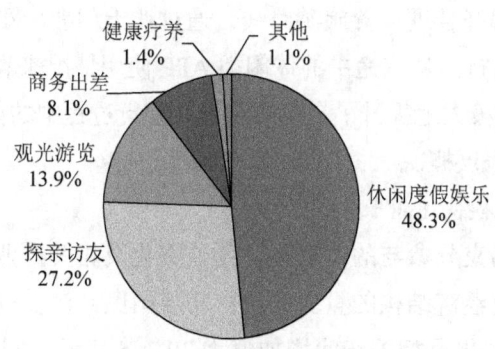

图18　城镇居民出游动机

对农村居民游客而言，休闲度假及娱乐也是核心的旅游目的，持此目的的游客所占比例为36.4%，其次是探亲访友，占31.7%，再次是商务出差，占12.9%，观光游览占6.4%，健康疗养占4.5%，其他旅游目的占8.1%（见图19）。

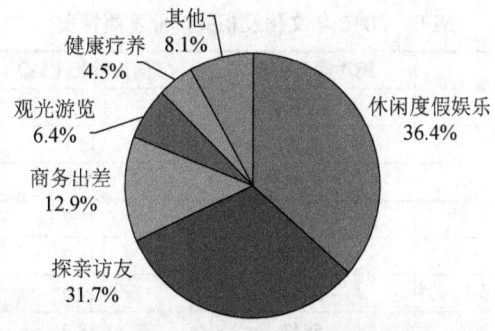

图19　农村居民出游动机

3. 假日旅游市场热度不减

假日旅游一直是我国旅游市场的一大热点。2016年，我国国内旅游在节假日期间依然保持了较快发展，其中市场规模及旅游收入均保持着10%左右的增长率。全国七个节假日接待游客量达到14亿人次左右，约占全年国内旅游人数的32%，仅春节、国庆和清明三大节日期间，国内旅游收入就达到8800多亿元，占到全年收入的22.6%，七大节日期间国内旅游收入占比达到40%。

4. 自驾游呈现新特点

《2017上半年中国自驾旅游大数据报告》显示，年龄在25~50岁间的中青年占自驾游游客总数的81%,是自驾游的主体人群,该群体普遍具有较高的受教育程度和较强的消费能力,拥有较强的旅游认知和素养,是中国新一代中产阶层的代表,他们更加追求旅行体验感和参与感,目的地不再是核心决策依据,他们更在意旅行的过程和沿途的体验。越来越多的自驾者选择通过综合旅游预订类APP及导航类APP进行自助出游,不再受跟团游时间、线路、住宿等问题的约束,轻松实现O2O旅游新常态。自驾者可根据自身情况及偏好合理设置旅游路线,通过线上门票、酒店预订及攻略、旅行向导等功能自由随心出行。从旅途中的休闲类APP使用情况来看,音乐类、游记分享类和美图照相类的应用极大地提升了自驾游游客在旅行过程中的体验。

(二)文化休闲业发展概况

1. 文化休闲产业规模快速增长

在政策引导和市场充分参与的背景下,我国文化及相关产业总量持续增长,在经济新常态下发挥着优化经济结构的重要作用,朝着国民经济支柱产业的方向迈出新的步伐。2016年,全国文化及相关产业增加值为30 785亿元,同比增长13%;占GDP的比重为4.14%,同比增长0.17个百分点。其中,文化休闲服务业实现产业增加值2270亿元,同比增长11.1%,占文化产业的比重为7.4%;广播电视电影服务业实现增加值1373亿元,同比增长11.9%,占比为4.5%;文化创意设计服务业实现增加值5843亿元,同比增长18%,占比为19%。

表5 2016年文化及相关产业发展情况

类别名称	绝对额(亿元)	同比增长(%)	构成占比(%)
文化及相关产业	30 785	13.0	100.0
一、文化产品的生产	19 655	15.1	63.8
1.新闻出版发行服务	1398	7.6	4.5
2.广播电视电影服务	1373	11.9	4.5
3.文化艺术服务	1443	15.0	4.7
4.文化信息传输服务	3687	29.0	12.0
5.文化创意和设计服务	5843	18.0	19.0
6.文化休闲娱乐服务	2270	11.1	7.4
7.工艺美术品的生产	3640	5.9	11.8
二、文化相关产品的生产	11 130	9.5	36.2
1.文化产品生产的辅助生产	3356	7.2	10.9
2.文化用品的生产	6694	9.7	21.7
3.文化专用设备的生产	1079	16.4	3.5

2. 传统文化休闲业发展迅速

近几年来,我国艺术表演团体及人员数量、演出场次及收入等显著增加。2015年,艺术表演团体数量超过1万个,演出人员达30万,演出场次达210.8万场,观众数量达9.57亿人次,演出收入达93.9亿元(见表6)。

表6 艺术表演团体情况

类别	2010年	2011年	2012年	2013年	2014年	2015年
机构数量（个）	6884	7055	7321	8180	8679	10787
人员数量（万人）	22	22	24	26	26	30
演出场次（万场）	137.15	154.72	135.02	165.11	173.91	210.8
观众数量（万人次）	88 500	74 585	82 805	90 064	91 020	95 799
演出收入（万元）	342 700	526 745	641 480	735 532	757 028	939 310

资料来源：《中国统计年鉴》（2011—2015年）。

2016年，中国电影市场在快速发展数年后放缓态势。2016年中国电影总票房达457.1亿元，同比增长4%；全年观影人次为13.7亿，同比增长9%（见表7）。近年来，文化商业地产的大力发展为影院和银幕数量带来快速的成长，从根本改变了过去电影票房消费的终端瓶颈。2009年到2016年，全国影院数量从1687家上升到8106家，银幕数量从4723块上升到41 179块。

表7 中国电影市场发展情况

类别	2010年	2011年	2012年	2013年	2014年	2015年	2016年
票房收入（亿元）	101.7	131.2	170.7	217.7	296	440.7	457.1
票房收入增长率（%）	64	29	30	28	36	49	4
观影人次（亿人）	2.9	3.7	4.7	6.1	8.3	12.6	13.72
观影人次增长率（%）	43	29	27	30	36	51	9

资料来源：《中国统计年鉴》（2011—2016年）。

2016年出版业发展的特点是进中有退。印刷复制、数字出版和出版物发行三者营业收入合计21 859.1亿元，较2015年增长9.9%。其中，数字出版占24.2%，提高3.9个百分点；印刷复制和出版物发行收入占比则有所下降（见图20）。

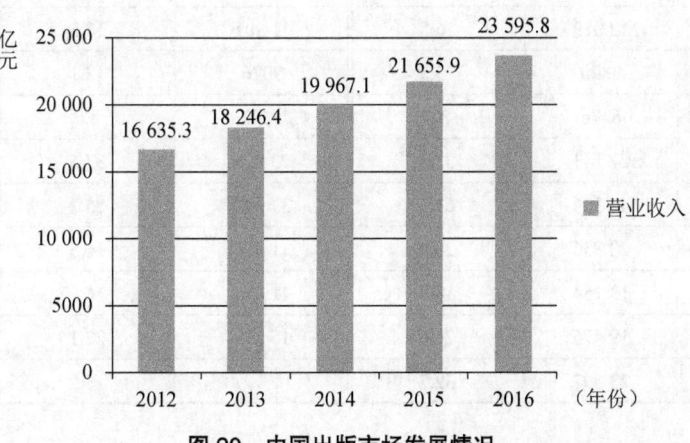

图20 中国出版市场发展情况

3. 新兴文化休闲业蓬勃发展

随着网络环境的不断完善和移动互联网的迅速发展,基础应用、商务交易、网络金融、网络娱乐等个人应用日益丰富,网络成为文化休闲的重要载体。中国网民参加网络游戏、网络音乐、网络视频、网络购物、网络文学等休闲活动的人数迅速发展(见表8)。2016年,我国网络即时通信用户规模超过6.66亿,比2015年增加6.8%;网络音乐、视频、游戏分别比2014年增长0.4%、8.1%、6.5%;网络购物市场继续保持稳健的增长速度,2016年用户规模超过4.67亿,比2015年增加12.9%;网络文学用户规模超过3.33亿,同比增长12.3%;其他相关文化网络市场的网民用户规模也稳步增长。

表8 中国网民对网络应用的使用率

应用	2016年		2015年		全年增长率(%)
	用户规模(万)	网民使用率(%)	用户规模(万)	网民使用率(%)	
即时通信	66 628	91.1	62 408	90.7	6.8
搜索引擎	60 238	82.4	56 623	82.3	6.4
网络新闻	61 390	84.0	56 440	82.0	8.8
网络视频	54 455	74.5	50 391	73.2	8.1
网络音乐	50 313	68.8	50 137	72.8	0.4
网上支付	47 450	64.9	41 618	60.5	14.0
网络购物	46 670	63.8	41 325	60.0	12.9
网络游戏	41 704	57.0	39 148	56.9	6.5
网上银行	36 552	50.0	33 639	48.9	8.7
网络文学	33 319	45.6	29 674	43.1	12.3
旅行预订	29 922	40.9	25 955	37.7	15.3
电子邮件	24 815	33.9	25 847	37.6	4.0
论坛/bbs	12 079	16.5	11 901	17.3	1.5
互联网理财	9890	13.5	9026	13.1	9.6
网上炒股或炒基金	6276	8.6	5892	8.6	6.5
微博	27 143	37.1	23 045	33.5	17.8
地图查询	46 166	63.1	37 997	55.2	21.5
网上订外卖	20 856	28.5	11 356	16.5	83.7
在线教育	13 764	18.8	11 014	16.0	25.0
互联网医疗	19 476	26.6	15 211	22.1	28.0
互联网政务	23 897	32.7	—	—	—

自媒体平台的发展也在不断丰富文化休闲娱乐方式。早期的博客和社区是最初的

自媒体形式，随后自媒体以社交网络为载体进入公众号时代，如今电商等非媒体平台正在成为新的自媒体载体。休闲文化娱乐行业是自媒体最多的参与者，微信公众号中，账号行业分布排在前四位的是文化/传媒/娱乐、服务业、IT/通信/互联网、商业，其中，文化/传媒/娱乐公众号占微信公众号的比重达27.8%；头条号中，账号行业分布排在前四位的是娱乐、文化、科技、市场，其中娱乐和文化分别占7.0%和6.6%。自媒体平台的问世促进了网络用户本身成为媒体发布人和各种社会事件的参与者、当事人、审视者和评论员，极大地丰富了文化休闲娱乐方式。

4. 公共文化休闲服务稳步提升

2015年，我国文化事业费为682.97亿元，同比增长17.1%；全国人均文化事业费为49.68元，同比增长16.5%。随着财政投入的增加，我国公共文化休闲类机构（图书馆、博物馆、文化馆等）数量近几年迅速增长。我国公共图书馆的总藏量、总流通人次、书刊文献外借册次以及阅览室座位数稳定增加。2016年，我国公共图书馆共有3153座，图书总藏量为9亿多册，总流通人次达6.6亿，书刊文献外借达5.4亿多册次；阅览室座位达98万个（见表9）。我国公共阅读服务体系逐渐完善，公共图书馆资源的社会共享程度逐步提高。

表9 公共图书馆的发展和使用情况

类别	2010年	2011年	2012年	2013年	2014年	2015年	2016年
公共图书馆数（座）	2884	2952	3076	3112	3117	3139	3153
总藏量（千册）	617 260	697 190	788 520	748 960	790 920	838 440	901 630
总流通人次（千人次）	328 230	381 510	434 370	492 320	530 360	588 920	660 370
书刊文献外借册次（千册次）	263 920	284 520	331 910	408 680	467 340	508 960	547 250
阅览室座位数（个）	631 000	681 400	734 571	809 800	855 500	911 000	986 000

资料来源：《中国统计年鉴》（2011—2016年）。

我国博物馆数量、文物藏品数量、基本陈列数量也在逐年增长。到2015年，博物馆数量已达3852座，参观人数达7.8亿多人次，居民对博物馆这类公共文化休闲设施和场所的利用率在不断提高（见表10）。值得注意的是，在博物馆数量和参观人数增加的同时，2015年博物馆的门票销售收入反而降低，这彰显了公共文化休闲机构服务于民的经营理念。此外，群众文化活动也开展得有声有色。2015年全国群众文化机构组织各类活动达166.39万场次，比2014年增长13.0%；服务人口达5.48亿人次，比2014年增长8.2%。

表 10　博物馆的发展及开展活动情况

类别	2011年	2012年	2013年	2014年	2015年
博物馆数（座）	2950	3069	3473	3658	3852
文物藏品数量（件）	19 023 423	23 180 726	27 191 601	29 299 673	30 441 422
基本陈列数量（个）	7054	8230	7650	19565	21154
参观人数（万人次）	47 051	56 401	63 776	71 774	78 112
门票销售总额（万元）	—	—	—	331007.0	329461.3

资料来源：《中国统计年鉴》（2012—2016 年）。

（三）体育休闲业发展概况

1. 体育产业高速发展，规模不断扩大

《国家体育产业基地发展报告 2015—2016》数据显示，2006 年，全国体育产业总产值仅为 3013.5 亿元，到 2015 年，体育产业总产值已经突破 1.7 万亿元，达 17 107.0 亿元；2006 年，全国体育产业增加值仅为 982.9 亿元，到 2010 年，体育产业增加值已经突破 2000 亿元，2015 年进一步突破 5000 亿元大关，达到 5494.4 亿元（见图 21）。2006—2015 年，全国体育产业实现总产出增加 14 093 亿元，创造增加值增加 4511.5 亿元，2015 年增加值是 2006 年的 5.6 倍，体育产业显示出强劲的发展势头，奠定了重要的行业经济地位。

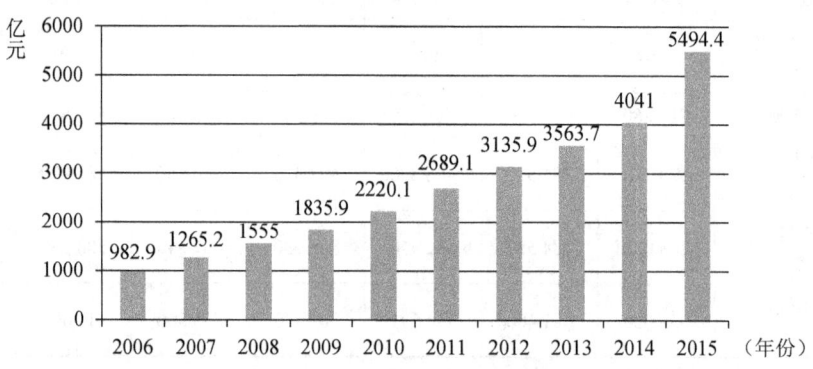

图 21　2006—2015 年中国体育产业增加值规模

2. 全民健身公共服务体系逐步建立和完善，体育设施遍布城乡

根据《第六次全国体育场地普查数据公报》发布的数据，截至 2013 年底，全国共有体育场地 169.46 万个，用地面积 39.82 亿平方米，建筑面积 2.59 亿平方米，场地面积 19.92 亿平方米（见表 11）。以 2013 年底全国总人口 13.61 亿人（不含港澳台地区）计算，平均每万人拥有体育场地 12.45 个，人均体育场地面积为 1.46 平方米。与第五次全国体育场地普查（截至 2003 年 12 月 31 日）相比，10 年来，全国体育场地数量增加 84.45 万个，用地面积增加 17.32 亿平方米，建筑面积增加 1.84 亿平方米，场地面积

增加6.62亿平方米；每万人拥有体育场地数增加5.87个，人均场地面积增加0.43平方米。在新的体育事业和产业的发展过程中，雪炭工程、全民健身活动中心、体育公园、体育健身广场、全民健身户外营地、社区运动场、健身步道等遍布全国。全民健身组织化水平不断提高，各级各类体育社团、体育指导站、全民健身活动站点、城市街道和农村乡镇体育组织、青少年体育俱乐部等逐年增多并日益活跃。社会体育指导员、全民健身志愿服务队伍不断壮大。全民健身活动广泛开展，全国经常参加体育锻炼的人数占比达到28.2%。

表11 全国体育场地数量、面积及人均情况

类别	2003年	2013年	增减
体育场地（万个）	85.01	169.46	84.45
用地面积（亿平方米）	22.5	39.82	17.32
建筑面积（亿平方米）	0.75	2.59	1.84
场地面积（亿平方米）	13.3	19.92	6.62
每万人拥有体育场地数（个）	6.58	12.45	5.87
人均体育场地面积（平方米）	1.03	1.46	0.43

注：增减为2013年数值减去2003年数值。

3. 体育产业多元化格局形成

2016年体育休闲产业多种新业态开始发展，体育产业欣欣向荣。冰雪体育休闲、山地户外运动、航空运动、极限运动等多种新业态共同促进了休闲体育产业发展。《冰雪运动发展规划（2016—2025年）》提出要加快推动冰雪健身休闲发展，实施冰雪产业精品工程，支持各地打造一大批优秀冰雪运动俱乐部、示范场馆和品牌赛事。《全国冰雪场地设施建设规划（2016—2022年）》提出了滑冰馆、滑雪场、冰雪乐园建设的具体目标。《航空运动产业发展规划》提出要加强航空飞行营地建设，优化航空运动赛事活动格局，推动航空运动器材装备制造、竞赛表演、休闲体验、运动培训等重点领域发展。《山地户外运动产业发展规划》提出要建立立体、多元的山地户外运动场地设施体系。《水上运动产业发展规划》提出要加强水上装备业发展，完善水上运动基础网络，推动运动码头船艇建设等，进一步丰富体育休闲产业。

（四）餐饮业发展概况

1. 餐饮业实现稳步增长

在国民经济面临转型，挖掘内需潜力的发展背景下，2015年餐饮市场实现趋稳回暖，全国餐饮业收入达到32 310亿元，比上年增长11.7%，增速于5年后再次恢复至高于社会消费品零售总额增速（10.7%）的水平；餐饮业收入占社会消费品零售总额的10.7%，比重开始回升。2016年，餐饮市场继续保持稳步增长态势，全国餐饮业收入

达到 35 799 亿元，比上年增长 10.8%，增速高于社会消费品零售总额增速（10.4%）0.4 个百分点；餐饮业收入占社会消费品零售总额的 10.8%，比上年提高 0.1 个百分点。餐饮市场对整个消费市场增长贡献率达到 11.1%，拉动消费市场增长 1.2%（见图 22）。

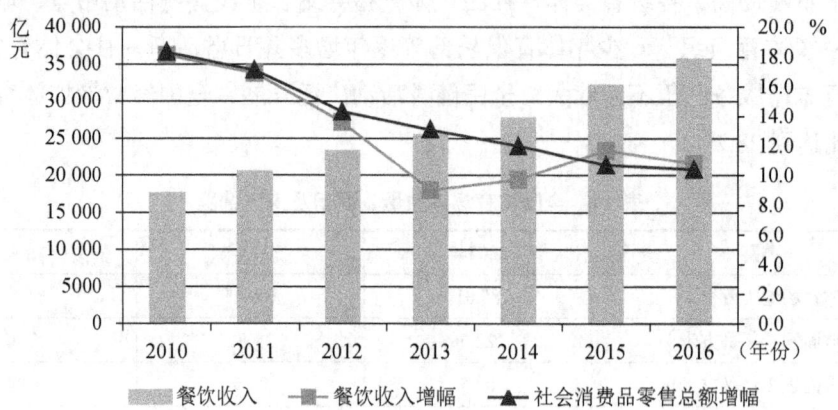

图 22　2010—2016 年全国餐饮收入及增幅状况

2. 消费者就餐行为分析

中国烹饪协会调查数据显示，除工作就餐外，消费者每周外出就餐 2 次以上者超过半数，39% 的消费者每周至少外出就餐 1 次（见图 23）。

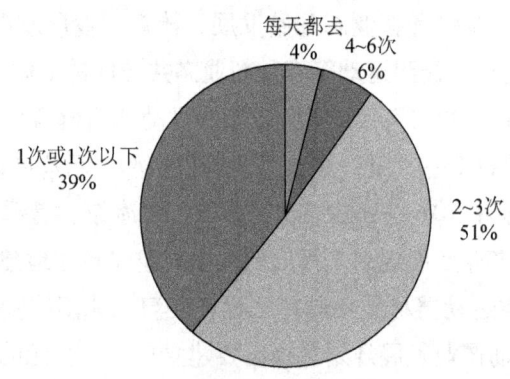

图 23　消费者每周外出就餐情况

数据统计显示，风味特色、安全卫生、餐厅环境、价格水平是消费者选择餐厅的主要关注因素。对比 2013—2015 年的餐饮消费调查报告，可以看出，风味特色连续三年位列影响消费者选择餐厅的第一因素，安全卫生因素自 2014 年由第五位升至第二位后，2015 年稳居第二，这表明消费者越来越重视在外就餐的质量安全和卫生条件（见图 24）。此外，随着消费者群体年轻化趋势加剧，追求特色美食的消费习惯也日益明显。许多消费者在外就餐时并非一味追随大流，而是会根据自己喜好的口味和餐厅特色选择就餐地点。

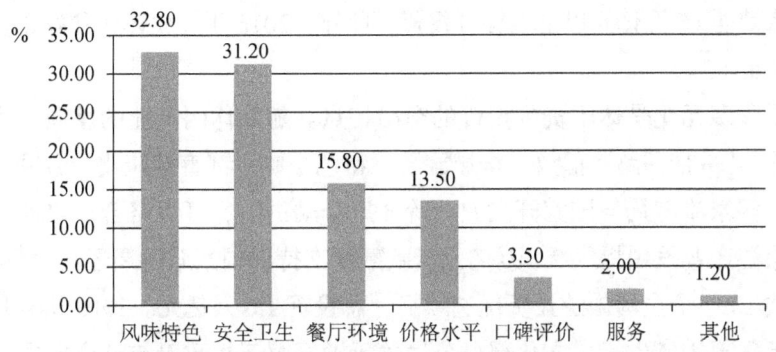

图 24　2015 年消费者选择餐厅的关注因素

3."互联网 + 餐饮业"成为重要新业态

中国经济已进入"互联网 +"的时代,互联网技术渗透餐饮业的速度也在加快。能否成功引入互联网先进的技术、理念和管理模式,发挥网络链接与数据处理对餐饮企业在营销、运营等方面实现即时化、精准化和定制化的作用,成为餐饮产业能否适应网络时代的试金石。根据商务部《中国餐饮行业发展报告 2017》的统计,2016 年餐饮 O2O 市场规模为 2092.4 亿元,同比增长 29.5%,占到餐饮业总体规模的 5.8%,餐饮百强企业网络销售收入更是猛涨 122%。互联网平台饿了么 2016 年入驻餐饮企业达到 130 万家,日均订单量达 750 万单。

二、当前休闲产业发展态势

(一)休闲产业规划全面铺开

以全国旅游业、文化业、体育业等产业"十三五"规划为背景,各省区市根据自身的发展情况制定并实施本地区的"十三五"规划,为本地区的休闲产业发展保驾护航。多个省市成立休闲产业孵化器、助推器,并在政策、资金等方面予以支持。北京、天津、江苏、四川、浙江、广东、青海等省市相继出台涉及旅游、文化、体育发展的规划,提出"十三五"期间的发展目标。青海出台了《关于加快发展休闲农业与乡村旅游的意见》《青海省乡村旅游扶贫项目实施意见(2016—2020)》,对今后一个时期乡村旅游、休闲农业和旅游扶贫工作做出了安排。宁夏银川市将丰富文化产品供给体系、刺激带动消费作为试点的重点任务之一。

(二)休闲产业投资持续高涨

2016 年,巨量资本的持续涌入带动了休闲产业的高速增长。以旅游业为例,国家旅游局局长李金早在 2017 年全国旅游工作会议上公布了一系列官方数据:2016 年旅游业投资达到 12 997 亿元,比 2015 年的 10 072 亿元增长 29.04%,高出全国固定资产投资增速 20 个百分点;据国家旅游局预测,未来 3 年,我国旅游业直接投资将超过 3 万亿元,并将带动 15 万亿元以上的综合投资。此外,2016 年文化体育和娱乐业的投资增长率也达到了 16.4%。

投资手段多元化是休闲资本投资的突出特点。随着休闲产业的发展,休闲产业投资市场火热,"一带一路"倡议、全域旅游、特色小镇,都直接转化为各种形式的休闲投资热潮。国家旅游局与国家开发银行等 8 家金融机构签订战略合作协议,"十三五"期间将为旅游产业发展提供 2.1 万亿元贷款额度支持;国家旅游局还与 10 家银行联合推出两批共 1397 个全国旅游投资优选项目,总投资 1.6 万亿元。2016 年 6 月,财政部联合文化部等部委印发了《文化部办公厅关于做好第三批政府与社会资本合作示范项目申报筛选工作的补充通知》,面向社会征集政府与社会资本合作项目,引导社会资本投资文化产业。国家体育总局发布的《2016 年体育产业工作报告》提出,国家体育总局将配合国家发改委尽快完成国家体育产业投资基金的设立和运营。

(三)休闲产业区域合作共谋发展

为促进休闲产业的发展,各地区正开展合作以谋求共同发展。京津冀联手打造休闲产业圈,在体育休闲、农业休闲等多个方面开展合作。根据《全面深化京冀对口帮扶合作框架协议》《深入推进京津冀体育协同发展议定书》,京津冀以"1+4"合作框架协议精神,加快推动京津冀协同发展。广东省中山市与澳门特别行政区于 2016 年 11 月开通点对点游艇自由行,中山市也成为国内首个经国务院批准对外开放游艇码头的城市。广东省旅游局与澳门特别行政区旅游局签署《粤澳旅游合作备忘录 2016》,双方将建立沟通机制,在联合推广、行业管理、旅游执法、粤港澳游艇自由行、青少年游学等方面加强合作,携手建设世界旅游休闲目的地。

(四)"互联网+休闲"成为产业升级主流

全球新一轮科技革命和产业革命已经到来。信息技术、移动互联网、大数据、云计算、物联网、生物技术、新能源、新材料、3D 打印、生物识别、可穿戴智能产品等新技术的突破和应用发展,为休闲带来了新的创新空间。2016 年,科技与休闲产业启动新的融合,"互联网+休闲"成为产业升级主流。旅游方面,国内在线旅游网站结束了几百家大混战,最终形成携程、阿里巴巴、新美大三足鼎立之势。2015 年,中国在线旅游交易市场规模突破 4000 亿元,互联网之芯已经植入旅游业。此外,VR、AR、机器人、人工智能等科技圈内炙手可热的概念均被迅速引入旅游体验中并快速产业化。文化方面,在视频网站领域,2016 年中国视频网站的付费用户接近 6000 万人。在互联网电视领域,过去的几年中,互联网电视无论是出货量还是渗透率均取得了极大的发展,电视智能化网络化的趋势十分明显。艾瑞咨询的数据显示,2015 年中国互联网电视渗透率已达到 76.4%,而且还在进一步提升,以乐视、微鲸、小米为代表的互联网公司纷纷杀入这一领域,互联网电视取代传统电视的趋势已经非常明显。在 VR 领域,百度、阿里巴巴、腾讯、华人文化控股、暴风等互联网公司和互联网媒体平台已经开始发力，小米、华为、vivo等手机制造商也已经启动布局。

三、几个突出的休闲度假供给地发展情况

（一）贵州：山地旅游独领风骚

贵州旅游贵在山地，近年来，贵州主打山地旅游牌，形成了山地旅游的"贵州模式"，山地旅游成为拉动当地经济发展的重要动力。近五年，贵州旅游总收入年均增长25%。2016年，贵州旅游业实现"井喷式"增长，全省共接待游客5.31亿人次，同比增长41.2%；全年实现旅游总收入5027.54亿元，同比增长43.1%。其中入黔游客增长50%，入境游客突破100万人次。发展山地旅游，对于贵州守住发展和生态两条底线、推动旅游业转型升级、促进贫困群众脱贫致富具有特殊而重要的意义。

1. 贵州发展山地旅游的独特优势

据世界旅游组织统计，山地旅游占据世界旅游市场20%的份额，在全球旅游发展格局中占有十分重要的地位。发展山地旅游，贵州有着独一无二的优势。贵州是世界喀斯特地貌发育最典型的地区之一，喀斯特地貌占全省面积的61.9%，山地丘陵占全省面积的95%，全省森林覆盖率超过50%。特殊的地理环境造就了贵州广泛分布的地貌奇观，有瀑布、溶洞、峡谷、湖泊、森林、花海、温泉等，且大部分地区年平均气温为15.6℃，此外，还有49个少数民族在贵州聚居，其中有17个世居少数民族，有保存完整的民族村寨，独特的民族风俗，手工精巧的民族风物，民族文化多姿多彩。这使贵州成为发展山地旅游的理想之地。

2. 大交通和大数据助力山地旅游发展

17万平方公里的贵州，虽然有着丰富的山地旅游资源，但在很长一段时期内，由于交通不便和信息闭塞，这些独具魅力的山地风光只能"锁在深闺人不识"。如今的贵州，立体化、全域化交通体系已经形成。2015年，贵州实现县县通高速，高速公路成为串联景区景点的旅游精品线和丰富游客体验的流动风景线。截至2016年底，贵州高速公路通车里程超过5000公里。特别是贵广、沪昆两条高速铁路的通车，形成了贵州与长三角和珠三角的两条快捷通道，吸引了沿线的大批游客。贵州真正进入"高速时代""高速铁路游""高速公路游"效应凸显。同时，大数据也嵌入了山地旅游的方方面面，尤其是在国际山地旅游联盟落地的黔西南州最为明显。除了天气、门票、交通、餐饮等常规信息外，黔西南州还率先推出大数据山地旅游警务。黔西南州在州、县、景区、村设置支队、大队、中队、警务室四级旅游警察机构，景区景点视频监控资源、卡口数据、游客身份信息、车辆信息等全部汇聚到大数据旅游警务中心，通过智能分析研判，实现对全州主要景区的各种风险隐患的预知、预测、预警、预防，确保安全。

3. 多种活动和新型业态丰富山地旅游内容

作为山地旅游和户外活动的天堂，贵州着力丰富山地旅游的内涵，充分整合山、

水、峡谷、森林等旅游资源，积极开展户外挑战运动，吸引众多国内外游客到贵州游山、玩水、徒步、骑行。自 2015 年以来，贵州连续三年举办国际山地旅游大会，以山地旅游大会等各类重大旅游会展和推介活动为契机，建成了一批森林公园、山地公园、湿地公园、风情小镇、乡村旅游示范点等重点景区；完善了一批步道、索道、栈桥、星级酒店、乡村旅舍、房车露营地等基础设施；森林游憩、康养、探险、漂流、徒步等活动广泛开展，汽车拉力赛、自行车赛、国际攀岩精英赛等赛事密集举办。此外，贵州还深化与欧洲乐园、温德克飞机制造公司、多贝玛亚索道公司、思爱普公司、宝能集团、华侨城、中唐空铁等海内外战略投资者的交流与合作，着力培养山地旅游装备制造业等引导性、先导性、战略性山地旅游产业。

4. 国际山地旅游联盟为贵州带来新机遇

2017 年 8 月 15 日，国际山地旅游联盟在贵州正式成立。这是世界上第一个以山地旅游为主题的国际旅游组织，也是我国第一个总部设在北京以外的国际旅游组织。国际山地旅游联盟落户贵州，体现了贵州省委省政府的战略眼光，具有开创性、标志性意义，这既是对贵州山地旅游的肯定，也是贵州山地旅游发展的重大机遇。作为国际山地旅游交流与合作的重要平台，国际山地旅游联盟将秉承"保护山地资源、传承山地文明、发展山地经济、造福山地民众"的宗旨，积极推动山地旅游的国际化、产业化进程，深入研究和不断丰富山地旅游业态，为推动贵州和世界山地旅游发展做出积极贡献。

（二）浙江：乡村休闲异彩纷呈

浙江乡村休闲产业起步早、成熟度高，在休闲农业、乡村旅游业、乡村民宿业、乡村文化休闲业、乡村运动休闲业、乡村健康养生业等领域，涌现出了湖州模式、丽水模式、富阳模式、横店模式、乌镇模式等各种典型发展模式，其融合与创新经验可为各地乡村休闲产业发展提供有益借鉴。

1. 浙江乡村休闲产业发展现状

休闲农业发展概况。近年来，浙江休闲观光农业、创意农业、互联网农业等新产业、新业态蓬勃发展，家庭农场、农民专业合作社、农业龙头企业等新型经营主体成长壮大。截至 2015 年底，全省已有美丽乡村创建先进县（市、区）58 个，农家乐特色村 897 个，特色点（各类农庄、山庄、渔庄）2389 个，休闲观光农业实际产值为 227 亿元。截至 2016 年底，全省拥有 17 个国家级休闲农业与乡村旅游示范县（市、区）和 23 个国家级休闲农业与乡村旅游示范点，11 个省级休闲农业与乡村旅游示范县，36 个省级休闲农业与乡村旅游示范乡镇，75 个省级休闲农业与乡村旅游示范点。

乡村旅游业发展概况。随着大众旅游时代的到来，乡村旅游成为消费与投资的新热点。2015 年，浙江纳入统计的农家乐经营户共有 1.7 万家，床位 92 万张，接待游客 2.4 亿人次，实现营业收入 209.3 亿元，游客购物收入 51.9 亿元。2016 年浙江省农家乐特色村1103个，直接从业人员16.6万人，接待游客2.8亿人次，全年营业收入291亿元。

乡村民宿产业发展概况。浙江各地民宿发展均呈现出蓬勃发展的良好势头，并涌现出德清洋家乐、西湖民宿、松阳民宿、临安乡宿、嵊泗离岛民宿、丽水农家乐综合体、安吉帐篷客等一批民宿品牌，打造了乡村休闲度假"联众模式"和"隐居模式"等典型模式。为了促进民宿业的健康发展，浙江省政府办公厅出台了《关于确定民宿范围和条件的指导意见》，各地市也出台了民宿相关标准与意见。2015年5月，德清县发布国内第一部县级民宿地方标准《德清县乡村民宿服务质量等级划分与评定》，2016年该标准被正式立项为国家民宿标准。

乡村文化休闲产业发展概况。浙江丰富的乡土民俗文化资源，为乡村文化休闲产业发展提供了基础。2010年以来，浙江省文化厅、浙江省旅游局联合开展了三批浙江省非物质文化遗产旅游景区创建活动，截至2015年底，全省拥有非遗主题小镇17个、民俗文化村48个。2015年，全省在建历史文化村落保护利用重点村有130个，保护利用一般村有649个。截至2016年，全省拥有"中国民间文化艺术之乡"78个，传统戏剧之乡42个。

乡村运动休闲产业发展概况。截至2015年底，浙江拥有国家级运动休闲示范区1个、国家体育产业示范基地3个、国家体育产业示范单位2个、省级运动休闲基地8个、省级运动休闲旅游示范基地12个、省级运动休闲旅游精品路线10条、省级运动休闲旅游优秀项目52个。目前已创建的体育类特色小镇有5个，分别为嘉兴平湖九龙山航空运动小镇、绍兴柯桥酷玩小镇、龙泉宝剑小镇、建德航空小镇、上虞E游小镇。此外，还有富阳永安飞翔小镇、宁海胡陈户外运动小镇等12个正在培育的创建单位。

乡村休闲健康产业发展概况。为更好地促进健康服务业、养老业和休闲旅游业的发展，浙江注重将中医药与休闲旅游、养老与休闲旅游等进行有机结合，大力开发中医药文化养生旅游和老年养生旅游项目，取得了良好的成效。截至2016年底，全省已有中医药文化养生旅游示范基地37家，老年养生旅游示范基地44家，属于健康小镇范畴的特色小镇已达13个。

2. 浙江乡村休闲产业发展模式

乡村旅游产业的湖州模式。经过多年的探索与实践，湖州乡村旅游由"农家乐"向"乡村游""乡村度假""乡村生活"不断升级，已成为乡村旅游发展的创新范本。在发展模式方面，湖州乡村旅游形成了四大模式，分别为安吉县的"生态+文化"模式、长兴县的"景区+农家"模式、南浔区和吴兴区的"农庄+游购"模式、德清县的"洋式+中式"模式，均体现了乡村旅游与当地生态、经济、社会、文化的系统融合发展。在产业融合方面，湖州积极培育健康养生、温泉滑雪、研学旅游、旅游演艺等新业态，并创建乡村旅游、滨湖度假、中医药养生文化旅游、老年养生旅游、体育运动休闲旅游等十大产业融合示范基地。在产业集群方面，湖州积极打造"下渚风情""莫干国际""茶乡水口"等十大乡村旅游集聚示范区。体制机制方面,湖州旅游实现了市、县旅委体制全覆盖,构建了四级行政管理体系、部门联动体系和行业协会自律体系三位一体的乡村旅游产业发展和服务管理的大体制,并建立了"综合执法+旅游警察+旅游市场监管分局+旅游巡回法庭+N"五位一体的乡村旅游执法大体系。标准体系方面,湖州已形成乡村旅游规划、标准和管理办法三位一体的标准化大体系。营销推广方面,创新乡村旅游营销方法,强化乡村旅游目的地整体营销力度,打造"乡村旅游第一市"旅游目的地品牌。另外,湖州率先开展旅游产业用地制度改革、旅游统计改革、旅游行政许可制度改革、旅游投融资制度改革等。

休闲养生养老产业的丽水模式。丽水依托生态优势,紧紧抓住"生活休闲化"和"人口老龄化"两大客观趋势带来的巨大市场需求和发展空间,大力发展生态休闲养生养老产业,塑造"秀山丽水、养生福地、长寿之乡"目的地品牌,致力打造"中国养生养老第一市"。近年来,丽水在生态休闲养生养老产业发展的体制机制、规划体系、平台建设、产业体系、行业标准等方面进行了积极探索。体制机制方面,丽水在全国率先成立生态休闲养生(养老)经济促进会,并设立"食养、药养、水养、体养、文养"等"五养"分会。规划体系方面,丽水编制全国第一个休闲养生经济规划《丽水市生态休闲养生(养老)经济发展规划》,并依据此规划,编制了《丽水市生态旅游业发展规划》《丽水市生态休闲养生农业发展规划》等 8 个子规划。基础平台建设方面,丽水打造休闲旅游景区和乡村养生(养老)基地两大平台。产业体系方面,强调生态休闲旅游业、养生(养老)房产业、养生(养老)文化业、养生(养老)医疗与健康管理业等八大产业的融合发展,共同支撑和推动养生(养老)经济发展。行业标准方面,丽水率先编制实施《生态休闲养生(养老)基地建设与运营服务规范》及"食养""药养"等市级地方标准。

运动休闲产业的富阳模式。经过近十年的打造,杭州市富阳区"运动休闲之城"雏形显现,其在体制机制创新、业态创新、体旅融合等方面的做法值得借鉴。体制机制创新方面,富阳区打破部门壁垒,统筹体育局、旅游局,在全国首创"运动休闲委员会"组织机制,并整合政府、民间两股力量,为打造"运动休闲之城"提供了强有力的组织保障。在业态创新方面,富阳区"文化+旅游""体育+旅游"的产业融合效应持续扩大,涌现出骑行绿岛、精品民宿、户外露营、休闲马场、专业赛事基地、运动基地、富春山居高尔夫球场等一批新型业态,其中永安山滑翔伞、桐洲岛皮划艇、新沙岛户外运动等项目已经具有了一定的区域影响力。产业融合方面,旅游休闲与体育产业融合向纵深发展,旅游休闲与工农林业融合不断深入,旅游休闲与健康产业、婚庆产业、会奖产业、文化产业、互联网产业融合正在兴起。

文化休闲产业的横店模式。东阳横店影视城是首家国家级影视产业实验区,目前影视城建起了秦王宫、清明上河图、圆明新园等 28 个影视拍摄基地,15 个高科技摄影棚，开发了"梦幻太极""梦回秦汉""汴梁一梦"等20多场演艺节目。2015年，试验区入区企业累计638家，园区实现营业收入150亿元，上缴税收15亿元，接待剧组129个，接待游客超过1500万人次。横店影视城模式是基于厚重的影视文化，依托完善的影视产业配套和后勤服务基地，发展影视旅游主题公园。在体制机制方面，横店实行的是实验区管委会模式，理顺了管理体制。在行业管理方面，管理部门相继出台了《影视拍摄管理制度》《影视版权登记管理保护办法》《关于做好"横漂"管理服务工作的实施意见（试行）》《东阳市影视拍摄外景基地管理办法》等制度措施，规范了影视文化产业管理。在服务标准方面，横店制定了《影视拍摄基地服务规范》和《主题公园演艺服务规范》两大特色企业标准，其中《影视拍摄基地服务规范》晋升为国家标准。在产品业态方面，横店文化休闲产品正在由观光型向休闲体验型转变，游客可深度体验影视拍摄，享受度假休闲乐趣。横店影视文化休闲模式与杭州宋城文化休闲模式（主题公园＋休闲地产＋夜间演艺）相得益彰。

古镇旅游景区产业的乌镇模式。桐乡乌镇是一个有1300年建镇史的江南古镇，是中国首批十大历史文化名镇和中国魅力名镇之一，世界互联网大会永久会址。目前乌镇景区年接待800万的海内外游客及众多中高端商务会议团体，年收入超过10亿元，乌镇景区已成为一个集观光、休闲度假、商务会奖于一体的国际化旅游目的地。乌镇模式是古镇景区开发的创新模式，其在创新产权模式、打造差异化产品、推进复合经营和统一经营、实施精细化管理和社区重构等方面的创新经验值得借鉴。产权层面，乌镇采取整体产权开发模式，在开发中规避与居民之间的矛盾，实现统一规划、统一设计、统一改造和统一经营，规避开发中主体多元化带来的诸多弊端。产品层面，乌镇定位高端休闲与商务，对基建进行脱胎换骨式的系统改造，并激活生活文化资源，塑造差异化产品。经营层面，乌镇采用业态上复合经营和管理上的统一经营，避免了营收渠道单一化和古镇氛围过度商业化。管理层面，乌镇由专业管理团队实施精细化管理运作，保障了服务质量，营造了良好体验空间。社区参与层面，乌镇通过社区重构，规避了古镇发展中旅游者与居民之间的矛盾，开发公司与居民形成了古镇发展的合力。

3.浙江乡村休闲产业发展的经验

从浙江乡村休闲产业发展的成功模式中，可以总结出各地发展乡村休闲产业应重视的若干经验。一是践行"两山"理念，推进乡村休闲差异化发展。二是创新体制机制，构建乡村休闲产业的综合管理体制。三是构筑各类平台，促进乡村休闲产业集群发展。四是强化龙头带动，培育乡村休闲产业主体。五是坚持融合发展，推进乡村休闲业态创新。六是建立制度标准，规范乡村休闲产业发展。七是加大人才保障，支撑乡村休闲产业发展。

（三）广东：旅游休闲全面发展

近年来，广东旅游休闲产业持续快速发展，特别是 2016 年以来，广东以全域旅游为突破口，改革创新管理体制，推动供给侧结构性改革，完善特色旅游产品体系，取得诸多成果和可喜成绩。2016 年，广东旅游总收入 10 433 亿元，同比增长 14.9%；旅游外汇收入 186 亿美元，同比增长 3.87%；接待过夜游客 3.9 亿人次，同比增长 13%，旅游总收入、旅游外汇收入、过夜游客接待量等各项主要指标均居全国第一。2017 年，广东进一步推动旅游业与其他产业深度融合，加快打造世界级休闲旅游目的地。

1."旅游+"推动产业融合发展

在"旅游+文化"方面，广东省旅游局联合文化厅推出了广州北京路文化旅游区、佛山南风古灶文化旅游区、韶关珠玑古巷·梅关古道景区、潮州古城文化旅游特色区、云浮六祖故里旅游区等 8 个文化旅游融合发展示范区。广州粤剧红船、河源梦幻舞台秀《桃花水母》、巴伐利亚庄园全景剧场秀《家源》、东部华侨城《天禅》、长隆大马戏等文化旅游演艺项目深受游客喜爱。在"旅游+工业"方面，佛山、中山、惠州、东莞依托工业特色镇和制造业优势，创新发展工业旅游，制定工业旅游示范点评定标准，举办工业旅游节庆活动。罗浮宫国际家具博览中心、中山大涌红木文化博览城成为国家首批工业旅游创新单位。在"旅游+体育"方面，联合省体育局等共同推介南粤古驿道旅游项目，开展"广东最美古驿道"评选活动，通过自驾游、摄影大赛、徒步等活动扩大影响力。韶关借助徒步穿越丹霞山、乳源铁人三项赛等赛事，打造户外运动天堂。

2.邮轮旅游强势崛起

2016 年是广东邮轮母港元年，全年累计运营邮轮 103 艘次，接待游客量 32.29 万人次，开通一年即跃升全国第三。南沙邮轮母港主体项目规划投资约 60 亿元，规划建设一个 22.5 万吨和一个 10 万吨的邮轮泊位。"中国邮轮产业发展大会暨国际邮轮博览会"将于 2019 年落户广州。深圳太子湾邮轮母港已建成开业，拥有可停靠 22 万吨级邮轮的世界最大邮轮码头，并获准设立"中国邮轮旅游发展实验区"。

3.海上游重现辉煌

数据显示，2016 年前三季度全省 14 个滨海城市共实现旅游总收入约 6822 亿元，占全省旅游总收入的 78.5%；共接待过夜游客 2.11 亿人次，占全省过夜游客接待量的 76.3%，为全省旅游业发展做出了重要贡献。珠海横琴新区积极探索休闲旅游发展新模式，成功获批国家"国际休闲旅游岛"；阳江海陵岛被评为"国家蓝色旅游示范基地"。

4.汽车营地遍地开花

自驾车、房车营地发展迅速，全省已建成佛山、高明、美的、鹭湖等 4 个自驾车房车营地，在建广州、增城等 21 个营地，涵盖滨海型、乡村型、山地森林型、湖畔型和温泉型等多个主题类型。

5. 古驿道成旅游新线路

2016年，广东省旅游局启动"南粤古驿道示范地区旅游资源"调查工作，联合省体育局等共同推介南粤古驿道旅游项目，目前已成为旅游目的地的南粤古驿道有：南雄梅关古道、乳源西京古道、郁南南江古水道、珠海岐澳古道、饶平西片古道、汕头樟林古港、台山梅家大院—海口埠古码头、从化钱岗古道。

6. 红色旅游独树一帜

2016年，韶关南雄梅关古道景区、汕尾海丰县彭湃故居等景区被评为全国红色旅游经典景区，红色景区总数达到13处17家。多家红色景区开展了纪念建党95周年、红军长征胜利80周年和孙中山诞辰150周年系列活动。全年广东红色旅游总收入约271亿元，同比增长17%；接待游客6018万人次，同比增长15%；带动直接就业3.8万人次，间接就业15.3万人次。

7. 低空旅游方兴未艾

广州、深圳、珠海、云浮、阳江等市积极开发观光、交通、飞行训练、高空跳伞等不同主题的低空旅游项目。深圳东部华侨城旅游区被国家发改委、国家旅游局等四部委评为"通用航空旅游示范工程"，成为全国首个AAAAA主题景区空中游览项目，2016年获选国家通用航空旅游试点项目。珠海国际航展已位列国际五大航展之一，爱飞客航空俱乐部由60余名优秀飞机设计师担任讲师，已举办200多场航空科普讲座。云浮罗定创新"旅游飞行"，吸引国内首家拥有专属飞机的全天候跳伞基地进驻。

8. 以创新助推"世界级休闲旅游目的地"建设

"十三五"期间，广东将加快旅游产品供给体系创新发展，重点推进15大文化旅游产品开发、15大生态旅游产品开发，打造8大滨海旅游组团、100家大型温泉旅游度假区等。此外，还积极鼓励9大类商旅综合体发展，包括珠海长隆、花都万达、东部华侨城等文化创意类商旅综合体，广州南沙邮轮母港、深圳中山游艇会等邮轮游艇类商旅综合体，阳江十八子、阳美玉都等工商业类商旅综合体，广州琶洲国际会展中心、珠海航展基地等会展类商旅综合体，新会陈皮村、茂名农批等农业类商旅综合体，深圳欢乐海岸、湛江渔人码头等城市休闲类商旅综合体，河源东江源、巴伐利亚庄园等温泉养生类商旅综合体，珠海横琴国际旅游岛、东莞松山湖等综合类商旅综合体，机场高铁站等集散中心类商旅综合体。在创新驱动下，广东将加快打造世界级休闲旅游目的地的步伐。

四、休闲度假产品类型

（一）度假区

简言之，度假区就是以休闲度假为主体内容的规模大、综合性强、文化突出的国土功能区。

1. 度假区发展历程

从我国度假区的发展过程来看，大体上经历了四个阶段。

（1）起步阶段（1992—1996年）。1992年，为进一步扩大对外开放，开发利用中国丰富的旅游资源，促进我国旅游由观光型向观光度假型转变，加快旅游事业发展，国务院决定在条件成熟的地方试办国家旅游度假区。同年，国务院批复同意建立海南亚龙湾、云南滇池、江苏太湖等11处国家旅游度假区。1993年，国务院批复同意将"江苏太湖国家旅游度假区"下设的"苏州胥口度假中心"和"无锡马山度假中心"分别更名为"苏州太湖国家旅游度假区"和"无锡太湖国家旅游度假区"。1995年，国务院又批复同意建立"上海佘山国家旅游度假区"，以取代"上海横沙岛国家旅游度假区"，至此全国12处国家旅游度假区基本成形。

（2）起伏阶段（1997—2001年）。传统模式主导度假区的建设运营是这一阶段的主要特征。具体表现为四个方面：第一，与人为敌的开发模式。以滨海酒店为例，规划顺序往往是海岸、沙滩、滨海大道、绿化带、酒店，这就意味着从酒店下海要穿越绿化带、滨海大道，既耗时又不安全。这是在按照一个滨海小城镇的模式来建设度假区，从客人角度而言，这不是以人为本，而是与人为敌。第二，政企合一的管理模式。度假区的不同发展阶段应有不同的管理模式对应。早期应以政府主导，中期应是政企合一，后期则是市场主导。我们经常是政企合一贯穿始终。第三，漫天撒网的市场模式。总觉得所有客人都是我的客人，漫天撒网，以大众产品面对所有客人。大众产品不可能是最好的地段和最好的产品。而度假区主要对应中远程市场，最佳的是远程市场，远程客人需要最好的地段、最好的产品来吸引。第四，功能变化的衍生模式。度假区随着城市化的发展而变化，甚至主体功能也在转变，很难再称之为度假区。

（3）起飞阶段（2002—2010年）。这一阶段是度假区的快速发展时期。除了国务院批复建立的12个国家旅游度假区，各省区市也涌现出一批省级旅游度假区，形成了多元化发展格局。一是投资多元化，民营企业投资成为主流；二是管理多元化，外管饭店层次深化；三是市场多元化，对应需求多元化；四是产品多元化，成为市场亮点；五是发展多元化，资本运营成为关注重点。

（4）提质阶段（2011年至今）。近几年一批高品质的度假区已经产生。如海南海棠湾度假区，世界主要高端酒店纷纷进驻，形成了高端建设配套发展。2015年上半年，国家旅游局启动了国家级旅游度假区评定工作。各省区市和旅游度假区高度重视，积极参与国家级旅游度假区创建工作。经全国旅游资源规划开发质量评定委员会组织专家对照国家级度假区的标准和评定细则进行现场检查、集体听取创建工作成果汇报，最后报经国家旅游局批准，确定了吉林长白山旅游度假区、江苏天目湖旅游度假区、浙江东钱湖旅游度假区、重庆仙女山旅游度假区等17家度假区为首批国家级旅游度假区。创建国家级旅游度假区是促进和引领旅游业由观光型向休闲度假型转变的一项重要工作，对我国旅游度假产品体系的建设和完善具有重要意义，对我国旅游业今后长期发展将产生深远影响。

从国家旅游度假区到国家级旅游度假区，一个本质性的变化是从行政审批到标准认定。就官本位角度而言，前12个国家旅游度假区是国务院批复建立，而后17个国家级旅游度假区是国家旅游局通过标准认定，后者比前者低了一级。但是从市场角度而言，后者则比前者高了一个层次。当年建立国家旅游度假区的主要目的是培育市场需求，并树立中国旅游在国际上的新形象；现在创建国家级旅游度假区的着眼点是适应国民休闲度假旅游需求的快速发展，为国民提供多样化、高质量的休闲度假旅游产品，为落实带薪休假制度创造更为有利的条件。从培育市场需求到满足市场需求，这是一个根本性的变化。

2. 度假区建设的基本经验

总结二十多年的发展历程，我国度假区建设的基本经验有如下几点。

第一，秉持"反城市化，有城市化"理念。反城市化就是以人为本，不能与人为敌。如果和城市一样，还叫什么度假区？但是必须得有城市化，没有城市化，客人就得不到真正的度假享受。因此不能一味强调原生态，原生态只是一个说法，可以通过原生态的说法来强化要素，增加吸引力。原生态着眼，次生态着手，泛生态着力，深生态着魂。客人真正的追求是人工的自然、精致的自然。

第二，规划要求。引领市场需求，形成市场品牌，建设产品体系，形成服务体系，培育产业体系。

第三，布局要求。云布局，即大分散，小集中。一个度假区既要有非常热闹的地方可以让客人晚上去消费，又要有非常安静的地方可以让客人白天悠闲自在。因此一个好的度假区一定会有一个中心消费场所，形成客人的聚集和消费的集中。

第四，建筑要求。突出特色，形成体系。

第五，文化要求。体现当地文化内涵，展示当地文化元素和文化符号。

第六，设计要求。隐、藏、贴、揉、融、特。近林，亲水，留白。

（二）乡村旅游

乡村旅游发源于100多年前的欧洲，是工业化发展创造的需求；兴起于40多年前，是工业化后期的普遍需求；鼎盛于现代，是后工业化时期的刚性需求。工业化是这三个阶段的主要背景，工业化越发展，城市人对乡村的需求越强烈；城市生活越拥挤，城市人对乡村旅游的追求越迫切。当前中国已进入工业化中后期，即对乡村旅游的普遍需求阶段，乡村旅游呈现出迅猛发展的态势。2017年7月，国家发改委等14个部门联合印发《促进乡村旅游发展提质升级行动方案（2017年）》，方案明确2017年全国乡村旅游实际完成投资达到约5500亿元，年接待人数超过25亿人次，乡村旅游消费规模增至1.4万亿元，带动约900万户农民受益。

1. 乡村旅游的发展阶段

中国乡村旅游的发展，大体上经历了三个阶段：① 20 世纪 80 年代中期起步。最早搞农家乐的四川郫县徐家大院是一典型，1985 年起步时徐家大院只有一排平房，90 年代变成了一群小楼，进入新世纪后又变成了几栋别墅。30 年中农家乐星火燎原，现在全国普及，大体上有 300 万家农家乐，为农民带来 3000 亿收入，带动上千万人就业。② 20 世纪 90 年代中期升级。以古镇、古村为代表，乡村休闲开始起步。农家乐虽然发展不错，但是一个最大的问题就是原子化、碎片化，容易形成恶性竞争。通过乡村休闲，原子化、碎片化状况得以改变，乡村资源得到整合，产品逐步提升，形成了乡村旅游的市场分工体系。③ 2005 年以来大发展。2005 年以后，特别是近几年来，以浙江莫干山下洋家乐为代表，乡村度假兴起并很快形成热点，发展势头越来越猛。

2. 乡村旅游的发展模式

乡村旅游在发展过程中形成了很多模式，体现出因地制宜，因时制宜，因市制宜的鲜明特征。因地制宜是根据当地资源发展相应形式的乡村旅游，所以不仅仅是农家乐形式，牧区有牧家乐，水边有渔家乐，林区有林家乐。其次是因时制宜，有的地方开发早，有的地方发展晚，发展阶段各不相同。最重要的是因市制宜，根据市场需求发展乡村旅游，总体上达到了依托自然，形成了城市生活的延伸和乡村生活的拓展，最终形成了多样化的格局。

五种基本模式。一是农家乐。这是全国的普遍模式，全国各地的乡村旅游几乎都是以这个模式为起点发展，这一模式已经走到尽头。二是高科技农业观光园。大体上每一个中大型的城市周边至少都有一家高科技农业观光园。农业观光园以农业为主、观光为辅，所以产生很多附加值。三是农业新村。比较有代表性的如江苏的华西村、陕西的袁家村、河南的南街村、北京的韩村河等，这批农业新村基本上已经完成城镇化，但又处在乡村的环境里，所以社会影响较大。四是古村落的开发。现在全国的古村落成名的百家左右，各地仍在积极开发，如安徽的宏村、西递，已经成为世界文化遗产。五是农业的绝景和胜景，如云南元阳梯田、青海门源油菜花海、新疆霍城万亩薰衣草园，带给人一种震撼之美。

三种延伸模式。一是观赏农业、采摘林业。观赏农业近几年发展很快，如每年的油菜花在中国是一个重要的观赏景观，这属于观赏农业。现在林业全面转向，最基本的一条是禁止采伐。不能采伐就采摘，把传统的林业转换成了现代的休闲林业、采摘林业，追求的是新鲜、收获、合家欢。二是休闲渔业、体验牧业。在乡村旅游过程中，渔民从打鱼人转变为指导员、服务员，游客转变为体验打鱼的渔民，这就是休闲渔业。体验牧业也是如此，游客到了牧区骑马、放羊，感受牧民生活氛围。这类模式追求的首先是差异，差异越大，感受越深；其次是追求深入体验；最后是一种竞赛化，从而提高了乡村旅游的趣味性。三是手工业。手工业构造了一种乡村艺术，实现了就地取材，就地取材，就地市场，就地增值。全国目前已经形成很多手工业专业村，比较典型的如四川绵阳年画村，河北张家口剪纸村，陕西宝鸡泥塑村等。

五种创新模式。一是绿道。绿道是连接乡村旅游的慢行系统，在广东起步，江苏提升，正在全国逐步推广。现在绿道已经不是简单的交通概念，而是一个体验系统，围绕着绿道形成了服务系统、经济系统。二是休闲农庄。这是农家乐的提升版、放大版、创造版。三是景区依托。小景区和乡村旅游结合，相得益彰。小景区成为私家山林，身边峡谷。四是度假社区。度假社区就是在乡村环境里享受城市生活，可称为第二居所、第一生活。五是庄园文化。庄园文化历史上有传承，但基本上被破坏了，所以有宅院、大院，如山西的大院、福建的土楼。现在中国人对庄园文化的需求开始产生，因此有些地方正在谋求建设新的庄园。

3.当前乡村旅游的发展特点

2017年8月，途牛旅游网结合乡村旅游大数据，对外发布了《2017乡村旅游分析报告》。报告从出游人群、出游方式、住宿偏好等方面分析了当前乡村旅游发展的主要特点。

（1）城市居民为出游主力军，出游人群年轻化趋势凸显

随着生活节奏的加快，城市居民的压力越来越大，远离城市喧嚣，找寻一处安静去处放松身心成为多数人的渴望。在乡村人们既可以感受到自然的生机盎然，也可以细细品味慢节奏的生活，因此城市居民成为乡村旅游的主力军。途牛旅游网监测数据显示，重庆、北京、广州、成都、上海、西安、苏州、石家庄、南京、东莞等是目前乡村游的主要客源地。从出游人群年龄看，"80后""90后"人群居多，占比分别高达39%、32%，"00后"近几年的出游人数呈上升趋势（见图25），采风、写生、春游、体验生活等是"00后"去乡村的主要原因。从出游人群构成看，家庭、情侣、团队等是主流人群，跨省市出行比重达54%，过夜人次占比58%，46%的人群每月都要进行一次乡村旅游，采摘、农家乐、居游、诗意栖居等是较受欢迎的游玩形式。

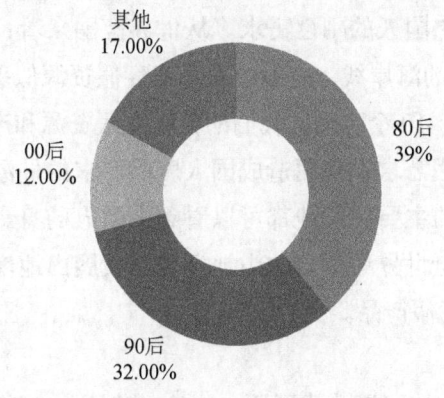

图25 乡村旅游出游人群年龄占比

(2)自助游人群居多，自驾游、跟团游次之

途牛旅游网监测数据显示，在乡村旅游人群中，39%的用户会选择自助游，36%的用户倾向于自驾游，25%的用户跟团出游（见图26）。其中，近78%的人群会直接购买交通、住宿、门票等打包产品，他们认为这样的购买方式价格优惠，费用可控，能节省出游决策时间，服务也有保障。

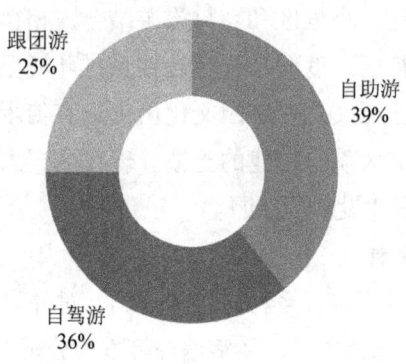

图26　乡村旅游出行方式占比

(3)乡村旅游内容更丰富，特色民宿成亮点

近几年，随着乡村旅游的迅速发展，围绕乡村旅游提出很多原创新概念和新理论，如游居、野行、居游、诗意栖居、第二居所、轻建设、场景时代等，乡村旅游内容日益丰富、形式更加多元，这不仅有效缓解了乡村旅游同质化严重的问题，也让乡村旅游亮点频出，特色民宿就是其中的一大亮点。民宿是利用乡村环境，追求乡村意境，但又超越传统乡村而提供的一种新型生活方式。入住当地特色民宿，不仅能体验淳朴的"乡土味"，还能感受浓浓的"乡愁味"，对渴求超越城市生活的城市居民而言，民宿无疑具有极大的吸引力。因此，近年来一股"民宿热"正在中国大地兴起，特色民宿成为乡村旅游中一道亮丽的风景。

（三）山地度假

度假需求已经变成中国人的刚性需求。从世界范围来看，主流的度假形式是滨海度假。我国有1800公里的海岸线，表面上看滨海度假资源似乎很丰富，但是真正能够形成度假地的地方不超过10个，因此我们的传统度假资源和产品是短缺的，远远满足不了国人海量增长的度假需求，从而造成国人度假需求的外溢，东南亚已成为中国人的主要度假地，世界上的主要度假地都可以看到中国人的身影。虽然我国的滨海度假资源不足，但我们有着全世界最丰富的山地资源，发展山地度假大有可为，未来山地度假将成为中国的主流度假产品。

1.创造山地生活方式

人类的生活之地，大体可以分成平原、山地、草原、水滨四大类。在历史过程中，

由于生存和繁衍的自然选择，人们总是向平原和水滨聚集，山地长期被边缘化。由此也形成了山地居民坚韧，平原居民深入，草原居民奔放，水滨居民开放的不同特点。全世界与山地关系最密切的还是中国，由于印度次大陆板块的碰撞，整个中国就是在燕山运动中逐步形成了民族发育的地理环境，中国的山地包括高原和丘陵在内约有666万平方公里，占国土总面积的近70%，由此形成了世界上最丰富的山地景观，也构成了民族文化的成长环境。在中国古代文化中，早有"仁者乐山，智者乐水"之说，这充分反映了中国人的生活与山地的关系。从生活方式角度来看，农业文明时期，聚集在平原，平原的生活方式基本是谋生。工业化时期，聚集在沿海，沿海的生活方式是谋发展，中国改革开放30多年走的就是这条路。到了后工业化时期，进入生态文明，要聚集到山地，山地生活方式将成为社会生活的高端。我们总认为山地生活艰苦，实际上最苦的是都市生活，尤其是特大城市，生活品质很低，太忙了，太挤了，太脏了，太急了。这样的生活方式绝不是健康的，因此我们希望逃离城市，第一向往之地是海滨，但是我们的海滨资源不足，海水也在污染，真正的希望在山里，我们要在山地创造一种幸福的生活方式。

2. 山地度假生活解读

山地度假不同于简单的山地观光，是一种新型的生活方式，需要复合型的解读：一是山居，山中居住，与禅为伴；二是山游，山地观光，云起云飞；三是山玩，丰富感受，体验自然；四是山动，运动项目，丰富多彩；五是山吸，清新空气，畅快呼吸；六是山野，城市拘束，总算撒野；七是山赛，竞赛追逐，感受成就；八是山索，索道开路，拉动发展；九是山享，全面体验，享受新生活。

3. 山地度假发展现状

中国休闲度假的海量和刚性需求，把山地度假推向了历史的前台。山地度假区近年来成为旅游投资的一个热点，一批大的山地度假群项目都在推进，如吉林长白山国际度假区和陕西太白山国际旅游度假区。吉林长白山国际度假区总投资240亿元，是目前国内投资规模最大的山地度假项目，集滑雪场、度假小镇、温泉度假会所、高档酒店群、森林别墅、国际会议中心、室内水上游乐园等众多设施于一体，代表了中国休闲度假旅游项目的最高水平。陕西太白山国际旅游度假区总投资200亿元，由"一河两岸"综合商业服务区、温泉主题公园、国际酒店会议区、休闲度假区、关中民俗体验展示区、山地运动休闲区、生态农业示范区、重点示范镇模块区八大主题区组成，是国内又一大型山地度假群。此外，全国各地山村山庄山寨风起云涌，较之平原型的农家乐，环境更好，特色更强，成为城市居民避暑度假的好去处。

4. 发展山地度假需要处理好六大关系

一是山与树的关系。这里的树泛指山地的生态系统，所谓山与树的关系就是山地的生态环境保护问题，发展山地度假要把生态环境保护放在第一位，这是最根本的、最基础的关系。二是山与水的关系，也就是对水的适度利用问题。处理好山与树的关系是解决山与水的关系的前提，但是现在一个大的问题是水的利用有些过度，几乎没有一条河流是完全自然的。三是山与沟的关系。我们总是看到山，但是忽略沟，从度假角度而言，沟是最重要的，山出品牌，沟落实地，把沟利用好了，山就利用好了。山上不宜搞大建设，沟里可以多做文章。四是山与路的关系。一个基本的原则是不修大路，以减缓对山地景观的破坏。对于山地交通不便问题，宜采用多元化、特色化交通方式解决。如可采用最环保的方式修建索道，这既满足了大流量的交通需求，也基本解决了环境保护问题。五是山与神的关系。历史上山地交通比较封闭，信息相对隔绝，但是自然环境比较严酷，因而山地居民自然而然地就产生了对自然的敬畏之心，对神灵的崇拜之心。这是一种独特的山地文明，需要传承。六是山与民的关系。包括两个方面：一是开展山地度假旅游形成外来需求，拉动当地发展，造福当地民众，这是积极的一面；二是外来文化和消费与当地文化之间产生的复杂的交织与冲突，这是一种新的二元结构，也是发展山地度假需要处理好的一个重要问题，否则很难保证山地度假的可持续发展。

（四）湖泊休闲

湖泊是一种非常重要的水体旅游资源，也是重要的旅游休闲载体。古时人类依水而居，今天对湖泊的利用主要是满足人们日渐增长的休闲娱乐需求。以观光游览、水上运动、美食、垂钓、度假等为主要内容的湖泊休闲已成为一种备受欢迎的休闲方式。

1. 湖泊资源状况与分类

中国湖泊分布广泛，数量众多。根据第二次全国湖泊调查数据，中国面积大于1平方公里的湖泊有2693个；天然湖泊有24 000多个；人工湖泊有80 000多个，共计10万有余。从地区分布来看，中国湖泊相对集中。东部季风区，特别是长江中下游地区分布着中国最大的淡水湖群。西部青藏高原区湖泊较为集中，多为咸水湖。青藏高原湖区和东部平原湖区的湖泊数量占全国总数量的63%，湖泊水域面积占全国湖泊水域总面积的77%。

中国湖泊数量众多，分类方法也很多。根据湖泊所处的地形位置可分为高山峡谷湖泊、高原湖泊、丘陵湖泊、平原湖泊、城市园林湖泊等；根据湖水水质可分为淡水湖、咸水湖、盐湖；根据湖盆的成因可分为河迹湖、海迹湖、堰塞湖、冰川湖、岩溶湖、火山口湖、人工湖等；根据湖泊的成因可分为火口湖、河成湖、牛轭湖、冰川湖、人工湖等；按照湖泊的旅游功能和区位特色可分为观光游览型湖泊、休闲游憩型湖泊、康疗度假型湖泊、综合开发型湖泊四种（见表12）。

表12 按照旅游功能和区位特色分类

类型	区位	开发手段
观光游览型	距城市较远	以现代化手段开发不同的观光方式
休闲游憩型	位于城市近郊或城镇内部	结合湖泊本身开发娱乐休闲活动
康疗度假型	位于城市近郊或较远之地	利用湖泊和周边环境开发疗养项目
综合开发型	一般规模较大，跨两个及以上的行政区，依托附近的城镇为腹地	依托水陆及周边环境，围绕行游住食娱购全方位深度开发，集观光、休闲、度假、疗养、探险等为一体的综合型旅游休闲目的地

2. 湖泊休闲发展概况

中国湖泊休闲开发大体上经历了三个阶段。

第一阶段（1990年以前），湖泊休闲以机关及企事业单位的度假疗养院为主要载体，大多数湖泊度假疗养院都缺乏统一的规划或套用城市规划的方法来进行规划，接待标准低，同质化严重。

第二阶段（1991—1999年），随着旅游休闲消费环境的改善，国内休闲度假市场逐渐向大众化趋势发展；同时，国家开始重视开发湖泊休闲旅游，自1992年开始，国务院陆续批准建立国家级、省级湖泊型旅游度假区，首批12个国家旅游度假区中有4个是以湖泊（无锡太湖、广州南湖、苏州太湖、昆明滇池）为依托的，1997年"海韵、湖光"旅游产品又成为主推产品。一系列措施掀起了湖泊旅游开发热潮，出现了一批以湖泊为主要吸引物的旅游目的地。

第三阶段（2000年至今）。随着中国经济持续高速增长，人均可支配收入增加，以及带薪休假制度的逐渐落实和国民休闲意识的觉醒，各类旅游市场呈现出百花齐放的喜人局面，湖泊休闲也受到人们的追捧。中国旅游信息网数据显示，截至2015年1月，全国湖泊类景区有620家，其中AAAAA级景区35家，AAAA级219家。

3. 湖泊休闲发展推进

中国的湖泊休闲正处于快速发展阶段，总体而言，发展水平不高且不均衡，多数湖泊休闲还是以观光旅游为主，休闲游憩型旅游在逐渐增加，综合型开发的湖泊休闲度假区已初露端倪。从一些比较成功的开发案例来看，推进湖泊休闲发展需要做到以下几点。

（1）理顺管理体制，实现法制化管理

湖泊的管理、保护和开发涉及多行业、多部门的统筹协调。很多湖泊因为水域面积大而跨多个行政区域，跨市乃至跨省，要解决跨行政区、跨行业而导致的管理混乱问题，就需要建立一个权利、责任、管理高度集中的管理机构，如设立管委会等政府派出机构，依照国家相关法律及所在省市颁布的条例，实施湖泊的开发和保护。

（2）科学编制规划，实施分层开发与保护

科学的规划既要强调在资源保护、休闲设施和管理服务等方面的规范化与标准化，又要注意因地制宜，根据各地自然、经济社会发展的不同条件，注意挖掘和体现本地的文化内涵，形成各具特色的湖泊休闲旅游产品。在总体规划框架下，合理区分湖泊的功能区，分层次对湖泊进行保护和开发。对于保护区，严控核心风景区，禁止建设，限制进入或只能观光；对于缓冲区，保护公共空间，可利用自然的地形环境修造水上花园、湖滨沙滩，供参观游览；对于休闲区，应大力开发亲水娱乐休闲项目、体育极限项目，对原有滨湖的城镇或乡村，按照湖泊休闲的整体风格进行改造或修缮。

（3）引导社区参与，实现包容性增长

湖泊休闲的发展离不开当地社区的参与和支持。只有形成湖区开发与当地社区发展的良性互动，才能真正实现湖泊休闲的可持续发展。可通过多种方式促进社区参与、维护居民利益，如创造多种渠道鼓励和吸纳社区居民参与旅游事业和管理；优先安排社区居民子女就业；加强对居民的培训和政策扶持，促进社区参与湖泊休闲的发展等，真正实现包容性增长。

（4）城湖联动，发挥城镇"稳定器"作用

对于国内大多数休闲型湖泊而言，水上活动是湖泊休闲的主导产品，湖泊自身在旅游开发中占有十分重要的地位。但是对于成熟、综合的湖泊而言，开发重点应逐渐从水上产品向陆地和空中转移，形成水陆空立体式休闲度假产品体系。地面休闲产品更多的是依托滨湖城镇的公共设施和休闲功能，城镇完备的公共设施，如商业街、影剧院、体育场馆、图书馆等可以从多方面满足外来客人的需求，成为度假区的重要组成部分。而且湖泊休闲作为以湖水为载体的旅游休闲活动，明显受到季节、温度、气候等因素的影响，有淡旺季之分，利用好滨湖城镇的休闲功能，能够在湖泊休闲产品开发及旅游淡旺季调节中起到重要的作用。

（五）户外运动

户外运动是在自然场地举行的具有挑战性、刺激性、探险性等特性的一类体育活动项目群，包括登山、攀岩、速降、徒步、穿越、滑雪、漂流、冲浪、蹦极、跳伞等。户外运动是欧美发达国家的一种主流休闲度假方式。近年来，一股"户外运动热"在我国出现，人们参与户外运动的热情持续高涨。我国有960万平方公里的广袤国土，有山地、高原、丘陵、平原、盆地、森林、沙漠、江河、湖泊等形态各异的自然环境，这种广阔的地理区域和丰富的自然风光为户外运动提供了多样的活动空间。

1. 户外运动发展过程

我国户外运动的发展大致可分为三个阶段。

（1）探索阶段（20世纪50年代至90年代中期）

这一阶段又可细分为两个时期。一是20世纪50年代初至改革开放前。中华人民共和国成立之初，百废待兴，政府和民众的重心都在如何搞好建设上，还没有户外运动的概念。1956年，全国总工会组建了中国第一支登山队。1958年，中国登山协会正式成立，成为最早的登山运动组织。1960年和1975年，中国登山队两次登顶珠穆朗玛峰。在当时的国情下，虽然从运动形式上看，这类活动属于户外运动，但是具有更多的政治意义。二是改革开放后至20世纪90年代中期。随着改革开放的不断推进，户外运动开始从纯官方化向民间化和社会化转变。如1989年北京大学山鹰社成立，该社是全国首家以登山、攀岩为主要活动的学生社团；1990年昆明市登山探险协会成立，该协会成为最早进行有偿服务的户外探险组织。

（2）兴起阶段（20世纪90年代中期至21世纪初）

第一阶段中出现的户外运动形式和组织方式还带有官方或半官方色彩，1997年三夫户外运动俱乐部的出现，标志着我国户外运动组织形式已经从官方组织形式向民间组织形式过渡，且后者迅速占据了主导地位。各类户外运动俱乐部及网络虚拟户外运动俱乐部纷纷成立，主要集中在北京、上海、广州、深圳、成都等大中城市，其中80%以上都是1999年以后成立的，而且大多处于"游戏"状态，经营及运作模式尚未完全成形。这一时期，各类媒体也从生活方式、休闲方式及个性体现等角度对户外运动进行了大量宣传，推动了其发展。

（3）快速发展阶段（21世纪初至今）

21世纪以来，我国户外运动快速发展，具体表现为：①普及化、时尚化和多层次发展。许多县级及以上城市都成立了登山协会等户外组织，受时尚引领参与户外运动的爱好者队伍不断壮大。②组织形式多样。与户外运动相关的社会组织形式主要有户外运动俱乐部、户外运动协会、登山协会、网络虚拟俱乐部等，其中以户外运动俱乐部和网络虚拟俱乐部为主。③产业链初步形成。户外运动的发展带动了户外用品和装备行业的发展。④户外运动俱乐部经营模式基本形成，网络平台重要性凸显。

2. 户外运动发展现状

（1）户外运动参与人群

户外运动是个体和群体的民间行为，很难进行完全的数量统计。不过总体来看，户外运动人群也表现出了明显的人口学特征，即高学历、高收入、年龄在20~40岁之间。户外资料网（www.8264.com）通过网络论坛对户外运动爱好者进行的抽样调查显示，年龄在20~40岁之间的样本数占整个调查样本的88%。在北京和湖南等地进行的调查也得出了类似的结论：北京的抽样调查中，16~35岁年龄段占整个调查样本的80.4%，大专以上学历占77.7%。从职业来看，户外运动人群主要包括技术人员、管理人员、公务员等，分别占样本比例的40.5%、17.8%、13.9%。

（2）户外运动俱乐部及网络平台

在网络未普及之前，户外运动俱乐部是最主要的参与平台。目前，户外运动俱乐部已遍布全国各地，但整体上还是以沿海和经济发达地区为主。经过多年的探索和发展，户外运动俱乐部已形成四种基本模式：一是在工商部门注册的企业法人，如云南大家探险俱乐部等；二是在民政部门注册的民办非企业类社团，如北京三夫户外运动俱乐部等；三是以互联网为平台的虚拟俱乐部，如绿野、磨房等；四是隶属于学校和事业单位的群众性社团，如各高校的户外运动社团等。

依靠网络平台发展的虚拟俱乐部是随互联网的普及而出现的。最初的网络平台是作为户外运动俱乐部的辅助手段或窗口而建立的。随着越来越多的人利用网络，网络平台的功能也逐渐强化，在召集、组织、交流等功能上已经与实体俱乐部并驾齐驱。网络虚拟户外运动俱乐部分为两类：一是与实体俱乐部结合，大多数具备一定规模的实体户外运动俱乐部都建有相应的网络平台，作为与外界联系和宣传之用；二是独立的网络平台虚拟俱乐部，主要功能是召集、交流及销售户外运动装备。

（3）户外运动用品（装备）生产

我国户外运动兴起初期，户外运动用品几乎被国外品牌垄断，后来国内品牌才得到较快发展。目前，国内户外用品品牌已占据市场的半壁江山，特别是在中、低端装备用品方面，优势更加明显。虽然我国的户外用品市场规模还相对较小，但具备明显的增长潜力，这从户外用品消费的快速增长中可窥见一斑。随着生活方式和消费理念的不断转变，消费者对户外运动的认识不断提升，户外用品逐渐从"专业化市场"变成"大众需求市场"。中国纺织品商业协会户外用品分会（COCA）发布的统计数据显示，2000年中国户外用品零售总额约1.5亿元，2014年实现零售总额200.8亿元，年均增速超过30%（见图27）。

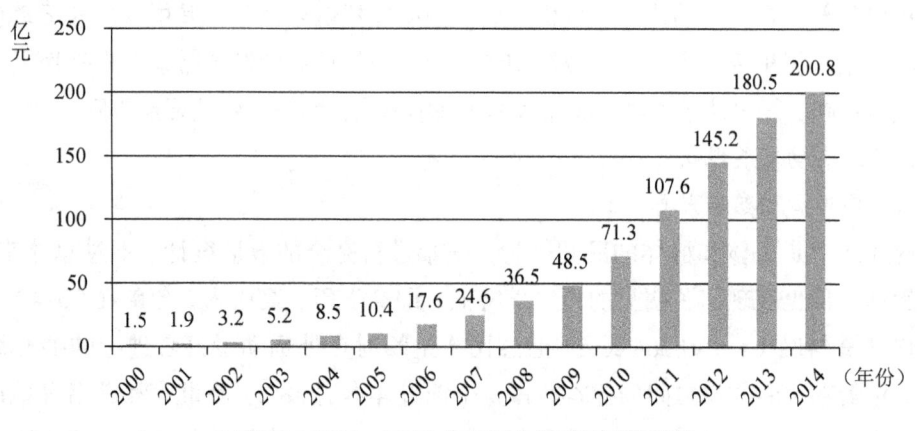

图27 2000—2014年中国户外用品零售总额

（六）温泉度假

随着休闲度假时代的到来，温泉度假因具有资源广泛、客源集中、功能多样、健康养生、效益显著等优势特点，日益成为度假旅游的新亮点，温泉度假地建设形成了新一轮的度假旅游区开发热潮。温泉度假地是以温泉为核心和主题，以保健养生、康体娱乐等系列产品为主要内容，集休闲度假、旅游观光、商务会议等多功能为一体的综合型度假目的地。

1. 中国温泉资源概况

中国温泉资源丰富，类型齐全，分布广泛。据不完全统计，目前全国已发现地热温泉3700多处，其中，云南以931处居全国首位，其次为西藏和四川，分别为306处和305处，可并列全国第二位，广东和福建分别为282处和172处，居全国第三位和第四位，湖南和台湾分别为130处和105处，居全国第五位和第六位。

2. 温泉开发利用历史

中国温泉开发利用历史悠久，主要经历了三个阶段，形成了三种不同的温泉文化。

（1）古代帝王养生文化。与帝王渊源最深的温泉是陕西的华清池。华清池是国内有文字记载开发利用最早的温泉，素有"天下第一温泉"之称。秦始皇、唐太宗、唐玄宗等帝王都曾与之结下不解之缘。

（2）近代疗养保健文化。中华人民共和国成立后，国家机关、企事业单位、工会、部队等在温泉地建立了各种温泉疗养院，如广东从化温泉疗养院、辽宁鞍山汤岗子温泉疗养院、云南昆明安宁温泉疗养院等。这一时期的温泉疗养院是计划经济时代的产物，主要用于领导干部、工人、劳动模范等公费或奖励性疗养保健，没有扩大盈利的利益驱动。

（3）现代休闲度假文化。20世纪90年代以来，随着旅游业逐渐由观光旅游向休闲度假转化，以休闲、娱乐等功能为主的大型综合温泉旅游度假区在全国特别是在我国南方地区不断涌现，温泉度假成为一种热潮，这标志着我国温泉利用进入一个新阶段，推动了温泉产业的发展。1997年开业的广东金山温泉拉开了我国大规模开发温泉度假资源的帷幕。随后众多以大型露天温泉为特色的新兴温泉，如清新温矿泉、珠海御温泉等相继开业，标志着广东温泉进入了高速发展阶段，并引领着全国温泉行业发展。

3. 温泉度假发展特点

（1）产业投资规模化。各省市高度重视温泉旅游发展，温泉旅游投资热情持续高涨，投资规模越来越大，建设档次越来越高。云南将温泉与SPA产业作为云南旅游发展的一个新方向加以打造。辽宁计划用5年左右时间将辽宁打造成国内温泉旅游第一大省。重庆、南京重点打造世界"温泉之都"品牌，在政策的有力推动下，重庆、南京的温泉产业投资规模得到快速扩张，发展速度惊人，其中重庆融汇投资80亿元打造融汇温泉城市综合体，每年亿元以上的温泉投资近30个，几十亿的项目已屡见不鲜，有的投资高达100多亿。

（2）产品消费大众化。随着节假日的不断增加和家庭汽车的日益普及，休闲度假已成为人们日常生活的重要内容，温泉成为最受欢迎的度假目的地。2012年，温泉度假行业接待顾客1.2亿人次，收入超过220亿元，拉动相关消费超过1500多亿元。

（3）产品形式多样化。温泉开发形式多样，有温泉酒店、温泉度假村、温泉度假区、温泉山庄、温泉小镇、温泉城等。温泉产品极大丰富，有温泉+药浴、温泉+SPA、温泉+演艺、温泉+体验、温泉+水上乐园、温泉+景区、温泉+地产、温泉+影视基地等。

（4）市场竞争白热化。由于地区发展不平衡，温泉企业大多集中在温泉资源较丰富、经济发展较好的地区及周边临近区域。由于地方政府过度注重招商引资，导致近距离开发过度，产品类同，低价竞争现象愈演愈烈，从而严重影响到温泉企业的持续健康发展。

4. 温泉度假发展趋势

（1）温泉度假产业将迎来大发展。国家拉动内需的政策，将为旅游业的发展提供强劲动力。随着带薪休假制度的落实推进，休闲度假将成为国民旅游消费的主流，温泉产品是国民休闲度假、健康养生的最佳选择，因此温泉度假必将成为旅游产业发展的重要力量，在一些温泉资源丰富的地区，将成为当地旅游的支柱产业。

（2）温泉产品将更具多样化和个性化。当今时代，个性化需求极度膨胀。市场需求日益多样化导致市场竞争进一步加剧，满足个性化需求的温泉产品将越来越受欢迎。温泉产品的目标客源市场将更具针对性，客源市场将进一步细分，研究目标客源市场的需求将成为未来温泉产品开发的核心理念。

（3）温泉养生保健的本质功能将重新受到市场重视。古今中外，温泉的本质功能就是养生。随着现代城市居民亚健康问题日趋严重，人们对养生保健的需求将持续增加，《中国温泉旅游产业发展报告（2014）》数据显示，2013年对医疗保健和温泉文化的重视比例上升明显，认为"非常重要"占比分别达54.77%（2012年为37.50%）和48.82%（2012年为32.60%），抓住"健康养生"这个主题才能真正形成温泉度假产业一个可持续发展的核心竞争力。

（4）温泉度假市场将进入品牌竞争，服务制胜的时代。随着人们消费心理的日趋成熟，差异化，物有所值的温泉产品和服务将更受认可和接受，市场将进入产品和服务制胜的时代，连锁化与品牌经营将成为温泉企业的发展方向，产品性价比将不断提升。

（七）汽车露营地

汽车露营地是面向自驾车和房车旅游者提供住宿、餐饮、休闲、娱乐、汽车停靠与维修等综合服务的小型社区。在欧美发达国家，汽车露营地是一种非常成熟的休闲度假产品。在我国，目前汽车露营地发展尚处于起步阶段，但势头迅猛。

1. 露营地数量与分布情况

《2016中国露营地行业报告》（以下称《报告》）统计数据显示，截至2015年底，我国露营地总数为415个，其中已建成255个，在建160个。到2016年底，露营地总数达到958个，其中已建成469个，在建489个（见图28）。仅仅过了一年时间，露营地数量就成倍增长，呈现出快速发展的良好势头。

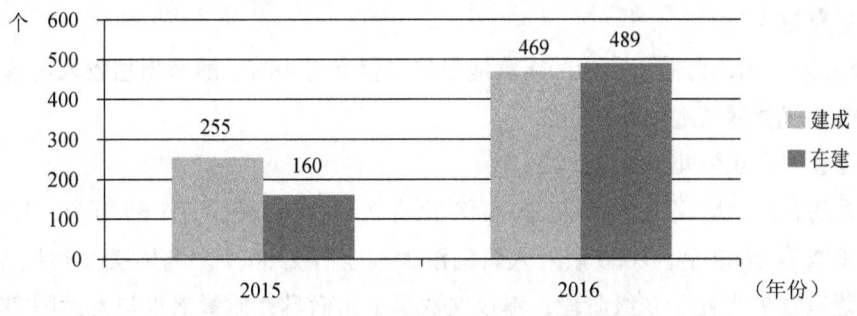

图28 2015—2016年露营地数量

目前我国露营地主要集中在两类地区：一是经济发展水平较高的京津冀、长三角、珠三角地区，这类地区因旺盛的市场需求和良好的区位优势形成了露营地的集中；二是四川、云南等西南地区，这类地区因丰富的自然资源和适宜的气候条件成为露营行业投资的新蓝海。

已建成和在建的露营地类型多种多样。按照所处自然环境的不同，可将现有露营地分为滨水型、山地型、森林型、草原型、沙漠型、湿地型、城市型、乡村型、景区型九类，其中滨水型露营地数量最多，约占露营地总数的30%，山地型、乡村型和森林型露营地数量也比较多（见图29）。

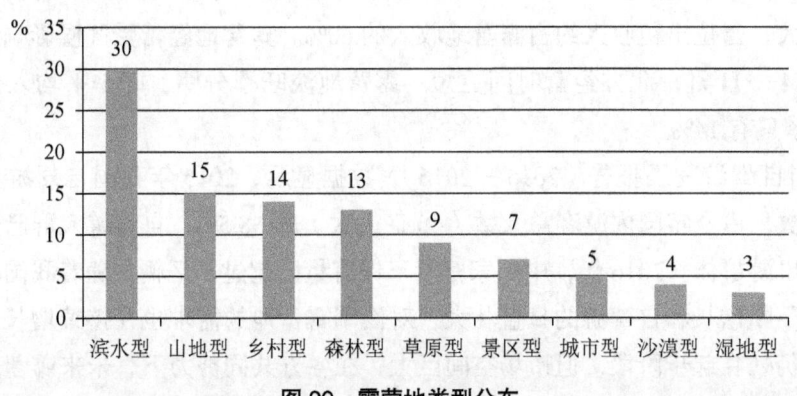

图29 露营地类型分布

2. 露营地建设运营基本状况

《报告》显示，截至2016年，运营中的露营地平均投资为6558万元/个，平均投资强度为34万元/亩；2016年在建露营地平均投资为7138元万/个，平均投资强度为38万元/亩。就现阶段而言，露营地投资规模不高，投资强度中等。

《报告》显示，现有露营地以中小型为主：44%的露营地占地面积在100亩以内，45%的露营地营位数在100个以内。由于500亩以上的大型露营地相对较多，使得露营地的平均占地面积有所提高，为186亩；300个营位以上的大型露营地也将营位数平均值提高为203个。

《报告》显示，目前运营中的露营地平均出租率为48%，露营出租收入占营地总收入的60%，优秀露营地毛利率为35%。

3. 露营地发展仍处于初级阶段

我国现有露营地仅1000个左右，而欧洲有2.5万个，美国有1.65万个，3000万人口的加拿大有3000个，2000余万人口的澳大利亚有2500个。与欧美发达国家相比，我国露营地发展尚处于初级阶段，不仅在数量上，而且在质量上也与发达国家存在很大差距。

一是规划设计欠缺。目前尚未形成露营地的顶层规划设计，缺乏明确的阶段性发展目标与战略及区域统筹。企业经营者追求短期效益而盲目开发，这不利于露营地行业长期发展。露营地自身规划的系统性也不足，总体定位、功能分区、产品体系、保障系统之间缺乏协调，与地方特色之间的衔接较少，社群氛围营造不足。

二是产品结构单一，产业化程度低。现有露营地推出的产品过于单一，缺乏配套的休闲娱乐产品，季节性突出，观光性强、参与性差，服务的精细化程度低。露营地的行业关联性和带动性极强，可以形成多元化的产业链和产业网络，但是我国露营地产业的关联性和带动性较差，产业化程度低，抗风险能力也较低。

三是经营管理比较粗放，盈利能力弱。露营地收入结构比较单一，对营位出租收入依赖较大，营位出租收入约占露营地收入的60%。露营地经营受气候影响，主要经营时间为4—11月，北方经营时间更短。露营地淡旺季分明，旺季平均入住率可达88%，淡季只有14%。

《中国自驾游发展报告（2015—2016）》数据显示，2015年我国自驾游人数达到23.4亿人次，占全年国内游客总人数（40亿人次）的58.5%，自驾游人群已经成为国内最大的出游群体。2016年，中国家庭汽车保有量已超过1亿辆。随着我国家庭汽车保有量的不断增长和自驾游的日益壮大，对汽车露营地的需求也在持续增长。虽然露营地发展仍处在起步阶段，但市场空间巨大，在各方共同努力下，未来露营地将成为休闲度假产业的新亮点。

（八）主题公园

主题公园是根据特定的主题创意，主要以文化复制、文化移植、文化陈列以及高新技术等为手段，以虚拟环境塑造与园林环境为载体来迎合消费者的好奇心，以主题情节贯穿整个游乐项目的现代休闲娱乐活动空间。中国主题公园从20世纪80年代中期产生至今经历了30多年的发展，现已进入发展的黄金时代。

1. 主题公园的发展历程

（1）主题公园的萌芽期（1984—1988年）。1984年开工建设的河北正定的西游记宫和荣国府，是中国最早出现的主题公园，创始人是时任正定县委书记的习近平同志。

随后，一大批西游记宫、大观园、三国城等人造景区在全国各地纷纷建设。最多时全国有400多个西游记宫，当时被戏称为"百宫大战"。这一时期是中国主题公园的萌芽时期，是初级产品对应初级市场。由于缺乏主题和文化内涵，许多主题公园生命力短暂。随着江苏的福乐贝尔乐园、上海的美国梦幻乐园、广东的飞龙世界和世界大观等主题乐园的关门歇业，这一轮主题公园投资热画上了句号。

（2）主题公园的概念化发展期（1989—1997年）。1989年深圳锦绣中华的建成开园，标志着真正意义上的主题公园在中国诞生。锦绣中华的成功，不仅将"主题公园"概念正式引入中国，还引发了全国第二轮主题公园建设的热潮。北京世界公园、苏州乐园、珠海圆明新园等一批主题公园纷纷跟进。但由于对主题公园的产品内涵、经营属性、投资回报等问题认识不足，许多投资者往往处于盲从状态，因此多数主题公园在经营上并不成功。

（3）主题公园的深化发展期（1998—2005年）。1998年建成的深圳欢乐谷，是中国现代主题公园的代表，与国际上成熟的主题公园概念接近，如划分了主题区域，设定不同的主题，能为游客提供立体的游园体验等。这一时期全国产生了一批这样的主题公园，如大连极地海洋馆、杭州乐园、常州中华恐龙园、西安大唐芙蓉园等。这些主题公园较之前投资更大，一般都在10亿元以上，有的达30亿~40亿元，而且伴随着度假地产、酒店住宿业的开发，开始形成品牌意识。

（4）主题公园的品牌扩张期（2006年至今）。2006年以来，中国现代主题公园发展迅速，进入品牌扩张期。如主题公园的龙头企业华侨城集团，目前已有7家欢乐谷分别在深圳、北京、成都、天津、上海、武汉、重庆运营，实现了连锁化发展。另外，国际主题公园巨头开始进入中国市场。上海迪士尼乐园已于2016年6月正式开园；北京环球影城2015年底已开工建设，预计2020年建成开园；六旗娱乐集团在浙江和重庆的两个山水主题小镇——六旗乐园项目也已落地。主题公园市场的本土品牌与国际品牌竞争态势已见端倪。

2. 主题公园的市场发育过程

第一，从300美元到8000美元，什么水平消费什么产品。1984年，我国的人均GDP为300美元，因此只能消费西游记宫这样的初级产品。今天我国的人均GDP已经超过8000美元，成为中上等收入国家，这个水平就要消费新的产品，这是市场发育过程中的根本性变化。

第二，从交通不便到四通八达，什么道路创造什么市场。中国目前的交通格局，尤其是由航空、高铁、高速公路构建的中远程交通体系已经领先世界，这样一个大国，这样一个交通体系，形成了便捷的大规模人流聚集，极大拓展了市场范围，使中国的主题公园的客源汇聚能力上了一个新的台阶。

第三，从城镇化起步到城市群，什么聚集形成什么规模。现代主题公园一定要依托大城市，大规模的主题公园一定要依托城市群。30年前我们有城市但构不成城市群，现在则完全不同，长三角城市群、珠三角城市群、京津冀城市群、中原城市群、武汉城市群、西南城市群等一批城市群已经形成，这样的聚集和规模在世界上都是少见的，这就为大规模的主题公园准备了庞大的消费人口，因此国际主题公园巨头迪士尼、环球影城、六旗才纷纷抢滩中国市场。

第四，从农民眼光到世界视野，什么变化产生什么要求。最早搞西游记宫时就是农民眼光，欢乐谷出现后视野变得开阔，开始努力和国际接轨。现在则是与国际并行，我们在运营、模式、技术上和国际一流企业接轨；他们在市场、规模上与我们接轨。

3. 主题公园的升级换代

中国已进入中上等收入国家行列，休闲度假成为国民的主体诉求，特别是对娱乐性的追求越来越强，14亿人口的海量人群和领先世界的交通体系更是为主题公园的发展创造了巨大的市场空间。不久的将来，中国将成为世界上最大的旅游娱乐消费国，中国主题公园发展的黄金时代已经来临。

新的时代对主题公园的发展提出了更高的要求，对应市场的深刻变化，主题公园的升级换代成为必然。要求有三：第一，要做就做世界水平，达不到就别做。这是一条基本的要求。第二，要做巨大规模，规模小难以适应需求，难以形成品牌，难以创造效益。百亿级投资，资本运营突出。众多花样，汇总项目，集中消费。第三，要丰富功能，娱乐第一，快乐度假，商业充实，新型生活，以对应大规模、高速度的城镇化发展。

4. 主题公园的当前发展态势

（1）主题公园的区域布局

《2017年中国主题公园综合报告与未来形势分析》显示，目前共有大大小小2700个主题公园分布在全国各地，长三角地区成为主题公园最为集中的区域，京津冀地区、珠三角地区紧随其后，成渝地区近几年也迅速崛起。全国主题公园数量最多的前三个省份均位于东部地区，依次为江苏（295个）、山东（231个）、广东（219个），三省的主题公园数占到了全国总数的1/4以上。

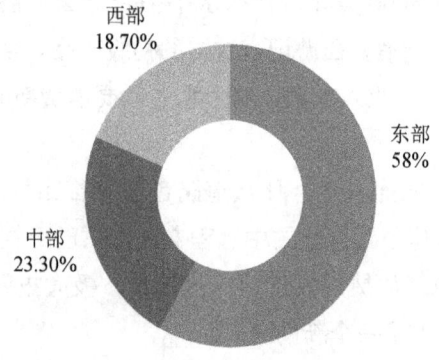

图30　除港澳台之外主题公园全国占比

不论是环球影城的选址还是上海迪士尼的落户以及长隆集团"偏安一隅"的强势发展，选址首先是主题公园落地最为关键的因素，包括经济发展水平、消费能力、投资环境、自然条件等都是不可忽视的。目前中国主题公园的区域布局，基本与中国经济发展水平的区域差异相同。

另外，落子之后的主题公园也带动着区域的变化。以北京环球影城为例，环球影城的来袭助推京津冀主题公园市场的变革。最新消息显示，北京市交通委专项编制的《北京城市副中心交通基础设施项目表》中，明年拟新开工11项，共计35公里，包括东六环环球影城立交、广渠路东延等项目。交通是主题公园发展的关键因素之一，主题公园的出现也带动着区域各项指标的发展。

（2）主题公园的市场规模与客群特点

2016年是中国主题公园行业不平静的一年，随着上海迪士尼乐园的开业，各方对主题公园市场的关注迎来了新高度。未来几年，"主题公园"热还将持续升温。在AECOM（艾奕康）2016年发布的全球十大主题公园中，多家中国企业入选（见图31）且游客增长率遥遥领先。业内普遍预测，随着国内消费水平的不断提高，以中国市场的发展速度，2020年中国将超越美国，成为全球最大的主题公园市场，届时入场人次将达2.21亿。目前，中国主题公园市场规模为30亿美元。过去5年来，全球主题公园的收入增长4%，为16亿美元。这主要得益于中国和东南亚中产阶层日益旺盛的游乐需求。接下来，中国将继续保持快速增长势头，一批大型主题公园将开门迎客。

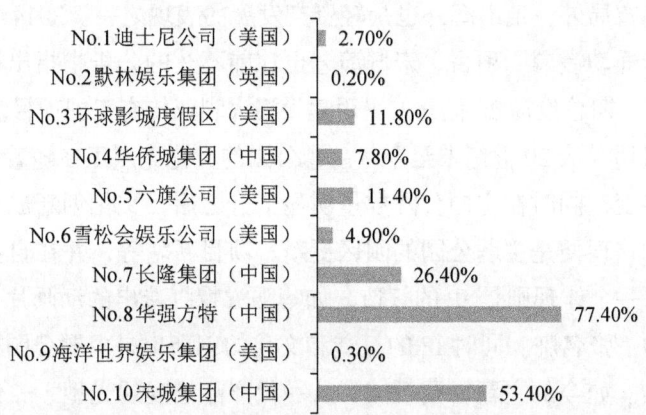

图31 2016年全球十大主题公园游客增长率

在游客数量增加的同时，消费者也日趋成熟，选择性更强，国内主题公园游客的地域性特征更为明显。如香港海洋公园和广州及珠海长隆主题公园的最大客群来自广东地区，而上海迪士尼乐园有超过一半的客人来自华东地区。毫无疑问，家庭亲子是主题公园的重要消费群体。在针对亲子游消费经历的调查中，曾带孩子去游乐场、动物园和主题公园的比例高达81.73%。

(3) 主题公园的发展模式创新

无论是横向还是纵向，中国主题公园的发展深度都在增加，发展模式也更为创新。多元化盈利追求、轻资产模式拓展、增开新项目等成为主题公园市场的新尝试，也是主题公园在黄金时代的运营之术。

多元化盈利追求。10%盈利、70%亏损、20%经营效益基本持平，是目前国内主题公园发展的一个显著特点。中国的主题公园80%收入靠门票，20%收入靠零售、餐饮和住宿等消费几乎为零。而在国外，主题公园的收入30%是门票，30%是零售，40%是餐饮住宿。上海迪士尼进驻中国市场之后，也让国内主题公园市场进一步看到了盈利结构优化的进步空间。公开数据显示，按照迪士尼的普遍经营来看，乐园1元的门票能拉动8元的消费，其70%左右收益来自衍生品等二次消费。实际上，国内主题公园基本都有自己的衍生品，但真正打响品牌的寥寥无几。在盈利结构优化方面，国内主题公园还有很大的拓展空间，这也是业内近几年一直在寻求突破的地方。

轻资产方式拓展。在主题公园兴建的热潮之下，轻资产方式成为不少主题公园拓展市场的方向。同时，这也是主题公园在有了自身核心优势之后，可以借力核心优势、避开重金布局的方式之一。目前，提出要试水轻资产方式的主题公园包括：海昌海洋公园、华强方特、宋城演艺、万达城等。作为以海洋文化为核心的主题公园，海昌海洋公园正在向外输出咨询和技术管理，并与多家海洋馆等达成了相关合作。除了在国内进行轻资产的布局外，走出海外也是轻资产发展的表现之一。2014年华强方特在伊朗落地"方特卡通动漫园"项目、宋城演艺也在前不久的公告中指出拟在澳大利亚昆士兰州黄金海岸一期总投资20亿元人民币建设澳大利亚传奇王国项目。

IP创新寻机遇。从20世纪末至今，主题公园的文化亮点正在随着消费观念和消费人群的更迭而转变，同时在主题公园数量明显上升之后，文化创新成为主题公园新机遇。一个明显的体现便是主题公园的园区更新、项目新增等，并在自身的发展中形成自有的规律。另一个体现则是IP的打造，如华强方特打造出的动画片《熊出没》就成为该主题公园的一张名牌。同时IP的打造和文化的创新也是主题公园在轻资产输出过程中的重要举措。如今的主题公园领域，从一代产品景观观光型、二代产品器械游乐型向具有IP内容体验消费的产品模式转变。这一转变出现的背景就是当前主题公园的消费人员结构出现了重大变化，"90后"成为最主要的消费群体。这一群体不再关注社会大众的喜好，而是更注重追求刺激和个性。

（九）旅游演艺

总体而言，旅游演艺在中国还是一个比较新的事物。近年来，随着国民旅游消费的常态化，娱乐消费已成为一种新的旅游消费方式，旅游演艺因其突出的文化性而迅速成为旅游娱乐消费的热点。

1. 旅游演艺的类型

从国际上来看,旅游演艺主要有三种类型:一是户外演艺。如埃及、希腊、西班牙等国家均有,这种户外演艺是在资源基础上的简单利用,规模较小,形不成震撼力。二是室内演出。这种演出在国外非常发达,最具代表性的就是巴黎红磨坊、英国音乐剧、纽约百老汇,我们只能望其项背。三是广场演艺。广场演艺遍布城市,丰富多彩。在中国,广场演艺历史上曾经有过,如北京的老天桥、上海的大世界,就是著名的广场演艺集中地,现在广场演艺基本已经消失。

2. 中国旅游演艺的发展阶段

总体来看,旅游演艺的发展大致经历了三个阶段:一是起步阶段,以西安唐乐宫为代表,其推出的《唐宫乐舞》演出30余年坚持不懈,至今已演近万场。之后是杭州宋城景区的《宋城千古情》大型室内实景演出,20年累计演出2万余场,成为宋城景区的灵魂。二是摸索阶段,各地纷纷推出各种演艺产品,各类节目起起落落,多数都是巴黎的"红磨坊"模式,多数都未能坚持下去。三是创造阶段,超越室内,开拓山水实景。有两个典型的产品,一是"印象"系列,如《印象·刘三姐》《印象·西湖》《印象·丽江》等;二是梅帅元系列,如《天门狐仙》《禅宗少林》等。这两个系列开了先河,形成了好的导向。

就旅游演艺发展而言,实景演出成为中国的突出创造。这体现在五个方面:一是实景的运用,这种运用目前已经达到很高的水平。二是文化的凝聚,通过对当地文化的挖掘、整理、创新,构造了一种新的文化。三是手法的运用,声光电等各种各样的新手法全面应用。四是规模的巨大,在国外很难看到类似规模的实景演出。五是市场的呼应,中国的人均GDP已超过8000美元,旅游休闲消费需求旺盛,而且对文化追求愿望强烈。

3. 中国旅游演艺发展的深层分析

按照陕西旅游集团张小可的说法,旅游演艺就是要做到"政治上站得住""艺术上树得起""市场上做得稳"。第一代讲印象,第二代讲故事。旅游演艺能够走到今天,从文化角度来说,是两种不同审美体系的产品。西方看重人体,所以产生拉斯维加斯秀;中国寄情山水,所以产生实景演出。把最好的文化放到最美的山水中,此山,此水,此人。故事发生地,无可替代,可以长盛不衰。中国社会科学院的研究员张晓明认为,旅游演艺要体现地方文化的记忆,国家层面的记忆,中国故事要有中国表达。说到底,旅游演艺是"内容为王,安全为要,特色为魂"。这里面是价值发现、体验发现和市场发现的问题。怎么发现价值?从项目选址、故事设计到整个一套流程,都涉及价值发现和价值挖掘问题。如何发现体验?作为生产者,作为创意者、供给者,要研究价值发现,但是要给观众一个体验发现。所谓体验发现就是超出了预期。《长恨歌》《延安保育院》等经典性的节目,其体验发现是永恒的。最后是市场发现,以前是好酒不怕巷子深，现在是好酒也怕巷子深，但是无论如何，首先得有好酒，没有好酒怎么都不灵。

4. 中国旅游演艺的发展方向

就旅游演艺未来发展方向而言，主要应从以下几点优化提升：一是广场演艺的民间性，要大力推行。在广场演艺方面，中国还差得很多，几乎看不到什么东西，只有少数地方能看到一点。二是室内演出的传承性，尚待锤炼。现在的室内演出基本上没有什么经典的节目，绝大多数都是三天打鱼两天晒网，很快就过去了，因此尚待锤炼。三是实景演艺的震撼性，要分类发展。有的是山水实景，有的是山水和历史的融合，有的就在一个历史场景里，不是山水而完全是历史的元素，每一类都有自身的特点，也对应不同的市场格局，因此要研究分类发展。四是日常演出的亲和性，要吸引参与。我们现在的日常演出也很少，在国外经常可以碰到，不仅在旅游区，甚至在一个小广场都可以看到小表演，有点类似现在的快闪，让人觉得很好玩，这就是一种亲和性，而且可以吸引大家的参与。五是晚宴的普遍性，要锦上添花。上述五类产品会形成一个丰富的结构，当然产品结构的合理性和科学性问题还需要进一步研究。

（十）城市中央休闲区

城市的功能不仅仅是居住和工作，还有一个重要的功能是休闲。特别是在现代城市中，人们日常生活节奏快，工作压力大，对休闲的需求更加热切。因此，能否提供满足公众需求的休闲产品和服务，特别是公共休闲产品和服务，就成为衡量一个城市管理水平和发展程度的重要标志。在各类城市公共休闲产品和服务中，城市中央休闲区是一个典型代表，其发展状况体现了一个城市的公共休闲服务水平。

1. 城市中央休闲区的定义

城市中央休闲区是城市的标志性区域之一，一般位于城市建成区，具有相对明确的区域边界、相应的管理机构和较大的规模，有足够的免费公共空间，能深度体现城市文化底蕴，休闲设施集中，休闲氛围浓郁，休闲业态丰富，享有较高知名度和鲜明的形象，对当地居民和外来游客有较强聚集效应。城市中央休闲区可分为文化型休闲区、生态型休闲区、商业型休闲区、复合型休闲区，但一般不包括城市公园。

2. 城市中央休闲区的形成与发展

在发达国家，城市中央休闲区已经存在和发展了若干年，是指位于城市中心地带，并具有城市一流生活素质、高尚人文内涵和完美生态环境的居住区域。中央休闲区由若干功能区组成，可满足城市主流人群集中居住、休闲、娱乐、教育等需求，同时也兼顾了外来游客的需求。中央休闲区的个性和特色，凸显着一个城市的文化个性，如纽约的曼哈顿中央公园、巴黎的香榭丽舍大道等。发达国家的中央休闲区是从最初的商业、文化聚集区发展成观光旅游区、度假旅游区，再到休闲旅游区，最后成为市民与游客共享的中央休闲区。

在我国，城市中央休闲区的形成与城市发展大体同步，近年来发展尤为迅速。城市中一些具有深厚历史积淀、独特地方文化特色、休闲产业快速成长的区域，逐渐成为休闲功能的集中聚集地，在这一空间里融合了文化、旅游、产业、生态等多个主题和要素。这些区域除了拥有浓郁的文化气息，还有城市高端的休闲度假居住区和发达的城市服务业，是市民的休闲聚集地，也是城市旅游的观光体验地，成为城市的标志性区域。

2014年，北京奥林匹克公园、西安曲江新区、青岛市南区、上海新天地、南京夫子庙——老城南、宁波老外滩、泰州凤城河、常熟虞山公园等八个休闲聚集区成为国家标准《城市中央休闲区服务质量规范》（GB/T 28003—2011）实施后被正式认定的首批城市中央休闲区；之后，佛山古镇、遵义1935休闲区、郴州裕后街也获得了这一称号。城市中央休闲区极大地提升了城市的休闲功能，也有力促进了城市休闲产业的发展。

3. 城市中央休闲区的特点

一是文化传承。青岛素有"万国建筑博览园"之称，建筑承载着青岛城市建设的历史和文化，青岛市南区碧海、蓝天、红屋顶的风情，加上啤酒街、商业汇集的中山路，成为人们休闲的好去处。南京夫子庙——老城南片区中的历史遗存记载了南京作为古都的历史，在此基础上的文化创意产业、主题商业、风情客栈给古老的街区增加了新的魅力。宁波近代开埠的历史由老外滩的建筑记载并讲述着，休闲酒吧等吸引着年轻人，使人们近距离感受历史。

二是体验和参与。2008年奥运会后，北京奥林匹克公园成为市民活动和游客参观的开放性区域，众多的演出、比赛、节庆活动，使人们在这里释放激情，度过快乐时光。泰州凤城河有优美的园林，以护城河和沿河绿化为依托，不仅展现了老街的风情，也以传统手工艺和休闲方式，让人们体验着水城慢生活的意韵。上海新天地街区以休闲产业为服务支撑，使人们在传统街区氛围中享受现代生活。

三是空间开放与服务完善。西安曲江新区向公众开放多个空间，大雁塔广场、城墙遗址公园、曲江池遗址公园等开放型区域为市民和游客提供了休闲空间和服务。常熟虞山公园与北门大街商业区共同组成了餐饮、购物的休闲空间。

（十一）邮轮旅游

作为欧美市场中一种成熟的休闲度假方式，邮轮旅游可追溯至20世纪60年代，是国际旅游市场中发展最快的一个市场。国际邮轮公司进入中国市场，始于改革开放之初的20世纪80年代。此后，国际邮轮不断造访中国沿海港口城市，中国邮轮业发展开始起步。进入21世纪以来，基于中国经济的持续高速增长，国际邮轮公司纷纷看好中国市场，不断推出面向中国市场的亚洲航线，我国沿海城市国际邮轮接待量与邮轮游客量均呈快速上升趋势。

1. 2016年全球邮轮市场概况

2016年全球邮轮市场游客总量达到2470万人次,同比增长6.5%。根据国际邮轮协会的权威预计,2017年全球邮轮市场游客规模总量将达到2580万人次,将比原有测算2530万人次有一定幅度的提升,这也反映出国际邮轮业界对邮轮市场充满信心。中国2016年全年邮轮游客量达到210万人次,成为全球第二大邮轮市场(见图32)。

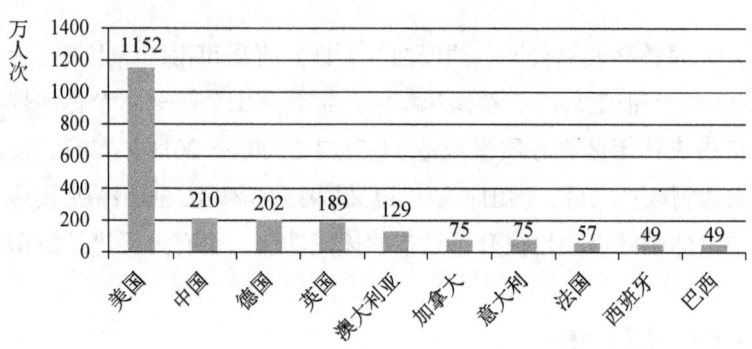

图32 2016年全球邮轮市场十大客源国

2. 中国邮轮市场状况

2016年,我国邮轮市场依然处于快速发展阶段,上海、天津、大连、厦门、舟山、青岛、深圳、广州、海口、三亚等沿海城市接待邮轮量高达996艘次,同比增长58%,邮轮出入境游客量高达452.28万人次,同比增长82%。母港邮轮航次依然处于绝对优势地位,母港邮轮达到913艘次,同比增长69%,母港邮轮游客量达到424.52万人次,同比增长91%。访问港邮轮航次依然十分严峻,处于下降态势,访问港航次仅为83航次,同比下降8%,访问港邮轮游客量达到27.74万人次,同比增加8%。邮轮入境旅游的发展形势依然十分严峻,而母港邮轮消费主要在日、韩等地,母港邮轮并未带来明显的邮轮经济。

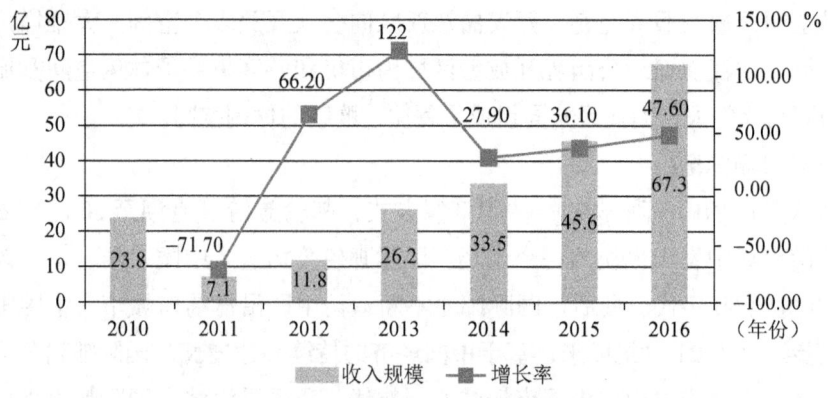

图33 2010—2016年中国邮轮市场收入规模

上海在邮轮靠泊量和游客量方面依然处于全国首位，2016年全年接待邮轮509艘次，占到全国总量的51%，接待出入境游客量达到294.48万人次，占到全国总量的65%。天津位居第二，2016年全年接待邮轮总量达到128艘次，占到全国总量的14.25%，接待出入境游客量达到71.56万人次，占到全国总量的16.3%。广州位居第三，2016年全年接待邮轮总量达到104艘次，占到全国总量的10.4%，接待出入境游客量达到32.59万人次，占到全国总量的7.2%。

2017年1—6月，中国邮轮港口接待邮轮数量达到561艘次，比2016年同期增长36%，接待出入境游客量达到212.05万人次，比2016年同期增长16%。其中接待母港邮轮总量达到498艘次，比2016年同期增长36%，母港邮轮出入境游客总量达到199.08万人次，比2016年同期增长16%。上海依然位居全国首位，2017年1—6月接待邮轮总量达到244艘次，同比增长7.5%，接待出入境游客总量为124.25万人次，同比减少3.2%。

3. 2017年中国邮轮市场特征

邮轮市场由高速发展转向平稳发展；邮轮产品丰富性大幅提升；邮轮船队新船增加，游客对新船的喜好依然偏重；邮轮航线以日本为主；邮轮包船向切舱转变力度较大；邮轮多区域运营趋势明显增强；大多数邮轮港口接待邮轮依然处于较低水平；邮轮港口船供模式正在逐步突破创新；新增福州、大连两大中国邮轮旅游发展实验区。

五、休闲度假产业发展中存在的主要问题

（一）休闲空间依然不足

一是社区休闲空间极为缺乏。社区是居民使用率最高的休闲空间。中国旅游研究院的相关调查显示，城镇居民工作日、周末和节假日的户外休闲活动中分别有69.5%、58.3%和33.3%的活动在离家3公里以内进行，农村居民农忙和农闲时节的相应比重分别为83.3%和68.7%。但是我国多数社区内部休闲设施不足，社区间休闲设施不互通，学校等单位内部休闲设施不开放，导致社区休闲空间稀缺，并引发许多社会问题。如河南洛阳跳舞老年人与打篮球年轻人为争场地而发生冲突，山东临沂健步走队伍在公路上运动时遭遇车祸。

二是郊野空间缺乏可进入性。城乡郊野广阔的森林、草原、湖泊、湿地、山岳等资源是重要的休闲空间。我国长期重视城乡郊野的经济和生态功能，而忽视休闲游憩功能的开发。郊野空间可进入性不强，配套服务设施不健全。如2017年5月有30余名"驴友"在穿越太白山时被困，并有3人不幸遇难。悲剧的发生既有天气突变、"驴友"准备不充分等原因，也与我国郊野空间难以进入，缺乏遍布城乡的绿道网络体系有关。

三是旅游景区未充分发挥休闲功能。休闲游憩是居民在惯常环境内的日常生活，

具有活动频率高、价格敏感性强、产业融合度大等特点,与旅游观光有显著差异。长期以来,景区在开发过程中往往强调观光功能,多采用封闭式商业开发模式,忽视了休闲游憩功能的发挥,忽视了资源的开放和共享,导致当地居民坐拥优质休闲资源却无法充分享用。

(二)度假产品严重短缺

中国的观光资源,无论是自然资源还是人文资源都极其丰富,而且许多资源的品质位居世界一流,如北京的长城、西安的兵马俑、安徽的黄山、四川的九寨沟、湖南的张家界等,但是度假资源不足,度假产品更是严重短缺。全世界的主流度假形式是滨海度假,中国虽然有18 000公里的海岸线,但是真正适合发展度假的地方没有几处。北方的沿海省份辽宁、河北、山东虽然海水水质不错,沙滩也好,但是受季节影响太大,一年只有3个月的时间适合度假,无法持续发展。江苏、上海和浙江三个沿海省市的海滩以滩涂为主,缺乏好沙滩。福建总是受到台风侵扰。广东是中国改革开放的前沿地带,沿海地区在几十年工业化高速发展进程中已被开发殆尽。真正适合发展度假的只剩海南和广西两省区,而且优质的滨海资源主要集中在海南。因此中国的滨海度假资源并不充足,从而中国滨海度假产品也非常短缺。而山地度假和乡村度假还处于起步阶段,相关度假产品也难以满足海量的度假需求。由此导致的结果就是中国人的海量度假需求全面外溢,东南亚现已成为中国人的主要度假目的地,以贝加尔湖为中心的东北亚即将变成中国人的下一个度假集中地。

(三)产品精细度不高

休闲度假与观光旅游对产品的精细度要求差异很大。对观光游客而言,在景区的停留时间较短,大体上就是走马观花,看完即走,对于精细度如何并不太关注。但对于休闲度假客人而言,由于停留时间较长,且追求的是深度体验,因此对于精细化方面的要求远高于观光游客。在产品精细化方面做得比较好的是江浙两地,如江苏的灵山拈花湾小镇,浙江的乌镇,丽水的民宿等。但是整体而言,中国的休闲度假产品精细化程度还很低,尤其是和休闲度假产业比较成熟的发达国家相比,差距更大。精细创造竞争力,精致增强吸引力。如何提高产品的精细度,以为客人提供更精致的产品和更好的休闲度假体验,关乎企业长远发展,应引起休闲度假企业高度重视。

(四)投资盲目性导致泡沫化

全国旅游投资项目库数据显示,2015年,全国旅游业完成投资10 072亿元,同比增长42%;2016年,全国旅游投资继续保持稳定增长态势,直接投资达到1.3万亿元,同比增长29%。1978年到2008年,全国旅游业形成的固定资产总值为8000亿元,而现在1年的投资额就达到30年的固定资产总值的1.5倍以上,形势似乎一片大好。但是相当一部分投资属于"盲人骑瞎马,夜半临深池",并不对应市场。有些地方执政者好大喜功,开发商贪大求洋,规划者推波助澜,评审者随波逐流。企业忽悠政府,政府忽悠企业，两者互相忽悠，越忽悠越厉害。对省一级政府来说，十亿投资免谈，百亿投资可谈，千亿投资兴奋。由此形成了泡沫化现象，具体表现为发展泡沫，投资泡沫，工作泡沫，市场泡沫。发展必有泡沫，出现适度的泡沫是符合规律的，但泡沫太多就会带来大问题。因此要尽量避免泡沫化，更要研究如何利用泡沫化。

六、休闲标准化推进

休闲度假产业的发展离不开标准化的规范、引领和提升。制定和实施休闲类标准，能够有效规范休闲度假产业发展，提升产业管理水平和服务品质，从而保障国民获得高质量的休闲产品和服务，更好维护宪法和法律赋予国民的休闲权益。从过程来看，我国休闲标准化工作大体经历了三个阶段。一是发端于旅游标准化。1988年饭店星级标准出台，1993年纳入国家标准体系，1995年全国旅游标准化技术委员会成立，逐步形成体系。二是兴起于休闲产业化。随着休闲产业的发展，企业标准和地方标准初步建立，如温泉、滑雪、农家乐等标准的出台，形成了休闲标准的雏形，适应了产业化发展的需要。三是定型于2009年全国休闲标准化技术委员会的成立。

（一）全国休闲标准化技术组织建立

经国家标准化管理委员会（以下称国家标准委）批准，2009年11月10日，全国休闲标准化技术委员会（SAC/TC 498）（以下称休标委）正式成立，这是中国也是世界上首个以"休闲"命名的标准化技术组织。休标委汇集了国内休闲服务领域和标准化领域的一流专家，在国家标准委直接领导下开展工作，主要负责传统特色休闲方式开发与保护，现代休闲创意与服务，休闲节庆活动，主题休闲俱乐部，公共休闲服务，休闲咨询服务等领域国家标准的制修订工作，其工作领域与世界休闲组织相关联。

（二）休闲类标准制定成果丰硕

休标委成立后，积极开展休闲服务领域标准的立项和研制工作。自成立以来，休标委先后承担了《旅游休闲质量安全关键技术标准研究》《休闲服务与管理基础标准研究》等多项国家标准化公益性行业科研专项项目，向国家标准委申报了20多项休闲类国家标准的制修订项目计划。截至2016年底，由休标委组织起草并由国家标准委发布的休闲服务领域相关标准已达14项。

《城市中央休闲区服务质量规范》（GB/T 28003—2011）

《城市公共休闲服务与管理基础术语》（GB/T 28101—2011）

《城市公共休闲服务与管理导则》（GB/T 28102—2011）

《度假社区服务质量规范》（GB/T 28927—2012）

《社区休闲服务质量导则》（GB/T 28928—2012）

《休闲农庄服务质量规范》（GB/T 28929—2012）

《城市公共休闲空间分类与要求》（GB/T 31171—2014）

《城乡休闲服务一体化导则》(GB/T 31172—2014)
《国民休闲教育导引》(GB/T 31173—2014)
《国民休闲满意度调查与评价》(GB/T 31174—2014)
《休闲基础术语》(GB/T 31175—2014)
《休闲咨询服务规范》(GB/T 31176—2014)
《休闲露营地建设与服务规范》(GB/T 31710—2015)
《实景演出服务规范》(GB/T 32941—2016)

此外,《休闲绿道服务质量规范》《休闲主体功能区服务质量规范》《商贸休闲区服务规范》《海洋牧场休闲服务规范》《花卉休闲区创建与服务规范》等多项休闲类国家标准也在制定中。能够在较短的时间内制定一系列休闲服务类国家标准,这在整个服务业标准化工作中也是少见的,体现了休标委高效的工作作风。

（三）休闲类标准试点工作积极推进

根据国家标准委与国家发改委等部门联合印发的《关于推进服务标准化试点工作的意见》及《服务业标准化试点实施细则》的原则和要求,经国家标准委批准,自2012年起,休标委陆续开展了《城市中央休闲区服务质量规范》《城市公共休闲服务与管理导则》《度假社区服务质量规范》《社区休闲服务质量导则》《休闲农庄服务质量规范》等休闲类系列国家标准在秦皇岛、青岛、西安、上海等城市的试点工作；2016年,休标委又在遵义开展了休闲综合标准化和国家级休闲品牌创建工作。通过休闲类标准试点和综合标准化创建,一是发现标准自身存在的问题,为以后的标准修订完善提供依据；二是总结标准试点过程中的工作经验,以更好地推进休闲类标准的全面贯彻实施。

第四部分　产业发展推进

一、产业发展战略目标

（一）休闲度假产业国际化发展

中国旅游已经实现世界旅游强国的发展目标，休闲度假正处于蓬勃发展阶段。在这一背景下，休闲度假产业需要树立一个更高的发展目标，即实现国际化发展，从世界旅游强国到国际一流的休闲度假目的地。全世界的主流度假形式是滨海度假，虽然中国的滨海度假资源比较稀缺从而滨海度假产品严重不足，但是我们可以转换思路，如拓展山地度假。中国地理地势呈三级阶梯状，是一个山多、山地多样性丰富的国家。中国可以借鉴世界山地运动发展较好国家的先进经验，根据资源特点和优势培育一系列新的休闲度假产品，不仅满足国民的休闲度假需求，也向世界提供中国特色的休闲度假产品。

（二）休闲度假产业发展目标体系

休闲度假产业的最大特点是综合性，因此，其发展目标可确定为五个层次：一是经济目标，体现出创收创利创发展；二是社会目标，以扩大就业，提升品质为核心；三是文化目标，以弘扬传统文化，创造新兴文化为目标；四是环境目标，以保护、提升、利用环境为重点；五是国际化目标，重点研究与国际休闲度假发展接轨的机制、人才和运作。

此外，还需倡导四个发展：一是柔性发展，展示中国形象、生活内容、文化内涵，进行感性交流；二是整合发展、借助资源、整合产品、促进增量、拉动存量；三是关联发展，需求支撑、市场平台、关联体系、各得其所；四是科学发展、认识规律、把握规律、优化结构、提高水平。

二、产业发展导向

（一）结构优化

结构问题是经济发展中始终存在的问题，国民经济如此，各行各业如此，旅游休闲度假领域更是如此。中央经济工作会议明确提出要进行供给侧结构性改革，供给侧结构性改革落实到旅游休闲度假领域，就是结构优化问题。中国的旅游供给落后于爆发的国民旅游需求，但在旅游休闲度假领域既有结构性的过剩也有结构性的短缺。

现在结构性的过剩主要体现在两个方面：一是城市酒店全面过剩。全国12 800家城市型的星级酒店，2014年全行业亏损59亿，2015年亏损20多亿，2016年仍然亏损。如果没有过剩哪来这种巨额亏损？二是景区过剩，少数景区日子好过，黄金周节假日挤爆，多数景区门可罗雀，靠节假日扶贫。景区过剩有两个原因：一是假日制度不合理，海量人流涌进空间有限的知名景区。二是相当数量的景区缺乏特色和吸引力，无法吸引足够的日常人流。

另一个方面又存在结构性短缺问题，最大的不足就是休闲度假产品不足。中国的传统休闲度假资源不足，全世界度假的主流形式都是滨海度假，中国虽然有18 000公里的海岸线，但是真正能做度假的地方没有几个，这就是资源不足。现在消费者用脚投票，东南亚已经变成中国人主要的度假地，以贝加尔湖为中心的东北亚即将变成中国人下一个主要的度假地。缺乏丰富的休闲度假目的地和产品就是结构性的短缺，因此结构优化就要解决这一根本性的问题。

三去一补一降是全国性的要求，在休闲领域也是如此：一是产业结构，二是资产结构，三是产品结构。现在12 800家星级酒店，如果缩减到8000家，日子就大大好过了，这就是一个去产能的问题。旅游产业存量资产里有大量的闲置资产，盘活闲置资产就是去库存。2016年全国1.3万亿旅游投资，多数是杠杆资金，银行只要动一动，旅游产业就活不下去，从资产经营上风险很高，就要去杠杆。补短板就要调整产品结构，是产业调整和投资的真正重点。降成本也是旅游产业必须面对的，亏损企业这样多不降成本就难以为继。

（二）消费细化

消费是增长的动能，个性是消费的追求，细化是对应个性的产品。马斯洛的五层次论的底层是温饱与安全，最高一层是人的自我实现，这就是后物欲时代的要求。所以旅游向休闲需求的变化，反映的是开始进入富裕社会国民需要更个性化的产品，旅游休闲产品需要百花齐放。大水漫灌式的投资方式和漫天撒网的市场方式已成过去，精耕细作是方向，也是前景。消费细化是目前中国休闲度假产业的短板和产业升级的挑战，需要下大力气去解决。

（三）企业强化

企业是行业的根基，一个蓬勃发展的行业需要好的企业，健康的企业。但目前的休闲度假产业看不到几个好的、健康的企业，这是最大的短板。除了携程之外，这些所谓的大型旅游集团，算得上好与健康吗？全国来看，经营分散，力量薄弱，效益差，是中国旅游休闲企业多年以来的痼疾。规模小不是问题，但散弱差是根本问题。传统企业中一部分大而不强，多数勉强维持。新型企业后来者居上，有些成了巨无霸。跨界企业成为新现象，也预示着新趋势。各级政府和行业主管部门应当把精力更多地放到促进产业技术创新和企业素质提高方面，培育健康的成长环境，引导公平的市场竞争，形成可持续具竞争力的产业格局。

三、产业发展措施

(一)培育大产业

第一,丰富产品体系,即从单一观光产品到复合型产品。观光旅游出人气,休闲度假出财气,文化旅游出名气。从主体诉求来看,观光是景区为王,度假是酒店为王,休闲是娱乐为王,商务是链条为王,特种是差异为王,复合是元素为王。大路货铺天盖地满足基本需求,精品顶天立地才是方向。因此,要淡化景区,淡化开发,这是新要求。强化景区自然强化景观,把视觉作为第一要求甚至是唯一要求。在新的市场需求之下,要求是全方位的综合感受,是眼耳鼻舌身心神的全面体验。另外,一流的观光资源已经全面开发,再强调景区则会不断加大开发力度,多花钱,办不好事。因此,应当转化为历史文化体验区、休闲游憩区、生态旅游区、旅游度假区、专项旅游区、特色娱乐区等定位。

第二,构建企业体系。不同层面有不同的追求,日常运营守底线,不亏损;品牌运营求高线,集团化;资本运营开新局,多元化。严格地说,中国休闲度假产业的企业体系尚未完全形成,需要通过资源整合及方法创新,形成体系化发展。

第三,优化结构体系。要支持集团化的整合发展,也要支持大众创业和百花齐放。通过面与点结合,规模与特色结合、传统与创新结合形成体系化。同时通过资本运作机制的创新,达到O2O的推进。

第四,创新商业模式,即A+B+C模式。A是吸引中心,也是发展的亮点,不仅吸引游客,也吸引政府。由于这样的项目需要大投入,市场也需要培育,有可能在直接经营上形成亏损,因此,一方面需要开发者的远见卓识,另一方面需要政府的政策支持。B是利润中心。目前的一般形式是日常经营收入,配套房地产建设,也正在形成其他方式让度假休闲和多样化的活动与产品结合产生利润点。C是文化中心,衍生发展。从而延长产业链,扩大产业面,形成产业群,构造文化旅游产业聚集区。

第五,促进产业融合。休闲度假产业无边界,在休闲度假市场,各个产业都可以不同程度地进入以谋求自身的发展,如互联网、金融(如探险或运动类的保险产品)等。要不断深化不同产业间的有机融合,实现合作共赢,培育新型产业体系。

(二)强化软开发

强化软开发,适度硬开发。少花钱,多办事,办好事,好办事,锦上添花,提升效益。软开发主要包括六个方面:第一是策划,策划解决思路、定位和战略问题。第二是规划,规划解决空间配置和土地利用以及产品谋划问题。第三是设计,设计是项目落地,要追求风格,形成突出的特色。第四是活动,活动也是产品,大众小众相结合,初级与高级相结合,增加停留时间、游客感受和吸引力。第五是营销,敢吹会吹,经得起吹,精准定位,个性定制。第六是品牌,品牌形成吸引力,形成竞争力。具体而言，需要做到以下三点。

一是充分利用现有设施。如很多地方，无论是城市还是农村，都有数量可观的闲置房屋，对休闲度假而言，这是一类可以利用的重要资源。如何把大量的闲置房屋利用起来是一篇大文章，这需要摸清存量情况，做好相关规划，根据市场需求进行开发利用。二是补足缺少的项目。娱乐性的项目较少是一个比较普遍的问题，而休闲度假的一个主要诉求就是玩的丰富体验。玩不一定是在主题公园，乡村里也可以有很多玩的项目。因地制宜开发补足缺少的项目是软开发的重要内容。三是丰富单薄的项目。通过丰富内容，提高项目的吸引力和竞争力。

（三）开拓大市场

建设复合型的休闲度假产品体系，一流资源一定要有一流产品，因此需要建设精品体系。新老联动，互动互促，用老产品拉动新市场，用新产品巩固老市场。周边市场不拉自动，中程市场一拉一动，远程市场不拉不动。用高端资源建设高端产品，用高端拉动中低端，用精品影响市场，用独特产品形成独特影响，如北方地区的冬季产品，偏远地区的乡村民俗产品，独具特殊年节产品等。

（四）实施大推进

第一，抓重点，出亮点，创焦点，形成兴奋点。全产业强化休闲度假引领，全区域营造休闲度假环境，全领域融汇休闲度假要素，全社会参与休闲度假发展，全民共享发展成果。从单一景点景区建设管理到综合休闲度假目的地统筹发展转变；从门票经济向产业经济转变；从粗放低效旅游向精细高效休闲度假转变；从封闭的旅游自循环向开放的休闲度假融合发展方式转变；从企业单打独享到社会共建共享转变；从部门行为向党政统筹推进转变。

第二，关于文化建设。传统文化，现代解读；传统资源，现代产品；传统产品，现代市场。传统要和现代结合，才能使研究价值、历史价值，为现代人理解与运用，并真正提高其价值。今天的精品，明天的文物，后天的遗产。自然不宜改变，感受应当深化；历史不可重演，体验应当升华。文化的融入是无远弗届的，历史、科研、审美、市场和旅游有无限创新融合的空间和方式。

第三，关于旅游购物。这是中国旅游产业的一个短板，中国作为制造业的大国强国，制造能力不错，设计能力不行，实际上是创新能力和市场对应能力不行。要全面把握旅游购物内涵，工业品、农副土特产品、工艺品与纪念品、礼品这四类都属于旅游购物。这需要形成一个产业分工体系，一个市场体系，让客人欢天喜地地购物，心满意足地离开，这才是最高境界。

第四，要素整合。一是全要素休闲度假资源。从横向角度，什么都是资源，没有不可用的东西，这样就使社会各个方面都介入休闲度假。二是全环节休闲度假产品，从纵向角度，一个一个环节构成完整产品链，以对应需求链，环节的欠缺或不均衡都是资源的浪费。三是全领域休闲度假产业，延长产业链，扩大产业面，形成产业群，旅游覆盖到各个方面。具体而言，包括以下四类。

一是运营要素。传统的就是行、游、住、食、购、娱，这是传统要素，从休闲度假的角度还要更强调文化、深度、慢生活、浪漫、精品和境界，目前的情形是参差不齐，长短不一。二是发展要素。市场上还没有形成，要素资源不足，国际化程度低。我们现在土地要素认识到了，资源要素认识到了，资金要素认识到了，其他的要素现在还没有完全认识到。三是社会要素。两个二元结构，第一个是城乡二元结构，第二个是内外二元结构，内外二元结构这是旅游休闲特有，因为大批的外来的旅游休闲者过来了，他们是强势消费也带来一种强势文化，和当地就会发生冲突。所以纳入发展，分享利益，社会友好，一体运行。四是环境要素。弥补自然环境，提升人文环境，改善经营环境，完善市容环境，强化休闲环境，优化交通环境，协调景观环境，严格保护环境，创造好的发展环境。

（五）推进大转型

要警惕旅游发展的泡沫化。有些地方，执政者好大喜功，开发商贪大求洋，十亿不在话下，百亿勉强可谈，千亿政府兴奋，变成编故事的竞赛。这就是旅游发展泡沫化的表现，但是反过来也可以利用并化解这种泡沫化。中国旅游集团进四川，1500亿投资，华侨城进云南，1500亿投资。作为地方来讲，就应该研究如何利用这种泡沫化，尽量压缩投资泡沫，实实在在地提升地方旅游发展和企业效益。现在的模式是跑马圈地，规模放大，形成区域性开发，摆脱了孤立的项目开发和景区开发，产生了一个区域整体的一级开发，分次招商，这个模式本身没有问题。地方政府也赞成，不能让开发商把开发的利益一次占走，而是培育市场，产生增值，可持续发展。所以要研究核心资源和核心吸引力，作为发展基础，然后进一步地扩展，多元化主题，多样化内容，核心拉动，培育后续发展。大转型需要严谨的思路、周严的计划和严格的执行，第一要求对市场的感觉，第二就是对项目的选择，不能村村点火户户冒烟，但是可以形成分工体系和分布格局，第三就是对运行的要求，第四是对政策的利用。

（六）加强机制建设

公共环境，公共产品，公共服务，与市场环境、商业的产品及服务是可以互动互补的。要建立合理的机制，政府主导部门支持，市场主体，企业运作，社会参与，利益协调，和谐发展。新机制推动开辟新领域，使休闲度假会成为政府多部门关心和参与的新工作内容，从而跳出传统旅游局的狭窄职能范围。

可以以"十个围绕"来概括：一产围绕休闲度假调结构，二产围绕休闲度假出产品，三产围绕休闲度假搞服务，交通围绕休闲度假上档次，城建围绕休闲度假美形象，林业围绕休闲度假出景点，文化围绕休闲度假创特色，宣传围绕休闲度假造声势，公安围绕休闲度假保平安，各行各业围绕休闲度假聚合力。